撥雲尋古道

道教經籙文化研究

毛帝勝 著

蘇清六 校

# 當代經籙的傳承與理路

## 蘇清六

　　這次寫序，乃是為鼓勵國立成功大學歷史學系博士班畢業的毛帝勝同學出版這本論文集說幾句話。從去年（2022）認識以來，毛同學雖說自己是天德弟子，是一位喜歡研究在地傳說的歷史系學生，但我發現他對世界各大宗教都有著濃厚興趣，曾也跟他聊到伊斯蘭教、巴哈伊教、天德聖教、一貫道與密宗等許多種宗教資訊，也讓我們知道道教在人類歷史發展上，乘載著厚重的文化記憶。後來，毛同學也告訴我說，他想研究道教，要先拜訪臺灣的正一派五大天師與各派掌門。這時我給他一個建議，就是把我這十幾年來整理的經籙資料跟他分享，並鼓勵他寫論文。想不到，短短不到一年的時間，毛同學完成了許多篇論文，這也讓我與中華法籙道派各道長認為，要以中華道教經籙文化教育學會（經籙團隊）的立場，支持這位研究者出版有關道教經籙研究的專書。會有這樣的念想，在此占用篇幅，說說我自己的求道路與從毛同學文章看來得一些心得，以及給後進們的一些勉勵。

## 壹、我的求道路與經籙入臺

　　吾自三十年前學道以來，先追隨嗣漢第六十四代天師　張源先大真人，蒙其引薦拜入臺南潁川道壇陳榮盛老道長門下，得「三山滴血字派」道名為「大道」。平日時，吾常常跟人自己近十年的學道經歷：「道法難聞今已聞，經籙難得今已得。」這其實是出自吾第二次學道的

經歷，也就是在江西省修水縣戴家的普濟道院受籙，並獲得該道院的宗派——江西清微宗的傳承，以及經籙的法權。尤其，當自己深刻瞭解同時，也有了發揚經籙的重任。於是自己「盪產」，多次往返中國大陸與臺灣兩地，就是為了學習經籙真諦，同時也將寶貴地經籙帶回臺灣傳承，解決自第二次國共內戰（1947~1950），臺灣道教長期沒有完整經籙授予的窘境。不過大家可能會想，為什麼會談到內戰以後海峽分治，道教在臺灣「無籙可授」呢？

彼時，僅有嗣漢第六十三代天師　張恩溥大真人頒授道士職帖，表明道士的上界身分，也就是道教俗稱的「奏職」。道教的「授籙」——也就是傳承經籙——的過程中，本身就包含「奏職」在內。過去因為大時代因素，而只能「奏職」，如今自己與師友們從中國大陸請回經籙發揚，便是要在臺灣恢復「授籙」儀式。此外，自己還要打破過去道教界流傳帝制中國的長期迷思，就是透過龍虎山的張天師家族，才能夠執行授籙的說法。綜觀歷史，吾等不難發現這是來自帝制皇權控制宗教發展的政策，事實上，在北宋以前，道教在中國有許多山頭與宗派，都發展出屬於自己的經籙文化，也就是透過「經籙」來保存各個宗派祖師流傳下來的修行法門。各宗派的師長覺得，自己的門人有資格繼續學習新的修行領域，便會透過「授籙」的方式，來傳授祕法，並指導修行。其中，最有名的有龍虎山的正一玄壇、閣皂山的靈寶宗壇、西山的淨明宗壇、茅山的上清宗壇等。

傳承到北宋末年，茅山上清宗壇的道士黃澄真人（後世尊為「混一祖師」）曾上奏給自稱「道教教主」（教主道君皇帝）的宋徽宗趙佶，建議其要以茅山上清宗壇為核心統合各派經籙，建立統一授籙機制。這場首次的經籙統合被歷史稱作「三山混一」，也由此衍伸出《混一法籙》的概念。但黃澄真人的計畫，僅僅執行幾次，便因為政治鬥爭而逐

漸衰弱，此《混一法籙》也因此消失，但這個透過政治力量與宗教結合的「混一」或是「統合」經籙之思維，仍被傳承下來。元、明兩朝，由於民間宗教結社勢力影響到朝廷對整個中華帝國的控制，以致經籙逐漸掌握在具有政治影響力的龍虎山正一玄壇與張天師家族的手中，逐漸建構出「萬法宗壇」的授籙體系，也從這個時候開始，每位道士的經籙職帖都被稱作《萬法宗壇》至今。不過，中華民國已經推翻帝制中國了，不管是中華民國，或是統治大陸的中華人民共和國，都是沒有君主與朝廷統治的政權。所以道教的政治性應該逐漸淡化，要回歸到各大宗派才對。

因此，在研修各宗派經籙要領之後，吾與師友從臺南開始，透過各種授籙法會，推廣經籙文化的傳承。不僅要讓道教的道長、道士與法師們知道，何為道教信仰、道教與法教的關係、經籙傳承與修行實踐等等。同時，也希望能夠讓學術界真正瞭解道教這種澄載千年的經籙文化，不僅先後出版拙作《天師與經籙初探：臺灣道教百年百人首次晉品登梯閱籙》與《天師經籙與儀式》兩側，還發願以「百萬獎學金」的方式贊助人文學科的研究學子發表論文，或是出版論文及，並提供授籙名額給予莘莘學子。因為過去，道教可是門高級學科，是上到禮部大學士，下到市井教書匠都在研究的哲學學科。因此，經籙可以說是道教的「根」，吾亦發願為此終身奮鬥。但是奮鬥也要有理想與目標，這重點為何呢？在這裡大改列出幾個有關我對經籙的瞭解、歷史與期許，與大家說明。

## 貳、張天師與經籙有感

綜觀道教經籙衍流，可以說是淵遠流長，不僅是千年的歲月變遷，

**7**

更有著信仰與世俗之間的長期牽絆。這種「牽絆」除了是將具有「出世間」且留於哲學家的向道精神，逐漸轉化到民間尋常百姓。在這種道教思想不斷流入百姓家的趨勢下，使民間道教傳播達到極致，這個現象直到當代仍在持續進行中。由於在中國歷史，道教勢力龐大，素來受到統治著的忌憚，而使政治力逐漸介入道教內，並產生作用。這也導致道教在思想發展上不僅更加「入世間」，甚至逐漸復會上的本該署於政治作用的官吏體制。從道教真正的起源而言，也就是東漢安和年間，長期被道教徒尊為「祖天師」的張道陵大真人，其入道門後將自己過去身為官吏的經驗，作為道教改革，而逐漸建構出需繳納「五斗米」而能入教的天師道（又稱五斗米道、正一天師道），同時再結合天罡節氣之說，劃分川蜀之行政區，建立政教合一的「二十四治」，儼然成為以天師為核心的宗教王國。然而，張道陵的理想是嘗試將自太上道祖以來的「無為國度」落實在人間體現，並將「治」之行政區作為人間與妙境（精神境界）的連結。

隨著「祖天師」張道陵與弟子們逐一「飛昇」與「歸真」後，在中國人傳統的宗族思想影響下，張道陵所開闢的宗教王國被視為「張家的產業」而理所當然地傳承給張道陵之子張衡（嗣師、嗣天師），而張衡歸真後，也將這份「家業」傳給了兒子張魯（系師、系天師）。於張魯治下，天師名符其實成了「君王」，根據《三國志》記載，張魯開始自稱「師君」，意謂著自己是道民的師尊，同時也是君主。原先道民平等的理想也成了一種新封建體系，甚至變成政教合一的軍國政治。隨著張魯歸降曹操後，在歷史上有關所謂「張天師的傳承」都屬於含糊記載，直到南北朝的北魏時期，當時身為天師道弟子的丞相崔浩，引入天師道的寇謙之真人到鮮卑人的朝廷，拜謁北魏太武帝。寇謙之的理想是希望，透過政治力量將道教的理想國度推展到全天下，而非過去張道陵在

世時與其後代一樣，割據一方獨立發展道團，甚至「歪曲」道法真理的實踐。然而，從寇謙之自太上老君處領受的「新盟威」（或是可以理解成「新約」）而導發的著作——《老君音誦戒經》，可以知道他並沒有否定張道陵作為領受太上道祖《正一盟威》的事實，而是回歸到張道陵的根本思想，並重新闡揚。寇謙之先是斥責張道陵歸真後百年來，天師道道眾在張道陵後代的領導下，逐漸思想腐化，盲目從拜張氏族人的絕對權威、濫發祭酒（三五都功）官職，以及發明男女邪淫之術。故此，寇謙之認為，欲改革天師道，甚至整個道教的宗教整治，首要革除包含張天師家族在內各道官「父死子繼」之權威世襲。[1] 因為教道修持，是屬於「個人修行」的歷程，並無可能會將某方面的神聖權柄透過各種方式的轉移到自己子嗣身上。這種「父死子繼」的概念，僅僅存在於家業傳承上，若用以道法則亂正矣。

回首在道內的歷程，我曾隨侍兩位「六十四代張天師」，先是中華民國政府承認的張源先天師，還有在張源先天師歸真後，自稱「天師」的原結義兄弟。在一些因緣後，自己到中國大陸修學經籙知識，並將之

---

[1] 《老君音誦戒經》原文引太上老君（道祖）之言：「吾漢安元年以道授陵，立為係天師之位，佐國扶命。陵以地上苦難，不堪千年之主者，求乞昇天。吾乃勉陵身，元元之心，賜登昇之藥，百鍊之酒，陵得昇雲驂虛，上入天宮。從陵昇度以來，曠官真職，來久不立係天師之位。吾使諸州郡縣，土地真官，注氣治理鬼事，領籍生民戶口，不用生人，祭酒理民，濁亂之法。而後人道官諸祭酒，愚闇相傳，自署治籙符契，攻錯經法，濁亂清真，言有三百六十契令，能使長生。鬼神萬端，惑亂百姓；授人職契錄，取人金銀財帛。而治民戶，恐動威逼，教人脆願，匹帛、牛犢、奴婢、衣裳，或有歲輸全絹一匹，功薄輸絲一兩。眾雜病說，不可稱數。妄傳陵身所授黃赤房中之術，授人夫妻，婬風大行，損辱道教。有祭酒之官，稱父死子係，使道益荒濁。誠曰：道尊德貴，惟賢是授，若子胤不肖，豈有繼承先業？有祭酒之官，子之不肖，用行顛倒，逆節縱橫，錯亂道法，何有承係之理者乎？鐵券首云父死子係何？是近世生官王者之法制耳。吾今未立地上係天師正位，據聽道官，愚闇相傳，自署治籙。諸道官祭酒，可簡賢授明，末復按前，父死子係，使道教不顯。吾論一事，吾豈死，有子孫係吾老君天師之後。天道無親，惟賢是授。明慎奉行如律令。」

帶來臺灣。學習與摸索過程中，我自己逐漸地發現。經籙在民間廣傳乃是趨勢是抵擋不了的，儘管作為官方立場的江西龍虎山嗣漢天師府將修水普濟道院的經籙請回府內重構，並重新推展授籙法會與頒布《萬法宗壇》，但從整體來看，民間授籙儀式的普遍性並未因此遭到實質影響。從歷史來看，民國38年（1949）以來，「老天師」張恩溥天師來臺灣，並沒有將經籙帶來臺灣，僅能透過《萬法宗壇》稟職而已。然而，從我對經籙的研究來看，授籙打從一開始與天師之間並沒有一種絕對關係，而這個絕對連結的背後，則是代表中國政府控制道民的方法而已。而天師的絕對性，從歷史的角度來看，是近700年才逐漸確立的，先由元世祖明確建立「掌江南道教事」之地位，再由明太祖提升為「掌天下道教事」確立正一真人為道教唯一代表者，儘管在明代正一真人常有「荒唐」舉措，如第四十八代真人張彥頨「賣籙」驚動朝廷、第四十九代真人張永緒淫亂而曾被朝臣要求「奪爵（號）」等，但基於帝國統治目的，明廷並未採取「廢除正一真人」之舉措。[2] 時至清初，正一真人雖有一定的地位，但仍為滿清統治者所芥蒂。最終到乾隆帝統治時，更不准身為正一真人的張天師入朝面聖，但仍將授籙權柄保留在張天師手上，一直到中華民國成立後，許多掌握民國政府的諸政權廢除正一真人

---

[2] 《明實錄・武宗實錄》：「罰正一真人張彥頨米一千石仍禁其家不得鬻符籙先是彥頨家人寧等持真人府批乘傳往來廣東諸處鬻符籙因採取古物藥材為姦事吳廷舉舉劾勘實乃罰彥頨而發寧等戍邊」；《明實錄・穆宗實錄》：「詔革正一真人名號奪其印張氏自東漢建武中張道陵以修煉符水術起傳數世有張魯者即史稱五斗米賊也號能攝役鬼物愚民神而事之魯之子元忠即道陵煉丹處設壇授法唐會昌間始賜名真仙觀宋大中祥符間王欽若奏改為上清觀元至正中始封正一教主真人主領符籙事國朝因令承襲傳至嗣孫張永緒以淫縱聞術益衰永緒死無嗣江西守臣因言張氏職名賜印不載典制且隱稅逃役公行吞噬無功於世有害於民宜永為裁革禮部覆如守臣言請革其封號」轉引自：中央研究院歷史語言研究所，《明實錄、朝鮮王朝實錄、清實錄資料庫合作建置計畫》（ https://hanchi.ihp.sinica.edu.tw/mqlc/hanjishilu?@2^1711571185^22^^^2@@@1155051317#top），最後瀏覽時間：2023年3月25日。

爵位為止。此刻，明清以來在民間本就廣為流傳的「私籙」正式顯露在檯面，各式各樣的籙文也逐漸在民間「堂而皇之」地廣傳，而且經籙的傳承也回歸到最初「師門內授」的傳統，不再需要透過「帝國代言者」的張天師或正一真人來進行。

## 參、家業呼？道業呼？

前面我說完自己對經籙演進傳承的想法，但回到現在臺灣、中國大陸乃至華人世界的其他地方。當我們道教信士談到《萬法宗壇》，毫無疑問，會直覺性地與「授籙」這個詞彙結合，而「授籙」又會被天師所「綁架」。各位書前的閱讀者們，可能會疑惑為什麼我會這麼說呢？認為「授籙」本身就是「道教教主」張天師所賜與的，因為這是「太上道祖給予龍虎山張氏的神聖權柄」。在這裡我們列出兩種可能性，一則來自於歷史，另一則來自於當代。從歷史的角度來說，「太上道祖」傳《太上三五正一盟威籙》給「祖天師」張道陵大真人，但問題來了，張道陵規劃「二十四治」作為其教道在四川地區的行政區與宗教祭祀範圍，同時在古代本有「事業家傳」的概念，可能因此導致張道陵「飛升」之後，「二十四治」內各祭酒（都邑功曹／都功）為了達到這個「宗教王國」的穩定運作，而推舉張道陵之長子張衡，乃至接續以其孫張魯接續領導教道與該地政務，這也無形建構出「張天師世襲」的定數。[3]

---

[3] 《三國志·張魯傳》：「張魯字公祺，沛國豐人也。祖父陵，客蜀，學道鵠鳴山中，造作道書以惑百姓，從受道者出五斗米，故世號米賊。陵死，子衡行其道。衡死，魯復行之。益州牧劉焉以魯為督義司馬，與別部司馬張脩將兵擊漢中太守蘇固，魯遂襲脩殺之，奪其眾。焉死，子璋代立，以魯不順，盡殺魯母家室。魯遂據漢中，以鬼道教民，自號『師君』。其來學道者，初皆名『鬼卒』。受本道已信，號

然而，我們前面也有談及，在魏晉南北朝的亂世之際，以張道陵闡教而來的天師道，並非所有人都買張天師家族的「世襲帳」，以及由該家族控制符籙、經籙的現象。其中，北魏國師，也就是被尊為「寇天師」的寇謙之，更曾藉用其信仰見證，也就是效仿張道陵一般「面見太上道祖獲得新盟威」的過程，談到當時天師道內部以血親世襲擾亂教道之事，藉道祖之口言說：

> 有祭酒之官，稱父死子係，使道益荒濁。尊德貴，惟賢是授，若子胤不肖，豈有繼承先業？有祭酒之官，子之不肖，用行顛倒，逆節縱橫，錯亂道法，何有承係之理者乎？鐵券首云父死子係何？是近世生官王者之法制耳。吾今未立地上係天師正位，據聽道官，愚闇相傳，自署治籙。諸道官祭酒，可簡賢授明，末復按前，父死子係，使道教不顯。吾論一事，吾豈死，有子孫係吾老君天師之後。天道無親，惟賢是授。明慎奉行如律令。[4]

因此，若回歸到北魏時期天師道國師——寇謙之的論述，儘管當中有其為鞏固教道與政治地位的立場。再加上我們也能理解因為歷史原因，中華帝國的各個朝廷或地方政權要通過「張天師世襲」來控制帝國境內的道民、教徒安分，不會造反。但寇謙之的言說，也是最接近當時天師道道士對這場世襲現象與經籙掌控的理解。

不論寇謙之有沒有見到太上道祖，這些言詞充分反映出道教或天師道在當時因為天師世襲與道官世襲產生的亂象。寇謙之更言：「後人道

---

『祭酒』。各領部眾，多者為治頭大祭酒。皆教以誠信不欺詐，有病自首其過，大都與黃巾相似。諸祭酒皆作義舍，如今之亭傳。又置義米肉，懸於義舍，行路者量腹取足；若過多，鬼道輒病之。犯法者，三原，然後乃行刑。不置長吏，皆以祭酒為治，民夷便樂之。雄據巴、漢垂三十年。」

4　《老君音誦戒經》。

官諸祭酒，愚闇相傳，自署治籙符契，攻錯經法，濁亂清真，言有三百六十契令，能使長生。鬼神萬端，惑亂百姓；授人職契籙，取人金銀財帛。」這更表明，過去這些道官、道士甚至，故意擾亂經籙頒發的原則，自己私下製造連通鬼神的經籙、符籙，偏離道法，而從教徒與治區內的百姓取用惡財。這些都不是當時天師道高真所樂見的，也非道祖本意，然而千年來，這種私賣經籙、賣官鬻爵之舉，卻是以張天師為核心的政教集團在推動。授籙者出自天師道各師門傳承，然而販賣經籙者又是同一批人，這也難怪寇謙之會談及此言。若以自己比擬寇謙之甚遠，這一路上推廣道教經籙的過程，甚至也被指責賣籙、造籙，卻無人探及吾人這十餘年來，蕩產傾家，自中國大陸習得經籙傳承，在被教界尊為蓬萊仙島的臺灣，重揚經籙。儘管有過諸多摸索，近期終於領悟道經籙推廣之新路，也就是要回歸教育。

## 肆、授籙的本質與意義與運用

教道的根本，乃是教化，我與中華法籙道派內諸道長探討下，決定先開放各大學、學院宗教系所（之後拓展到人文學科）學生可以免費授籙，並加以培訓學習。然而，這也可以回應道所謂「授籙」的本質是什麼？回顧最早的經籙傳承，除了「祖天師」自道祖領授之外，其實各宗派宗師都有自己從大道中領悟的法門傳承，例如：魏晉南北朝時期的道士——茅盈與蘇林二人相傳自「虛空境界」中領取的《上清三一之法》，而在師門內傳授，之後逐漸形成道教上清宗，也是日後茅山上清宗壇的緣起。[5] 然而，各派宗師也會把自己修行的經驗與成果再加入到

---

5  輔仁大學宗教學系編著，《宗教學概論》，頁122。

經籙中，因此在各種經籙內我們能夠大多能看到所謂的「經符籙主」，這就是代表這個經籙內傳承的歷代祖師。因此，儘管同宗，但演派不同，也就是傳承不同，可能會獲得的修道方式會有若干差異性。又換言之，我們更可從中得知，其實經籙不是「死」的，而是結合修行經驗與時事展用的「活」物。

好比說，從我們領授而來的經籙，有《天醫籙》，當中除了有傳統中國的藥草記載以及養身概念外，還有《藥師琉璃光王佛本願經》（簡稱《藥師經》）在內。這所謂的《藥師經》，雖然與佛教的藥師經不同，但當中也把「醫藥」的神祕功能性給強化，而且也被帶入到作為道教的經籙，成為重要內容之一。這不僅能夠反映出這個經籙建構的過程中，主導建構經籙的道長、高真，將自己的所學匯集進入到經籙中，以傳承給後世弟子。類似的情況，其實中國歷代以來層出不窮。尤其是談到道教的雷法傳承，諸如宋代的《上清天心正法》，當中的咒語多會以「唵吽吒」或「唵吽吒利」之類的詞彙，這些其實都是來自印度的佛教金剛乘的咒語傳承轉型的。所以，我們可以知道，經籙是隨著時代不斷進步與演進的，但其中的「鋩角」（關鍵）則必須要透過「師承口教」，由經籙製作的道長，親手親口教導弟子，才能把這個功夫正式傳承下去。而因此得知，經籙哪些原則是衡定不變，又有哪些部份可以因際遇或因緣而有變易，也就是古人所云之「善巧方便」之法。

因此，我希望能夠把這些重要的宗教與文化傳承下去，不僅在今年（2023）成立「社團法人中華道教經籙文化教育學會」，希望能廣納賢能之人與青年學子，投入道教經籙研究。這個創舉，自己希望可以闡有「拋磚引玉」之效，不只希望道教諸山長老、目前自封的五大天師，可以「開大門走大路」，將道教文化在臺灣共榮大興。同時，在經籙訓練上將會展開課程訓練，要將有興趣專研道教經籙的學子們栽培成新一代

的「籙師」，而不單單只是傳統意義上的「化士」。所謂的「籙師」，不僅推廣道教經籙文化，還要懂得經籙的填寫與頒布儀式，同時也要瞭解道教各派經籙發展的初步狀況，也要瞭解經藏的基礎與內理。這些工作，不是未來的展望，而是我們當下在做。有興趣或想更加瞭解的朋友們，歡迎翻開本書，看看毛同學研究經籙的用心，以及跟著他一同瞭解經籙的奧秘。期待未來能夠繼續教學相長，在臺灣重光經籙文化，在寶島打造嶄新洞天。

**蘇清六**
序於 中華道教經籙文化教育學會
2023年8月12日

圖1：張源先天師伉儷與蘇清六道長（後排中央者）團隊合影。
資料出處：蘇清六提供。

圖2：蘇清六在江西省修水縣拜師。
資料出處：蘇清六提供。

圖3：蘇清六道長（右1）與筆者合影。
資料出處：方柏文拍攝。

# 推薦序2

## 曾銘賢

　　毛博士帝勝師侄是位相當優秀的歷史學研究者，因緣俱足的帝勝，學有所成，在各宗教的研究上都非常突出，研究與創作的速度、內容各方面，以客觀的角度而言，是一個全方位的歷史學、宗教學研究者。

　　近年來，地不愛寶，出土文獻不斷面世，道教經籙，雖不是出土文獻，但於歷史事件上，也可比擬孔宅的壁中書。也藉此感謝「中華法籙道派」掌門宗主亦是「社團法人中華道教經籙文化教育學會」的創會理事長——蘇清六，若不是蘇理事長憑著一股傻勁，不斷去蒐集經籙的資料，以現代電腦科技優化所有的經籙配件內容，就不會有道教經籙文化在臺灣地區生根發芽，也沒有經籙科儀、授籙法會的演揚，更不會有帝勝師侄這些寶貴的研究。經籙研究團隊的成員，都秉持著一樣的傻勁與初衷，孜孜矻矻的為經籙文化努力著。

　　華人世界，自古即以儒、釋、道三家思想貫穿了所有的食衣住行。道家思想結合了道教儀式，豐富了華人的生命，更解決了華人生活中的需求。研究華人文化，更有文史哲不分家之稱，那怎會有歷史學者不要碰道教文化的謬論呢？是此，拜讀了帝勝諸篇研究經籙文化的大作後，末學大膽的提出建議，出版經籙文化相關的論文集，是鼓勵，也是肯定與認同帝勝師侄著作的研究價值。

　　道教經籙文化，除了道士所佩授的經籙之外，目前蘇理事長所收藏的祈福籙近六十餘種。祈福籙，顧名思義即是以授籙方式為祈福善信滿足其所求。就如同臺灣地區原有各道門所進行的補財庫、禮斗、文昌科儀等……。將相關的神祇與籙文結合授予福主，以達祈福之效。

　　道家思想之幽遠玄微，道教文化之神妙超凡，無奈總是被冠上神棍、騙財、騙色的汙名，事實上，道家的思想，可以讓我們的身心靈提昇。而道教儀式更解決了生活上許許多多的大小事。道家也好，道教也好，以史觀出發，是有多麼豐富的文學、史學、醫學等諸多方面的學術價值，卻不被多數人看見，而非僅有迷信的色彩。

　　道教經籙也非外來種（宗教），實實在在本來就存在的道教文化。只因為戰火無情，讓經籙以壁中書之姿暫時潛藏，若非太上慈悲，留下妙參寶籙之因緣，讓經籙文化重見天日。那麼當代的各位道教同道們，是否應該如老莊的宇宙思想那般宏觀，而不是以掩耳盜鈴之姿來看經籙文化，也不能因為當時師父傳授之際沒有經籙資料傳承，當下的爾等，就為反對而反對，實為可惜與不智。經籙因為戰亂等時空悲劇暫時離席，而非不存在，是此，帝勝師侄的經籙文化研究篇章，願能為有道之士，介紹經籙文化，也希望藉此有拋磚引玉之功，讓道教的經籙文化得以保全與傳世。更希望《撥雲尋古道》付梓問世後，能提升道教徒的文化水平。

　　帝勝師侄此《撥雲尋古道》研究的核心價值，如同王觀堂所提出的「二重證據法」，以傳世文獻配合身處中華法籙道派的「藏經閣」之中，拜參所典藏正統的經籙文獻做研究，有別於前人的研究篇章，僅有傳世文獻的閉門造車，有相對的學術價值。道教經籙文化的研究，需要投入更多的學者，更期許帝勝師侄新書付梓問世之後，一來改觀世人對於道教、經籙的負面看法，二來再造道教學術光華的新頁。欣見帝勝師侄在道教經籙文化這方面的努力與付出，同道間也能因此互相成長，提昇自我。也期許帝勝師侄以其所學，惜其福緣，為道教、為經籙文化提供更多的貢獻。

離開學校多年，帝勝師侄邀請末學為其書序，倍感班門弄斧，藉此序言，敬邀各道門宗長同道，不吝斧正。亦歡迎蒞臨中華法籙道派的藏經閣，恭參諸品經籙，給予指教與普照。

2023年癸卯金秋

**曾銘賢**

序於 花蓮玄微道壇

圖：曾銘賢道長在中華法籙道派長期擔任授籙演法高功，對實務拈熟於心。
資料出處：陳薇娜拍攝。

# 目　錄

第一章　三山混弌：黃澄真人與《萬法宗壇》的起源

壹、前言 25

貳、上清茅山宗經籙起源 26

參、北宋時期茅山宗的興起 29

肆、從「三山混弌」到《萬法宗壇》 33

伍、結語 37


第二章　《太上三五正一盟威籙》的研究回顧與傳授演變：以
　　　　「二十四階」與正一經籙為核心

壹、前言 43

貳、漢末至魏晉《太上三五正一盟威籙》的形成 45

參、從《太上三五正一盟威籙》到「萬法宗壇」經籙傳授 52

肆、餘論：「二十四階」的當代傳授與演變 60


第三章　《太上三五都功經籙》研究初探：以《請法詞》、《祭
　　　　酒真經》與《版卷職籙》為核心

壹、前言 66

貳、《太上三五都功經籙》之背後的道教神職系統 68

參、《請法詞》之內文重點解讀 75

肆、《太上三五都功經籙》之主籙重點與修持 82

伍、結論 92

第四章　找尋六壬仙師原型——以傳教師記憶、法本、經籙與神
　　　　牌為核心

　　壹、前言 96

　　貳、傳教師對六壬仙師的認識 97

　　參、六壬法本與經籙對六壬仙師的敘述 100

　　肆、六壬祖師神牌中的六壬仙師 106

　　伍、結語 110


第五章　道教經籙祕法之古今建構與傳承初探——以《玄女籙》
　　　　為例

　　壹、前言 114

　　貳、《玄女籙》的神話由來 115

　　參、《玄女籙》與道教玄女經典的關係 120

　　肆、今日《玄女籙》的傳承狀況 126

　　伍、餘論 129


第六章　修水道教清微道宗天師科派的經籙《天醫寶籙》傳承與
　　　　發展

　　壹、前言 142

　　貳、《天醫寶籙》之背後宗教元素 145

　　參、《天醫寶籙》的內容結構分析 155

　　肆、餘論：目前《天醫寶籙》的發展狀況 167

第七章　《天靈伏魔籙》研究

　　壹、前言 174

　　貳、北帝、北帝派與《伏魔籙》 175

　　參、《天靈伏魔籙》的內部結構與經考 180

　　肆、結語：《伏魔經（籙）》至《天靈伏魔籙》演變 195


第八章　《真武籙》建構與在臺傳承

　　壹、前言 199

　　貳、《真武籙》建構與傳承概述 201

　　參、《真武籙》的經卷內容解讀 207

　　肆、中華法籙道派與《真武籙》在臺灣的傳承與發展 218

　　伍、餘論 226


第九章　從道教趙公明法籙見證中、印宗教交流

　　壹、前言 233

　　貳、趙公明與相關經籙之由來 235

　　參、主籙與咒語解讀 240

　　肆、中印交流促成之因 250

　　陸、結論 254

第十章　道教經籙之建構與傳承研究初探：以中華法籙道派藏之
　　　　《文昌籙》為核心

　　壹、前言 261

　　貳、從中國到臺灣：修水縣普濟道院戴家的經籙傳承與《文昌籙》 264

　　參、《文昌籙》與經卷說明 270

　　肆、《文昌籙》背後反映的時代要素 281

　　伍、結語 285


第十一章　陞神：古老道教經籙儀式與今日展現

　　壹、前言：《陞神籙》研究與考察回顧 291

　　貳、《陞神籙》的核心「經籙」與法器探討 300

　　參、臺灣首次「陞神」科儀：驪山老母總廟‧花蓮慈雲宮「玉皇五殿
　　　　下」 315

　　肆、結論 330


附錄：道教「命終法被」略考

　　壹、前言 333

　　貳、馬王堆帛畫：「法被」與太乙救苦天尊 335

　　參、「法被」介紹與其死亡宇宙觀 338

　　肆、路引憑證：為何選擇龍虎山福地？ 344

　　伍、結論 347

# 第一章　三山混弎：黃澄真人與《萬法宗壇》的起源[6]

## 摘要

東漢末年起，五斗米道與太平道等諸民間教門初步建立了道教信仰群體與之體制，此後歷經魏晉南北朝至唐、宋，道教山頭各立，最具規模者分別為龍虎山正一玄壇（正一道）、閣皂山靈寶宗壇（靈寶派）、西山淨明法壇（淨明宗）以及茅山上清宗壇（上清派）等山頭。時至北宋末年，宋徽宗皇帝沉浸於道教玄學，甚至透過道籙院自封為「教主道君皇帝」。期間，宋徽宗自詡為道教教主，並納道教諸山掌門入朝為官，最為著名者有林靈素、王文卿等等。其中，宋徽宗透過上清茅山宗道士黃澄的奏文，將道教其他三山之宗壇整合在宋徽宗政教合一的皇權之下，甚至以上清宗為核心建構出「三山混弎」，以透過茅山宗強化君權神授的用意。此番操作下，促使之後道教經籙整合的進程，只是這核心整合在龍虎山下，而非茅山。

關鍵詞：道教、上清茅山宗、三山混弎、萬法宗壇、中華法籙道派。

---

[6] 改寫自：毛帝勝，〈從《混弎法籙》見北宋道教諸山整合到《萬法宗壇》的形成初探〉，馬力編，《歷史、藝術與台灣人文論叢（23）：《西遊記》研究特稿》（新北：博揚文化，2023），頁223~243。

# 壹、前言

目前有關道教經籙整合，最為代表者為嗣漢天師與法籙局頒布的《萬法宗壇》職帖與對應仙官品制的相關經籙。於2022年6月11日，筆者參與紀錄中華法籙道派在臺南市的授籙儀式，便見有除《萬法宗壇》之外的特殊職帖，即《混弍法籙》。此《混弍法籙》在中華法籙道派的授籙傳承中，特指非正一道職位傳承的經籙，誠如《狐仙籙》、《玉皇籙》、《財神籙》與《文昌籙》等祈福籙。然而，在授籙三師將《混弍法籙》傳授給受籙弟子時，需先奉請與禮拜「混弍祖師沖素靜一先生」的祖師神位。若單從名號而言，並無道士具有「混弍祖師」或「沖素靜一」之號，唯「沖素先生」是指上清茅山宗第二十二代宗師萬保沖，而「靜一先生」乃指上清茅山宗第二十五代宗師劉混康（1037~1108）。[7]然而，在此《混弍法籙》中所押立之證盟祖師為「上清混弍沖素靜一真君　黃」，詢問中華法籙道派掌門宗師蘇清六（道名：蘇大道）道長，其所言謹談及「此黃真人與三十代天師同朝，這個法籙可能是《萬法宗壇》的前身。」又言「黃真人即宋代之黃澄。」[8]另外，根據《混弍法籙》內文有提及：「茅峰頂宮成混弍。」[9]意謂著《混弍法籙》背後有著一層早期道教經籙傳承中茅峰，即上清茅山宗，可能曾有作為當今龍虎山正一道一樣，掌握當時全中國頒發經籙給道士的權柄。

就中華法籙道派以《混弍法籙》職帖頒發非屬目前正一道士主要職籙，而是著重在非正一體系內的職籙與祈福籙。然而，使用「混弍法籙」名義，則與中華法籙道派的經籙原始傳承無直接關聯。就所知，該

---

7　朱越利，《道教問答》（北京：華文出版社，1989），頁134。

8　訪談對象：蘇清六（道名：蘇大道），地點：中華法籙道派臺南市聯絡據點，訪談時間：2022年6月11日。

9　中華法籙道派，《混弍法籙》職帖，蘇清六提供。

派經籙的傳承來由於中國江西省九江市修水縣普濟道院的戴祥柳（道名：戴宣道）道長之傳承。然而，普濟道院的職帖傳承中並不見這《混弎法籙》。經詢問，此職帖為該派宗師蘇清六之主張，蘇清六認為：「混弎祖師黃澄是綜合道教諸山頭的重要人物，因而會以他曾經在宋代時整合之『混弎法籙』，作為頒授其他法籙的職帖總合，出現時間比《萬法宗壇》的職帖還早。」就蘇清六所言曾在宋代便有《混弎法籙》的傳承，對此自己便相當有興趣。故從中華法籙道派職帖《混弎法籙》作為出發點，回顧道教歷史上經籙傳承與整合的過程，並考證蘇清六所言與進一步瞭解歷史上道教經籙「三山混弎」的過程。

## 貳、上清茅山宗經籙起源

道教流傳經籙至今已有近兩千年的歷史，是歷代道士身分的重要憑證，同時也是道士的核心修練依據。所謂的「籙」，通「錄」字，也就是紀錄的意思。過去部分史籍稱到「經籙」時，有時便以「經錄」稱之。[10] 最初有關經籙的記述，目前此方面研究者與道教信士將經籙的起源與符一同回溯自上古傳說之三皇五帝時期，諸類傳說無非是要強調經籙是貫徹天、人二者之間的重要媒介，也要深化經籙具有遠古道統傳承的神聖性。[11]

不過，就近人考證，經籙的定位與初步出現很可能與漢代的天命觀有關，其中「籙」是漢代的重要天命依據，誠如東漢天文學家張衡（78~139）強調漢高帝劉邦（256BEC~195BCE）的「君權神授」，尤

---

[10] 劉仲宇，《道教授籙制度研究》（北京：中國社會科學院出版社，2011），頁13、34。

[11] 劉仲宇，《道教授籙制度研究》，頁28~31。

其強調劉邦領受天命的依據在於「籙」，也因「籙」的關係而有權柄得而剿滅秦軍，讓其得以「秦三世」秦王嬴子嬰（?~206BEC）出降，以及取代西楚霸王項羽（232BCE~202BCE）之位。[12] 然而，就今時對「籙」本身的研究解讀，華東師範大學道教文化研究所所長劉仲宇教授認為，「籙」是一種能夠預言天地存亡、帝王終始的一個重要符號。此後，這種「天授神籙」的觀點，逐漸地影響到軍隊編制，以及道教團體當中。[13]

有關歷史上道教經籙傳承的起源，就目前道教界普遍的傳說共識，則需回歸至東漢末年，五斗米道（之後發展為張天師正一道）領袖張道陵（別名張陵，34~156）在一次神祕體驗中，從至高神祇太上老君領受《太上三五正一盟威籙》於鶴鳴山（又稱鵠鳴山），以此為經籙從虛空的天界傳到人間的開始。[14] 就劉仲宇教授之研究，張道陵傳承的《太上三五正一盟威籙》很可能是最早的道教經籙。[15] 但若從官方正史——如《後漢書》、《三國志》，或是對應相關時代之史書——如《華陽國志》、《漢晉春秋》均無見得有相關記載。是故，對張道陵開始傳籙與授籙予道士，筆者對此尚且存疑，而相關《道經》內的記述多始於魏晉南北朝之各道派內部的道人口傳與透過「天真皇人」或其他神祇傳達之「天傳神授」之言，神話傳說性質大於史實，故難信之。[16]

就史籍記載相關可信者，亦為魏晉南北朝時期確實已有經籙或法籙

---

[12] 張衡，《張衡詩文集校注》（上海：上海古籍出版社，2009）。劉仲宇，《道教授籙制度研究》，頁34。

[13] 劉仲宇，《道教授籙制度研究》，頁34~35。

[14] 鄭素春，《道教信仰：神仙與儀式》（臺北：臺灣商務印書館股份有限公司，2002），頁13。

[15] 劉仲宇，《道教授籙制度研究》，頁40~41。

[16] 輔仁大學宗教學系編著，《宗教學概論》（臺北：五南書局，2021），頁122。

的傳承，這包括上清、靈寶與三皇等派系的傳承，而非正一道獨尊。[17]其中，東晉的道教上清茅山宗逐漸盛起，有關其傳承之經籙也由此而始。與正一道經籙傳承不同的是，上清茅山宗發展出一套以元始天尊為核心的新宇宙體系，其所產出的經籙也多著重於此，更進一步建構出從天界到人間的經籙傳承系統——即以元始天尊作為上清經籙始祖，先傳承與天界的諸神，玉晨大道君→太微天帝大道君→后聖玄元上道君→上相青蓮道君→上宰總真道君→小有青虛道君，之後再傳予人界的諸位仙人與茅山諸祖師。[18]另外，根據輔仁大學宗教學系出版的《宗教學概論》則闡述另外的上清經系的傳承，除了前文一致講述元始天尊傳承，但內容不一樣的是，這由元始天尊書寫出的《上清寶經》三百卷，先後傳承予道士茅盈與蘇林從虛空領授道「上清三一之法」，以及魏華存元君（251~334），之後再開始流傳與建構出上清經籙。[19]然而，撇除神話敘述的角度而言，單就上清茅山宗保留之經籙的產生，多為口傳與扶乩降筆而來，之後再由歷代祖師集體註解編纂而成，其中註解與編纂最多者為陶弘景。[20]可知，上清茅山宗的經籙體系建構在魏晉南北朝時基本完善。

至於授籙方面，上清茅山宗除了「神授」的經籙傳承外，最早有關授籙的記載應是從隋代的上清茅山宗第十代宗師王遠知（528~635）傳授《上清法籙》予第十一代宗師潘師正（587~684），之後歷代宗師均有授籙紀錄。此外，不僅茅山道士，時致唐代，許多帝王將相都曾到茅山領受《上清法籙》，甚至連正一道道士也曾致茅山授籙。這當中比較

[17] 劉仲宇，《道教授籙制度研究》，頁70。
[18] 楊世華、潘一德編著，《茅山道教志》（武漢：華中師範大學出版社，2007），頁36~41。
[19] 輔仁大學宗教學系編著，《宗教學概論》，頁122。
[20] 楊世華、潘一德編著，《茅山道教志》，頁97~98。

有名的像是，唐玄宗李隆基（685~762）在唐天寶七年（748）領受《茅山上清法籙》，之後又授《茅山上清三洞經籙》；另外還有像是宋末元初的文士趙孟頫（1254~1322）更曾領受到《上清大洞法籙》之職位。[21]由此可見，上清茅山宗經籙發展之蓬勃，而且自魏晉南北朝到宋代都在道教中佔有優勢。然而，目前的經籙整合怎會由正一道主導，這中間究竟發生何種變革呢？事實上，上清茅山宗在宋代達到最高峰，甚至皇帝曾允准他們執行整合經籙工作，過程為何，於下文述之。

# 參、北宋時期茅山宗的興起

宋代可以說是承繼魏晉南北朝與隋、唐以後，道教發展的新一波高峰，不僅在此時出現許多道教神異人士，諸如道教神霄派祖師林靈素（1076~1120）與王文卿（1093~1153）、正一道的張繼先天師（虛靜先生，1092~1127）[22] 以及西河派祖師薩守堅等等，甚至在宋代後期——嚴格言當時華北地區為金代——也發展出了全真教體系。[23] 於此時，道教在中國亦形成四大山頭，分別有龍虎山正一道的「正一玄壇」、閣皂山靈寶派的「靈寶宗壇」、茅山的上清派的「上清宗壇」與西山淨明宗的「淨明法壇」。[24] 會有這些重要山頭的出現，其實與宋代初期的幾位君主沒有太大的關係，反而到宋仁宗趙禎（1010~1063）統治時對道教的崇敬還較為簡斂。[25] 若要談到道教興起而有山頭林立，得從宋哲宗趙

---

[21] 楊世華、潘一德編著，《茅山道教志》，頁155~156。

[22] 一般正一道與龍虎山天師家族均以「虛靖」稱之，但《宋史》便是記載「虛靜」。

[23] 姚瀛艇主編，《宋代文化史》（鄭州：河南大學出版社，1992），頁164。

[24] 鍾國發，《茅山道教上清宗》（臺北：東大，2003），頁156。

[25] 姚瀛艇主編，《宋代文化史》，頁155。

煦（1077~1100）與他的弟弟宋徽宗趙佶（1082~1135）說起。

從宋哲宗到宋徽宗時期，可說是道教興盛的關鍵，在其統治下，除了誕生了影響正一道發展的張繼先天師（虛靜先生，1092~1127），還有諸多修行人分別建立龐大的門派，其中主要有兩門派當時影兩立為大，分別是形成於宋代正一道的神霄派，另一個則是較有悠久歷史的上清茅山宗。神霄派發源於北宋時期，乃基於林靈素提出的《神霄論》，[26] 是正一道衍伸出的教派，是奉「神霄長生王」（長生大帝）為修持主尊，該門派最具特色者為「雷法」的運用與修練，由於本研究核心與「雷法」無關，在此暫不贅述。[27]

從歷史上來看，上清茅山宗乃是宋哲宗重視的道教宗門，甚至還在宋哲宗的敕令下一度成為中國道教之首，何以故？根據元代上清茅山宗嗣宗師劉大彬寫作之《茅山志》提及，宋哲宗時期，上清茅山宗第二十五代宗師劉混康因屢現神蹟，而讓宋哲宗對其相當器重，不僅因劉混康而為茅山修建宮觀，還為賜封其為「洞元通妙法師」，甚至使上清茅山宗成為當時的「道教三山之首」。[28] 有關此，《茅山志》對劉混康影響皇帝對其重視的原因，詳細記載道：

> 元祐元年，哲宗后孟氏誤吞針喉中，醫莫能出，有司以高道聞，召見，師進服符，嘔出針，剌符上。宮中神其事，賜號洞元通妙法師，住持上誌儲祥宮。紹聖四年，劾江寧府，即所居潛神庵為元符

---

26　林靈素主張「天界有九霄，最高領域者為神霄。」詳見：酒井規史，〈地方的雷法與《道法會元》：以《洞玄玉樞雷霆大法》為中心〉，《華人宗教研究》第3期（臺北，2004），頁33。

27　酒井規史，〈地方的雷法與《道法會元》：以《洞玄玉樞雷霆大法》為中心〉，頁33。

28　上清嗣宗師劉大彬，《茅山志》，卷3、11、17、26，中國哲學書電子化計劃（https://ctext.org/wiki.pl?if=gb&res=497389&searchu=%E5%93%B2%E5%AE%97），最後瀏覽日期：2022年6月16日。

觀，別劫江寧府句容縣三茅山經籙宗壇與信州龍虎山、臨江軍閣皂山。三山鼎峙，輔化皇圖。[29]

從此記錄可知，從宋元祐元年（1086）起，因為劉混康的道術符法解決宋哲宗皇后孟氏「誤吞針器」的危難，也屢屢彰顯神異，因此而成為宋廷皇室的座上賓。基於此，上清茅山宗也初步奠定在道教的內部地位與展現出來的政治影響力，這現象一直持續到宋徽宗時期，皇帝對道教與上清茅山宗的熱誠愈來愈盛。

宋徽宗對道教的依賴性非常的明顯，國政諸事皆問道士，從官方史書與民間雜談均有談到此現象。誠如元末中書省右丞相脫脫（Toqto'a，1314~1355）主修之《宋史》除了談及宋徽宗好與道士相伴，更是直接點出：「徽宗方崇道教。」[30] 此外，南宋民間筆記《大宋宣和遺事》內除了記載宋徽宗與張繼先天師之間的互動外，還另外記到上清茅山宗為宋徽宗重視的關鍵原因。根據《大宋宣和遺事》記載：

徽宗即位之初，皇嗣未廣，有道士劉混康以法籙符水得倖，上奏：「禁城西北隅地勢稍低，若加以高大，當有多男之喜。」詔增築數仞崗阜。後來後宮果生男不絕，為此愈是崇信道教。[31]

從《大宋宣和遺事》的紀錄而言，與宋哲宗時的情形一樣，上清茅山宗師劉混康因以符咒為宋徽宗解決了生育子嗣的問題，此為宋徽宗對

---

29　上清嗣宗師劉大彬，《茅山志》，卷11。

30　脫脫，《宋史》，〈李清臣安燾張璪蒲宗孟黃履蔡挺兄抗王韶子厚寀薛向子嗣昌章楶列傳〉，中國哲學書電子化計劃（https://ctext.org/wiki.pl?if=gb&chapter=825892#p81），最後瀏覽時間：2022年6月20日。

31　佚名，《大宋宣和遺事》，中國哲學書電子化計劃（https://ctext.org/wiki.pl?if=gb&res=290731&searchu=%E9%81%93%E6%95%99），最後瀏覽時間：2022年6月20日。。

道教非常親賴的重要關鍵，甚至在南宋官員徐夢莘（1124~1207）所編《三朝北盟會編》說到：「欽崇道教以奉真進貢花石。」[32] 這種「進貢花石」（花石綱）之滿足皇帝個人愛好與耗盡當時北宋國力的操作，事實上也是宋徽宗受到道教影響而有的表現。總而言之，在諸多道士，尤其是上清茅山宗的劉混康在這一系列透過道術在皇室關鍵時刻的操作出的效果，可能也使茅山成為道教諸山之首的原因。

基於宋徽宗崇信道教故，經其信任的神霄派大師林靈素的政策建議，還有上清茅山宗劉混康等諸多道士對皇帝的思想有著嚴重影響，這也把宋徽宗引導至「崇尚道教，打壓佛教」的方向；[33] 宋政和七年（1117）舊曆4月庚申日，宋徽宗還降旨負責道教職品制度與最為道士、道官管理單位的道籙院，要求尊授其為「教主道君皇帝」，使之成為當時的道教教主。[34] 這可以說，宋徽宗藉由道教事務將皇權與教權於一身，以強化自己與道教之間的連結，更建構出自己是道教宇宙觀在人間的教主，也就是道祖的代言者，強化從官僚到民間的道教文化植入。此外，宋徽宗除了是一國之君，更因成為「道教教主」之後，亦對道教各大山頭進行了統合整頓工作，並逐步執行起「三山混弌」的實質行動。

---

[32] 徐夢莘，《三朝北盟會編》，卷113，中國哲學書電子化計劃（https://ctext.org/wiki.pl?if=gb&res=363390&searchu=%E9%81%93%E6%95%99），最後瀏覽時間：2022年6月20日。

[33] 宋徽宗在位期間，曾對佛教內部改革。要求寺院將佛改稱為「大覺金仙」，菩薩之類改為「仙人」、「大士」，僧人改稱為「德士」，廢除寺院改為「宮觀」，基本上將佛教道教化，成為中國佛教歷史上變相的「文化毀滅」。詳見：脫脫，《宋史》，〈徽宗本紀〉，中國哲學書電子化計劃（https://ctext.org/wiki.pl?if=gb&chapter=267940&searchu=%E4%BD%9B）最後瀏覽時間：2022年6月20日。

[34] 脫脫，《宋史》，〈徽宗本紀〉。

# 肆、從「三山混弍」到《萬法宗壇》

　　除了透過道籙院使自己變成「教主道君皇帝」，宋徽宗對道教的掌控不僅如此，其最重要的目的很可能是想透過到教來強化皇權，其中變包含透過整合道士經籙傳授的「三山混弍」。何謂道士的經籙傳授呢？即當時有在授籙的茅山、閣皂山與龍虎山等山頭有見立宗壇頒布經籙，然而，在宋徽宗在位期間，一位神祕的茅山道士黃澄向皇帝提議，要將「三山之籙混弍」，也就是將北宋末年的道教山頭的傳承的符籙、經籙、法籙統合起來。[35] 有關於此，宋徽宗同意黃澄的建議，下旨將茅山、閣皂山與龍虎山之「三山混弍」，成為皇帝授權的獨立授籙系統。然而，這位提議「混弍」的黃澄是什麼人呢？遍閱其他史籍，尋無黃澄之人，相關資料的出處也僅出自元代的《茅山志》。[36] 對此人的記述，根據《茅山志》第十六卷的記載：

> 黃澄，毗陵人，隸業丹陽之仙臺觀。崇寧初，有勸，改玉晨觀為崇寧萬壽宮，先生充住持。未幾，徽宗璽書召，赴闕，劫差住持金山神霄萬壽宮。累授太素大夫、沖素靜一先生，領玉堂高士左右街都道錄（籙）兼管教門公事，食實封一千二百戶，賜紫金方符。請老還山，告逝於玉晨所建束庵。初，三山經錄（籙），龍虎、正一、閣皂、靈寶、茅山大洞，各嗣其本宗，先生請混弍之。今龍虎閣皂

---

35　楊世華、潘一德編著，《茅山道教志》，頁128。

36　當代由中華人民共和國江蘇省人民政府修纂的《江蘇省志：宗教志》內記載：「這時的茅山派發展到鼎盛時期，經道士黃澄、畢法始將江西龍虎山的正一、閣皂山的靈寶和茅山的大洞混一。」這紀錄明顯是從《茅山志》摘錄改寫而成。詳見：江蘇省地方誌編編委員會主編，《江蘇省志：宗教志》（南京：江蘇省人民出版社，1999），頁106。

之傳、上清畢法蓋始於此。[37]

從《茅山志》見得，黃澄的生卒年不詳，僅知其在宋徽宗崇寧年間有所活動，而他的祖籍「毗陵」即當時宋朝管轄的晉陵郡（今江蘇省常州市）。從黃澄的求道生崖來看，其之後在人稱「茅山第一福地」的玉晨觀（崇寧萬壽宮）以及金山神霄萬壽宮擔任住持。[38] 之後，黃澄又被宋徽宗授權掌握「玉堂高士左右街都道錄（籙）」，即在當時宋朝道籙院擔任高等官職，同時又監管「教門公事」，極可能當時在宋徽宗的信任下，黃澄成為事實上的道教最高領袖，又或是上清茅山宗的宗師。此外，宋徽宗還先後給其「太素大夫」與「沖素靜一先生」之崇高尊號。

弔詭的是，從目前留存完整的宋代官修史書而言，並無尋獲黃澄的人物傳與相關資料。黃澄在《茅山志》內儘管具有宗師級的地位，但也僅僅以人物列傳的方式簡筆帶過，再加上玉晨觀的住持亦無黃澄之人。若單純推測，很可能黃澄當時在宋代遭受政治迫害，但從《茅山志》的記載其人為善終，並未明顯有仇家尋仇，或是因為政治事件而被打壓之紀錄。另外，若根據黃澄的籍貫、官職與尊號分析，筆者可能會得出「黃澄並非真實之人」的結論。何以故？首先，黃澄祖籍晉陵郡，皇帝賜號為「沖素靜一先生」，又曾經擔任過朝廷道教事務的最高統領者與茅山掌門。若從這些線索來看，最為接近者為上清茅山宗第二十五代宗師劉混康，不僅祖籍一樣，就連擔任最高官職也接近，而宋徽宗賜號「靜一先生」也與黃澄相當接近。再者，黃澄的「沖素靜一先生」之

---

37  劉大彬，《茅山志》。

38  茅山玉晨觀，本為茅山原五觀之一，位在茅山雷屏山北部，被稱為「第一福地」。相傳三皇五帝之一的高辛氏曾在這裡修道，因此這裡又曾被稱為「高辛道場」。然而，在中國對日抗戰期間，日軍毀掉玉晨觀，目前遺址已成為茅山地區的民宅。詳見：楊世華、潘一德編著，《茅山道教志》，頁123。楊倩描，《南宋宗教史》（北京：人民出版社，2008），頁433。

「沖素」尊號，也與目前上清茅山宗認定的第二十二代宗師萬保沖的尊號「沖素先生」一致。[39] 此外，黃澄的贈號「太素大夫」，在除《茅山志》之外，就目前道教教內與研究的認知，宋代擁有此尊號的道士，僅有與宋徽宗關係甚好的神霄派高道王文卿。[40]

基於此，筆者認為就目前的證據而言，很難證明「黃澄」是一位曾經真實存在的人物。儘管《茅山志》將其重要性一一點出，但在與其他史料對照下，使這位宗師級別的人物愈顯撲朔迷離。然而，筆者亦發現，目前上清茅山宗與道教界認為「沖素先生」、「靜一先生」與「太素大夫」，在史籍上並未與萬保沖、劉混康、王文卿等人有連結。故若「黃澄」為一位真實存在的歷史人物，很明顯地，他的生平與榮耀，被瓜分附會到同時期的道教宗師身上，若從這方面來看，黃澄很可能是被「刻意消失」，至於元代《茅山志》會紀錄黃澄，不僅是因為時代演進能透漏禁忌議題之外，也有可能因茅山作為其宗派祖庭，對於有功之先人，仍有對其紀錄之責。除此二者推測外，若單純將「黃澄」視為符號理解而言，他更像是一位以萬保沖與劉混康的人物為原型，加上當時宋代重要的高道王文卿之元素，建構出的一位特殊人物，而這個人物很可能第直接反映在熱衷於道教的皇帝宋徽宗身上。因此，得出當時主導「三山混弌」的，正是當時為道教教主的宋徽宗想推動的。然而，黃澄不論此人真實與否，都是這場經籙統合事件中的重要代理人，同時可能因要統一三山，而被各山頭打壓，而迫使其提前退休。不過，這場名為黃澄，實際上可能是宋徽宗可望的「三山混弌」概念，雖短暫落實「混弌三山經籙」，但這個行為也使中國道教界有了「經籙統合」的觀念。

---

[39] 楊世華、潘一德編著，《茅山道教志》，頁72。
[40] 趙益、王楚，《抱樸歸真：道教的修煉》（香港：中華書局，2018），頁105。

就像是四川大學道教與宗教文化研究所張澤洪教授在其著作《道教神仙信仰與祭祀儀式》所言：

> 茅山道士黃澄請求混弋三山經錄（籙），是在北宋徽宗時期，說明北宋時期道教三大宗壇的法錄（籙），已有進一步融彙的趨勢。三山符錄一統天下，這在道門中已形成固定看法。[41]

從張教授所言可知，宋代道教經籙整合已經是不可逆的發展趨勢。筆者認為，這種現象甚至這可能也影響到元、明兩代「三山一統」構成「萬法宗壇」事態亦有關聯，只是到了宋末、元代以後，負責統合三山主導者由上清茅山宗轉為正一道的「正一玄壇」。[42]

然而，我們若就中國龍虎山嗣漢天師府、臺灣過去的張恩溥天師（1894~1969）、張源先天師（1931~2008）、目前國內的五位「張天師」，或是道教其他宗派發行的《萬法宗壇》職帖的奏職與陞職，基本上依等級序分別是《太上三五都功經籙》（初奏）、《太上正一盟威經籙》（正一盟威）、《上清三洞五雷經籙》、《上清大洞經籙》等。[43] 就道教歷史而言，傳統的正一道主要信仰對象為太上老君，即太清道德

---

[41] 張澤洪，《道教神仙信仰與祭祀儀式》（臺北：文津出版社，2003），頁335。

[42] 就目前而言，不無史書或相關直接史料指出張天師家族在元代一統三山道派，創立「萬法宗壇」之論述。不過就目前道教界主流的說法，乃基於《元史》中記載，即元大德8年（1304），元成宗加授當時負責統領「江南道教」的第四十一代天師張正言為「正一教主，主領三山符籙」，這很可能是「萬法宗壇」的雛型。詳見：宋濂等，《元史》，卷202，中國哲學書電子化計劃
（https://ctext.org/library.pl?if=gb&file=138506&page=215#box(534,612.8000030517578,2,4)），最後瀏覽時間：2022年7月8日。不見著人，〈萬法宗壇〉，道教文化資料庫（https://zh.daoinfo.org/wiki/%E8%90%AC%E6%B3%95%E5%AE%97%E5%A3%87），最後瀏覽時間：2022年7月8日。

[43] Luk Yuping, The Empress and the Heavenly Masters: A Study of the Ordination Scroll of Empress Zhang (1493) (Hong Kong: The Chinese University of Hong Kong Press, 2016), 142~144.

天尊。因為「祖天師」張道陵天師相傳在蜀地鶴鳴山領受太上老君真傳之《太上三五正一盟威籙》，而有正一道的前身——五斗米道的誕生。[44] 故，在早期正一道，太上老君為最高神祇，而「太上三五正一盟威」（之後分別衍生為「三五都功」與「正一盟威」）均被視為太上老君親傳。故被簡稱為「太上」系列的職籙，應為出自正一道的傳承。而目前總攝各山頭之「萬法宗壇」，雖以「正一玄壇」為根本，但奏陞較高的職籙均為「上清」銜。「上清」系列的職籙，則與上清茅山宗的「上清宗壇」有著密切關聯。誠如前述，主要因上清茅山宗自初代祖師魏華存起，茅山道士便以《上清經》系列的經籙作為主修與傳承。[45] 對此筆者認為，此經籙傳承之後也衍伸出「上清五雷經籙」、「上清三洞五雷經籙」等。因此推測，元代以後，甚至由明代朝廷支持正一道建構出的「萬法宗壇」的事實，很可能是基於宋代上清茅山宗未盡的「三山混式」的進一步完善，直至今日。

# 伍、結語

道教在中國的發展過程中，經籙傳承是道士職位晉陞與精進內煉的重要渠道，然而經籙的起源又流於傳說與歷史可能事實二者，前者主要為目前道教界共識，認為經籙最初的傳承可以追溯到「祖天師」張道陵領受太上老君傳授的《太上三五正一盟威籙》，此後的經籙均由此而生；後者則是經籙起源可能來自多方，而非單獨來元，彼此間相互影響而產生的一種聖典傳承，像是正一道有《太上三五正一盟威籙》，上清

---

[44] 鄭素春，《道教信仰：神仙與儀式》，頁13。
[45] 中國社會科學院道教研究室，《道教文化面面觀》（濟南：齊魯書社，1990），頁159。

茅山宗有《上清法籙》等等。然而，從魏晉南北朝起，上清茅山宗逐漸興起，也逐漸為政治勢力所影響。使授籙門檻從原先門內道士，逐漸向外推進，開放政治高層與文人雅士，甚至是不同道門成員都可以參與茅山授籙儀式。

基於此，上清茅山宗的道士與宋哲宗、宋徽宗兩位兄弟皇帝之間的關係可以說是非常親近，尤其是上清茅山宗第二十五代宗師劉混康的屢屢「神蹟」，讓這兩位皇帝奉為上賓。得而使具有實質宗師地位的茅山道士黃澄能夠上書建言「三山混弌」之事，這使被尊奉為「道君皇帝」的宋徽宗透過此來統合各山頭的經籙於茅山，甚至可讓自己成為把持道教的重點宗師人物。只是這個推展不如所願，除了倉促的諸山整合並未有達成共識，皇帝盲目地將皇權伸展到宗教當中，造成適得其反的結果。儘管茅山勢力並沒有明顯衰退，但其作為諸山之首的地位逐漸地因金朝與蒙元的崛起，而有所削弱，尤其是元朝皇帝對指示正一道天師家族統領江南道教事，並使具有趨勢的「三山混弌」思想進而推展，而有了「萬法宗壇」的事實情形問世。此外，就《萬法宗壇》的職位而言，當中具有「上清」之名者，均是出自茅山，而且都為此宗壇之首位，猶可不難想像當年上清茅山宗的地位。

談完「三山混弌」之演進，再回來談到當代中華法籙道派頒發《混弌法籙》職帖之現象。就中華法籙道派宗師蘇清六主張「混弌祖師」為黃澄之說，從局部脈絡而言是可以成立的，因為是其上奏皇帝推展「三山混弌」，但至於是否有明確的《混弌法籙》或相關名義作為當時授籙的媒介，還需要再考證。不過，若要談到「三山混弌」的現象推展，主要還是與魏晉南北朝時期開始，上清茅山宗歷代祖師的努力下，使該宗派能夠推展成道教之上首，而能使之后的經籙整合，見到一縷可能。是故，真正的「混弌祖師」其實是歷史上一系列的因緣與人物而促成的因

果，就上清茅山宗的宇宙觀而言，這也只是元始天尊的大道不斷演化的諸多結果之一而已。

圖1：中華法籙道派供奉的「混元祖師沖素靜一先生」神位。
拍攝時間：2022年6月11日。

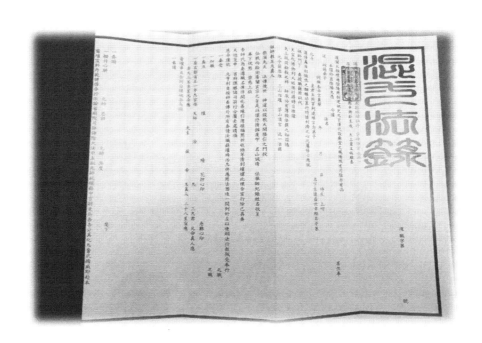

圖2：中華法籙道派的《混元法籙》職帖。
拍攝時間：2022年6月11日。

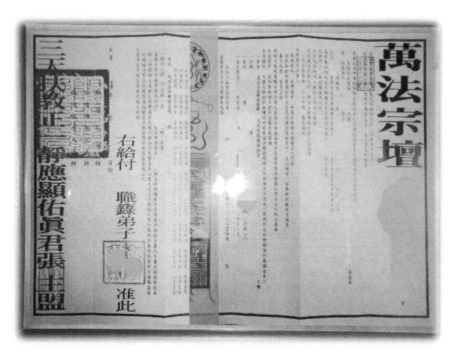

圖3：《萬法宗壇》職帖。
拍攝時間：2022年6月11日。

# 徵引書目

Yuping, Luk. The Empress and the Heavenly Masters: A Study of the Ordination
    Scroll of Empress Zhang （1493）. Hong Kong: The Chinese University of
    Hong Kong Press, 2016.

上清嗣宗師劉大彬，《茅山志》，中國哲學書電子化計劃
    （https://ctext.org/wiki.pl?if=gb&res=497389&searchu=%E5%93%B2%E5%AE
    %97），最後瀏覽日期：2022年6月16日。

中國社會科學院道教研究室，《道教文化面面觀》，濟南：齊魯書社，1990。

朱越利，《道教問答》，北京：華文出版社，1989。

徐夢莘，《三朝北盟會編》，卷113，中國哲學書電子化計劃
（https://ctext.org/wiki.pl?if=gb&res=363390&searchu=%E9%81%93%E6%95
%99），最後瀏覽時間：2022年6月20日。

酒井規史，〈地方的雷法與《道法會元》：以《洞玄玉樞雷霆大法》為中
心〉，《華人宗教研究》第3期（臺北，2004），頁27~49。

張澤洪，《道教神仙信仰與祭祀儀式》，臺北：文津出版社，2003。

張衡，《張衡詩文集校注》，上海：上海古籍出版社，2009。

楊世華、潘一德編著，《茅山道教志》，武漢：華中師範大學出版社，2007。

輔仁大學宗教學系編著，《宗教學概論》，臺北：五南書局，2021。

劉仲宇，《道教授籙制度研究》，北京：中國社會科學院出版社，2011。

蘇清六，《天師與經籙初探》，臺南：文國書局，2021，第二版。

宋濂等，《元史》，卷202，中國哲學書電子化計劃
（https://ctext.org/library.pl?if=gb&file=138506&page=215#box534,612.800
0030517578,2,4），最後瀏覽時間：2022年7月8日。

不見著人，〈萬法宗壇〉，道教文化資料庫
（https://zh.daoinfo.org/wiki/%E8%90%AC%E6%B3%95%E5%AE%97%E5%
A3%87），最後瀏覽時間：2022年7月8日。

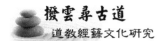
# 第二章 《太上三五正一盟威籙》的研究回顧與傳授演變：以「二十四階」與正一經籙為核心

## 摘要

從道教經籙發展史來看，正一天師道的《太上三五正一盟威籙》無疑是目前所知最早的經籙，三山四壇的經籙體系亦是從此取經而逐一建構而成的。然而，在《太上三五正一盟威籙》的發展過程中，面臨了許多時局挑戰，而使該經籙不斷面臨轉型與改變，最後到目前的道教授籙體制中已不見其名目了。究竟原因為何？再加上，近年來，中華法籙道派在授籙法會中首次提出頒布所謂「二十四品治」，從這些籙卷的項目與名稱見得，與《太上三五正一盟威籙》完全一致，此二文獻之間究竟有何關係呢？

關鍵詞：正一天師道、太上三五正一盟威籙、二十四階、二十四品治。

# 壹、前言

就當今有關道教經籙的傳授，以目前龍虎山嗣漢天師府、臺灣「五大天師」、中華民國道教會與中華法籙道派等宗教群體的授籙階段，基本上都是以《太上三五都功經籙》為最低階之經籙，並依序加授《太上正一盟威經籙》→《上清五雷經籙》→《上清三洞五雷經籙》→《上清大洞經籙》等次第，但就目前海峽兩岸的潛規則，基本上只有龍虎山嗣漢天師府住持、自稱「張天師」者或具有張天師血統者才可以加授到《上清大洞經籙》。[46] 事實上，如此經籙傳授方式，乃是明代以後逐漸形成的架構，根據毛帝勝博士在其論文〈從《混弍法籙》見北宋道教諸山整合到《萬法宗壇》的形成初探〉內變談及，此綜合自龍虎山正一天師道（原正一盟威道）、茅山上清宗與閣皂山靈寶宗的經籙體系，而統合在正一真人（即歷代張天師）代表朝廷統領全道教各宗的《萬法宗壇》。[47] 然而，這種授籙制度的情形是以「統一道教」的視角而制定的，而最初個別宗壇的授籙制度則是相當不同的。以作為《萬法宗壇》的核心教派——正一天師道而言，在《萬法宗壇》成立以前便僅有《太上三五正一盟威籙》，也就是之後的《太上三五都功經籙》與《太上正一盟威經籙》二者的「共同前身」，並未有屬於上清宗系列的《上清五雷經籙》、《上清三洞五雷經籙》、《上清大洞經籙》等，至於靈寶宗的經籙——《靈寶中盟籙》曾在《萬法宗壇》體制中扮演的角色為何，

---

[46] 劉怡君、葉聰霈，〈符籙〉，全國宗教資訊網
（https://religion.moi.gov.tw/Knowledge/Content?ci=2&cid=440），最後瀏覽時間：2023年9月26日。劉仲宇，《道教授籙制度研究》（北京：中國社會科學出版社，2014），頁163。

[47] 毛帝勝，〈從《混弍法籙》見北宋道教諸山整合到《萬法宗壇》的形成初探〉

此非本論文討論之中心，故暫不探討。[48]

本研究欲著重在作為《萬法宗壇》核心之正一天師道的經籙傳授，若就此深究，不難發現在授籙次第方面與當今有著明顯差異。就目前經籙研究而言，最早發現正一天師道的經籙傳授問題，乃是中國宗教學研究者劉仲宇在其著作《道教授籙制度研究》中便提及漢、魏之時，正一天師道的經籙為《太上三五正一盟威籙》，籙卷內有分為24階次第——即「二十四階」（又稱「二十四品治」）；時至南北朝時，北魏太武帝（408~452）與丞相崔浩（381~450）重視道教，而大力提拔正一天師道背景的寇謙之（365~448），其自稱從太上老君處獲得《籙圖真經》而將《太上三五正一盟威籙》改革，以作為反對腐蝕正一天師道的「三張偽法」[49] 的教主4階、道民5階次第，為新興經籙體系，但隨著時代演進，寇謙之的改革成果便被撲熄。[50] 但劉仲宇主要說明從《太上三五正一盟威籙》的傳承與歷代的詮釋與重構以及《太上三五正一盟威籙》當中的「二十四階」在經籙發展與傳授中的演變，至於從《太上三五正一盟威籙》到《太上三五都功經籙》與《太上正一盟威經籙》確立的過程則未特別說明。基於此，本研究先說明《太上三五正一盟威籙》的起源與發展，再來探討正一天師道在四川與漢中地區建立的「二十四治」與《太上三五正一盟威籙》內「二十四階」的關係，最後再論證《太上三五正一盟威籙》在正一天師道內傳授方式的改變對「二十四階」的影響，以及《太上三五都功經籙》與《太上正一盟威經籙》的建構過程。

---

[48] 毛帝勝，〈從《混弍法籙》見北宋道教諸山整合到《萬法宗壇》的形成初探〉

[49] 三張偽法：是魏晉南北朝時，割據一方的祭酒假托張道陵、張衡與張魯等三代天師的法要，其中包含道職世襲、男女合氣（性交之宗教儀式）與道團在民間徵收租米錢稅等舉措。詳見：萬繩楠，《魏晉南北朝史論稿》，頁383。

[50] 劉仲宇，《道教授籙制度研究》，頁35。

# 貳、漢末至魏晉《太上三五正一盟威籙》的形成

漢末至魏晉期間，乃因時局環境充斥飢荒、戰亂，而使各方老百姓組織道團，其中較為有名的有于吉（?~200）或張角（?~184）成立的太平道、張道陵（34~156）或張魯（?~216）成立的正一天師道，以及張脩（?~200）成立的「五斗米道」（與正一天師道同名的別立道團）等，其中有保留完整經籍與宗教制度至今者，乃是正一天師道。正一天師道亦是這些道團中最早建立政權，且影響力發揮最大者。[51] 為探討正一天師道成立早期，面對張天師與道眾在漢中與蜀地建立的政教合一之「道教王國」，其政權鞏固根本就反映在同時期建構具有宗教與政治制度混一之經籙，也就是《太上三五正一盟威籙》，經常被略稱為「正一盟威籙」或「盟威籙」，但為了避免與目前頒授給道士的《太上正一盟威經籙》混淆，在此均以該經籙全名稱之。所謂經籙，意謂著該宗教物件具有著「經」（經典、教條與術法文書）與「籙」（紀錄）二種文字元素，尤其在「籙」字而言，從秦、漢以來讖緯之學流行，而這些讖緯文獻常常會有圖案搭配，因此又被稱為「籙圖」或「圖籙」。這也使漢代以後，「籙」字被賦予可以預言與連結人、天二界的神聖地位。[52] 這種思維也影響到正一天師道當中，並由此發展出《太上三五正一盟威籙》的神聖權柄與其中作為幫助道眾修行與進入政教體系的開端。

有關《太上三五正一盟威籙》的起源與確立，道教教徒多相信魏晉南北朝以後道教人士不斷建構的論述，這包含從晉代葛洪（283~343）

---

[51] 萬繩楠，《魏晉南北朝史論稿》（臺北：雲龍出版社，1994），頁18。

[52] 劉仲宇，《道教授籙制度研究》，頁34。

的《神仙傳》、北魏寇謙之（365~448）的《老君音誦戒經》至明代張宇初（1359~1410）編纂之《漢天師世家》等歷代文獻中建構出「張道陵在蜀地領受三天正法與《太上三五正一盟威籙》，以及設置二十四治。」的傳說故事，更認為張道陵為建構政教合一政權的創始人，也就是正一天師道所謂的「祖天師」。[53] 較早有關張道陵的傳說《神仙傳》內指出，張道陵從太上老君處習得正法後，便與佔領蜀地的六天魔鬼決戰，並在降伏鬼魔後，奪走鬼的24座領地——二十四治，並將之二十四治轉型成正一天師道的福地，從此「治」成為正一天師道的行政區名稱。

《太上三五正一盟威籙》乃是正一天師道的制度與信仰核心，但不見於正史與地方志紀載，甚至連類似經籙的文字也無見於史，僅有祭酒、治頭大祭酒與師君之職位，以及作為行政區的「治」見得而已。西晉史家陳壽（233~297）編修的《三國志・張魯傳》記載：

張魯字公祺，沛國豐人也。祖父陵，客蜀，學道鵠鳴山中，造作道書以惑百姓，從受道者出五斗米，故世號米賊。陵死，子衡行其道。衡死，魯復行之。益州牧劉焉以魯為督義司馬，與別部司馬張脩將兵擊漢中太守蘇固，魯遂襲脩殺之，奪其眾。焉死，子璋代立，以魯不順，盡殺魯母家室。魯遂據漢中，以鬼道教民，自號

---

[53] 葛洪在《神仙傳》記載：「老君尋遣清和玉女，教以吐納清和之法，修行千日，能內見五藏，外集外神，乃行三步九跡，交乾履門，隨罡所指，以攝精邪，戰六天魔鬼，奪二十四治，改為福庭，名之化宇，降其帥為陰官。先時蜀中魔鬼數萬，白畫為市，擅行疫癘，生民久罹其害，自六天大魔推伏之後，陵斥其鬼眾，散處西北不毛之地，與之為誓曰：『人主於畫，鬼行於夜，陰陽分別，各有司存，違者正一有法，必加誅戮。』於是幽冥異域，人鬼殊途。」詳見：葛洪（晉），《神仙傳》，中國哲學書電子化計劃（https://ctext.org/shen~xian~zhuan/5/zhangdaoling/zh），最後瀏覽時間：2023年9月27日。

「師君」。<u>其來學道者，初皆名「鬼卒」。受本道已信，號「祭酒」。各領部眾，多者為治頭大祭酒。</u>皆教以誠信不欺詐，有病自首其過，大都與黃巾相似。諸祭酒皆作義舍，如今之亭傳。又置義米肉，懸於義舍，行路者量腹取足；若過多，鬼道輒病之。犯法者，三原，然後乃行刑。不置長吏，皆以祭酒為治，民夷便樂之。雄據巴、漢垂三十年。[54]

　　陳壽本為三國時期的季漢蜀人，對張魯與正一天師道的狀況應較更多人還要瞭解，故這方面的紀錄在同時代書寫者中具有一定的可信度。從此紀錄來看，張魯的祖父——沛國豐縣人張道陵（張陵，34~156）在蜀地鵠鳴山[55] 學道，從那時起張道陵與他的後裔都在蜀地傳衍，且其子張衡，孫張魯都在傳承其教道，最後並在漢中發展，還建立出屬於「米賊」（又稱米巫）——正一天師道的「宗教王國」。陳壽亦強調，張道陵在鵠鳴山時便有「造作道書」，這很可能是正一天師道經籍或相關經籙的起源。根據邱福海的研究，當時張道陵所作之「道書」共有24卷，這與《太上三五正一盟威籙》的內文卷數一致，兩者是否為同或為《太上三五正一盟威籙》的前身，仍需要更多資料佐證，但筆者不排斥其可能性。[56] 而於張道陵「造作道書」之時，當時並未有目前正一天師道所言之行政區——二十四治，按陳壽的書寫，而是到其孫張魯底定漢中、

54　陳壽（晉），《三國志》，收錄許嘉璐主編，《二十四史全譯》（上海：漢語大辭典出版社，2004），頁127。
55　鵠鳴山可能與目前認知的鶴鳴山不同，但目前均將鶴鳴山與鵠鳴山混同。詳見：劉屹，〈神話與歷史：六朝道教對張道陵天師形象的塑造〉，Florian C. Reiter，《Purposes, Means and Convictions in Daoism~A Berlin Symposium》（威斯巴登：Harrassowitz，2007），頁65~66。
56　邱福海，《道教發展史：道教的形成階段（上古至東晉）》（淑馨出版社，2000），頁4。

蜀地後才設置相關道團職務的。[57] 筆者認為，後世道士在神話書寫上，將張魯的功績附會到張道陵身上其時在各國古代的人類的神話或歷史紀錄之附會其實相當常見。如日本學者岡田英弘在《日本史的誕生：東亞視野下的日本建國史》便從《古事記》、《日本書記》與中國史書解構出，首位天皇——神武天皇的神話傳說，其實是從天武天皇的事蹟挪用編造而有，都是為了強化政治與宗教的合理性與強化鞏固勢力的方法。[58]

儘管張魯很可能是漢中、蜀地軍事割據的實質建立者，並有可能是二十四治的設置者。但這個可能性，中國道教學者劉屹則是提出不同檢解。劉屹在〈神話與歷史：六朝道教對張道陵天師形象的塑造〉認為二十四治的確立遠遠是在張道陵至張魯之後，是在南北朝時才逐漸形成所謂二十四治、二十八治、三十六治或四十四治等諸說。尤其在南朝統治地區的正一天師道道士與道團才逐漸確立二十四治之定位，甚至到唐代杜光庭（850~933）時才將真正確立這些說法，也就是正一天師道曾在漢中、蜀地建立二十四治，而這些治本身也就是正一天師道的修仙福地。[59] 此外，劉屹更針對張道陵之人在蜀地與太上老君相見之事，究竟是在鵠鳴山、鶴鳴山、崑崙大治領受正法與經籙，以及對張道陵的死亡時間（漢安元年、建安元年、永壽3年）與方式——「飛升」或「被蛇吞食」等諸說，但這並非本研究之重點，故於此不加探討。[60] 就筆者考察，作為反映正一天師道運作與制度的《太上三五正一盟威籙》內文共有24卷，其原卷完整內容因戰亂而有散佚或是由歷代各道士重構，但卷

---

[57] 陳壽（晉），《三國志》，收錄許嘉璐主編，《二十四史全譯》（上海：漢語大辭典出版社，2004），頁127。

[58] 岡田英弘（日），《日本史的誕生：東亞視野下的日本建國史》（臺北：八旗文化，2016）。

[59] 劉屹，〈神話與歷史：六朝道教對張道陵天師形象的塑造〉，頁71~73。

[60] 劉屹，〈神話與歷史：六朝道教對張道陵天師形象的塑造〉，頁73~74。

目與部分內容確有保留下來。[61] 就《正統道藏》版的「公版」，《太上三五正一盟威籙》內的卷目分別有：

《太上正一童子一將軍籌品第一》、《太上正一童子十將軍籙品第二》、《太上正一上仙百五十將軍籙品第三》、《太上正一三將軍籙品第四》、《太上正一上靈百鬼召籌品第五》、《太上正一元命混沌赤綠品第六》、《太上正一上仙百鬼召錄品第七》、《太上正一九州社令籙品第八》、《太上正一星網五斗籌品第九》、《太上正一河圖保命籙品第十》、《太上正解六害神符籙品第十一》、《太上正一九鳳破穢籙品第十二》、《太上正一都章畢印籙品第十三》《太上正一斬邪華蓋籙品第十四》、《太上正一九天兵符籙品第十五》、《太上正一九官捍厄籙品第十六》、《太上正一八卦護身籙第十七》、《太上正一三五考召籙品第十八》、《太上正一斬邪赤籙品第十九》、《太上正一辟邪大籙品第二十》、《太上正一四部禁炁籙品第二十一》、《太上正一斬河邪籙品第二十二》、《太上正一三五功曹籙品第二十三》、《太上正一延生保命籙品第二十四》。[62]

從《太上三五正一盟威籙》卷目來看，共有24卷，但在魏晉南北朝以來均強調此為「二十四階」，也就是具有正一天師道神職之位階意涵。對此，劉仲宇研究得出，彼時的正一天師道神職體系中，都與《太上三五正一盟威籙》有緊密聯繫，甚至將該道信奉的宇宙觀——二十四節氣與二十八星宿結合，更與作為政教合一行政區的治產生連結，甚至

---

61　劉仲宇，《道教授籙制度研究》，頁88~93。
62　劉仲宇，《道教授籙制度研究》，頁54~55。蘇清六、李珠隆，《天師經籙與儀式》（臺南：文國書局，2020），頁356~359。

變成正一天師道的道眾中職位升遷的依據。[63] 然而，這些從《太上三五正一盟威籙》出來的「二十四階」，其在魏晉以後與二十四治的概念結合，更成為道民升職的依據。筆者推測，這很與張魯投降曹魏後，正一天師道的「宗教王國」瓦解，而使這些祭酒都功統領的治，或是二十四治，失去中央核心的控制，但為了維護正一天師道的精神思想，而將治或二十四治的概念神聖化，從地方行政區概念轉為精神信仰的定位。因此，在張魯降曹魏後，每一位道民本身皆為「治之遺民」，因此將二十四治的概念融入經籙當中，而成為正一天師道道眾的修行次第原則，更因此劃分出上、中、下八治的概念。筆者又認為，這上、中、下的概念不單單僅是表明治的重要性，更是正一天師道道眾修行的次序，以上為先，再而中，最後下之八治次第。換言之，即初入正一天師道從《太上正一童子一將軍籙品第一》起修至《太上正一延生保命籙品第二十四》修成，總共24個階位的修行次序；這24個位階修好後，才能晉升為祭酒、都功之相關神職。[64] 這種意象也可能反映出，太上老君將「三天正法」與「正一盟威」之經籙傳授給「祖天師」張道陵，由上天到人間的傳授過程的呈現。當然，此僅筆者就目前所知推測，還有不足之處，以期更多資料加以補充與修改。（見表1）

---

63　劉仲宇，《道教授籙制度研究》，頁54~55。
64　劉仲宇，《道教授籙制度研究》，頁58。

表 1：正一天師道二十四治與《太上三五正一盟威籙》之二十四階籙次第對照

| 上、中、下八治 | 治名 | 炁名 | 經籙名 |
|---|---|---|---|
| 上八治 | 陽平治 | 左平炁 | 太上正一童子一將軍籙品第一 |
| | 鹿堂治／鹿堂山治 | 右平炁 | 太上正一童子十將軍籙品第二 |
| | 鶴鳴治／鶴鳴山治 | 左長炁 | 太上正一上仙百五十將軍籙品第三 |
| | 漓沅治 | 右長炁 | 太上正一三將軍籙品第四 |
| | 葛貴治 | 左都領炁 | 太上正一上靈百鬼召籙品第五 |
| | 庚除治 | 右都領炁 | 太上正一元命混沌赤籙品第六 |
| | 泰中治 | 左領神炁 | 太上正一上仙百鬼召籙品第七 |
| | 真多治 | 右領神炁 | 太上正一九州社令籙品第八 |
| 中八治 | 昌利治 | 左都監炁 | 太上正一星網五斗籙品第九 |
| | 隸上治 | 右都監炁 | 太上正一河圖保命籙品第十 |
| | 湧泉治 | 左監神炁 | 太上正解六害神符籙品第十一 |
| | 稠稉治 | 右監神炁 | 太上正一九鳳破穢籙品第十二 |
| | 北平治 | 左監察炁 | 太上正一都章畢印籙品第十三 |
| | 本竹治 | 右監察炁 | 太上正一斬邪華蓋籙品第十四 |
| | 蒙秦治 | 左領功炁 | 太上正一九天兵符籙品第十五 |
| | 平蓋治 | 右領功炁 | 太上正一九官捍厄籙品第十六 |
| 下八治 | 雲臺治／雲臺山治 | 左監貢炁 | 太上正一八卦護身籙第十七 |
| | 瀘口治 | 右監貢炁 | 太上正一三五考召籙品第十八 |
| | 後城治 | 左都炁 | 太上正一斬邪赤籙品第十九 |

| | | |
|---|---|---|
| 公慕治 | 右都炁 | 太上正一辟邪大籙品第二十 |
| 平崗治 | 左貢炁 | 太上正一四部禁炁籙品第二十一 |
| 主簿治/主簿山治 | 右貢炁 | 太上正一斬河邪籙品第二十二 |
| 玉局治 | 左察炁 | 太上正一三五功曹籙品第二十三 |
| 北邙治 | 右察炁 | 太上正一延生保命籙品第二十四 |

資料出處：劉仲宇，《道教授籙制度研究》，頁54~55。蘇清六、李珠隆，《天師經籙與儀式》，頁356~359。

# 參、從《太上三五正一盟威籙》到「萬法宗壇」經籙傳授

正一天師道與之經籙約建構於漢末至魏晉，其概念又與傳說正一天師道在漢中、蜀地設置的二十四治相關，隨著張魯政權的瓦解，因此逐漸與正一天師到各階層的經籙結合，而逐漸形成所謂的「正一道籙」，也就是《太上三五正一盟威籙》。然而，就目前兩岸三地舉行的授籙儀式中，尤其是以張天師為首的道教群體或標榜正一天師道傳承者，皆不見《太上三五正一盟威籙》與該經籙內二十四階神職法籙的身影，反而出現了初授職位《太上三五都功經籙》與之陞授之《太上正一盟威經籙》。然而，《太上三五正一盟威籙》究竟於何時「消失」？以及《太上三五都功經籙》與《太上正一盟威經籙》究竟是何時形成？此為本章節所要探討之重點。

《太上三五正一盟威籙》主要形成於漢末至魏晉，到南北朝時仍有該經籙的傳承，只是在南北發展狀況不同。北朝在北魏太武帝時歷經寇謙之對正一天師道的改革，除了革除正一天師道內的祭酒都功世襲與規

範「天師（筆者按：張道陵）遺胤子孫」不得妄稱「天師」尊號之類。寇謙之在其所謂自太上老君處「領受」的《老君音誦戒經》，並於此處寇謙之託太上老君之言：

從係天師昇仙以來，曠官真職，道荒人濁。後人諸官，愚闇相傳，自署治籙符契，氣候倒錯，不可承准。<u>吾本授二十四治，上應二十八宿，下應陰陽二十四氣，授精進祭酒，化領民戶。道陵演出道法，初在蜀土一州之教，板署男女道官，因山川土地郡縣，按吾治官靖廬亭宅，與吾共同領化民戶，勸惡為善……。按今新科，但還宿官，稱治為職號，受二十四治。</u>中化契令者，發號言補甲乙正中官，真氣角宿治。以亢宿、氏宿、房宿二十八，如法上章時，直言臣，而不得稱真人。若靈籙外官，不得稱治號。<u>其蜀土宅治之號，勿復承用。</u>[65]

身為正一天師道道士的寇謙之亦談到「祖天師」張道陵在蜀地領受太上老君設置的二十四治，以作為張道陵麾下祭酒用以精進與統領道眾的規劃。然而，寇謙之雖仍傳承二十四治，但是以其所推展之「新科」（即《錄圖新經》，又稱《籙圖新經》）為主，以致許多與蜀地相關的法要都逐漸被屏除。[66] 就劉仲宇的研究，此時寇謙之另外改革《太上三五正一盟威籙》，將原先晉陞神職之二十四階轉型為五階經籙。[67] 嚴格而言，寇謙之的經籙改革，有教主與道民之別，前者具有四階籙領受，

---

65　寇謙之（北魏），《老君音誦戒經》，諸子百家中國哲學書電子化計劃（https://ctext.org/wiki.pl?if=gb&chapter=866938），最後瀏覽時間：2023年9月28日。

66　李延壽（唐），《北史》，諸子百家中國哲學書電子化計劃（https://ctext.org/wiki.pl?if=gb&chapter=250682#p41），最後瀏覽時間：2023年9月28日。

67　劉仲宇，《道教授籙制度研究》，頁59。

而寇謙之自身全都具受，故以張道陵繼承者自居，「九州真師」、「治鬼師」、「治民師」與「繼天師」，時人更以「天師寇謙之」尊之；後者則具有五階經籙，道眾可以依循這些經籙逐漸成為寇謙之統領下的正一天師道之祭酒、道官。[68] 有關給道眾的五階經籙基本上內容已經失傳，但北齊史家魏收（506~572）修之《魏書》曾記載這幾種特殊經籙位階：

> 太真太寶九州真師、治鬼師、治民師、繼天師四錄。修勤不懈，依勞復遷。賜汝天中三真太文錄，劾召百神，以授弟子。文錄有五等，一曰陰陽太官，二曰正府真官，三曰正房真官，四曰宿宮散官，五曰並進錄主。壇位、禮拜、衣冠儀式各有差品。凡六十餘卷，號曰錄圖真經。[69]

簡言之，寇謙之的改個中，除了自身領受等同天師的四階經籙，其道眾則是領受五階經籙，而這階經籙的總稱即前述之「新科」——《籙圖新經》。（見表2）但此新經籙體系並未完全取代北方正一天師道的《太上三五正一盟威籙》體系，在寇謙之失勢後，這《籙圖新經》的體系才慢慢消亡。

南朝方面的正一天師道發展而言，東晉的《太上三五正一盟威籙》的傳承則掌握在同為正一天師道道士的陸修靜（406~477），有別於寇謙之自詡為「繼天師」展開對正一天師道的改革，甚至是開創新教。陸修靜不僅保留下《太上三五正一盟威籙》全宗體系，包含經卷法籙與傳

---

68 劉仲宇，《道教授籙制度研究》，頁67。李延壽（唐），《北史》，諸子百家中國哲學書電子化計劃
（https://ctext.org/wiki.pl?if=gb&chapter=250682#p41），最後瀏覽時間：2023年9月28日。
69 魏收（北齊），《魏書》。

授經籙儀軌。陸修靜一方面努力保存正一天師道的經籙的完整，同時也斥責中國南部正一天師道的亂象，並將《太上三五正一盟威籙》內的品階重新規劃，稱此體系為「治籙」。與寇謙之一樣，陸修靜為打破二十四治的治炁是以蜀地為本，並增設治炁以打破侷限性，但仍以二十四治最為治炁地位最高者。此外，陸修靜亦將治歸類出配治、游治、別治、散治以作為正一天師道在全中國（包含北朝領地）的區劃，其中更規範以陽平治、鹿唐治與鶴鳴治為正一天師道重要治炁，其中又以「天師後裔」（張道陵的子孫）作唯一可領受陽平治者。而且，陸修靜對二十四治的祭酒都功職務揀選相當嚴格，而且還需要透過「天師後裔」審核，才能夠成為某一治炁的祭酒或都功。[70] 由陸修靜建立經籙體系後，不僅穩定正一天師道接下來幾百年的傳承，同時也影響到靈寶經系與上清經系的經籙架構，而使之未來發展出上清宗壇、靈寶宗壇的經籙傳承，並在日後形成三大宗壇體系——龍虎山正一盟威系、閣皂山靈寶系、茅山上清系等。[71]

《太上三五正一盟威籙》的傳承到唐、宋、元時期有關紀錄文獻甚少，尤其宋至元期間戰亂頻繁（宋與遼、金、西夏、蒙元），導致許多文獻都散佚，其中道教文獻留存者，可以說少之又少。就目前留存的文獻而言，宋代有關正一天師道經籙相關記載，則是宋真宗天禧年間（1017~1021）由道士張君房根據宋代道教經藏筆記而成的《雲笈七籤》，較為特殊的是，《雲笈七籤》內記載的正一天師道經籙並未有《太上三五正一盟威籙》之記載，反而出現了太上老君傳授給「祖天師」張道陵的正法經籙為：「三天正法」、「正一科術要道法文」、

---

[70] 劉仲宇，《道教授籙制度研究》，頁68~70。
[71] 鄭素春，《道教信仰、神仙與儀式》（臺北：臺灣商務印書館，2002），頁21。

《正一盟威妙經》、「三業六通之訣」與《都功籙》等等。[72] 由此見得，北宋時期強調的正一道經籙與法訣已無《太上三五正一盟威籙》，反而出現兩大經卷——《正一盟威妙經》與《都功籙》，但這些經籙的功能性為何，今已無從可考。另外，在明代成書的《道法會元》內，主要收錄宋、元時期的道法，當中第41卷的《清微言功文檢》提及「本佩都功盟威諸階籙」，很可能是指正一天師道的《太上三五正一盟威籙》內的24階籙，亦有可能是當時已經將「都功」與「盟威」視為兩種籙的存在；第67卷的《七雷霆玄論》則提及到「三五都功」職位，但並無談及其與經籙的關係；第250卷的《太上天壇玉格下》更直接談到《三五都功籙》，但卻談及需與《天心正法》搭配，另外則談到修行「出神入夢法」者可合受《盟威籙》。[73] 因此，無法確定當時究竟是以《都功盟威》作為《太上三五正一盟威籙》的略稱，又或是《都功》與《盟威》即目前正一天師道傳承的《太上三五都功經籙》與《正一盟威經籙》？以及《太上天壇玉格下》所提之《三五都功籙》與《盟威籙》，是否即今日的《太上三五都功經籙》與《正一盟威籙》或是《太上三五正一盟威籙》，或是其他正一天師道的經籙。這些謎團，也因文獻留存的不足無法確知內容，而無法輕易斷定。

就筆者目前研究而言，比較有依據可靠者，應為明初時，明太祖朱元璋（1328~1398）曾指示「祖天師」張道陵的後裔——龍虎山正一真人張正常編修《道藏》，並將全中國的經籙掌握與發行權柄交付正一真人，也正式建構出以正一天師道為核心之「萬法宗壇」。同時，明太祖

---

[72] 張君房（北宋），《雲笈七籤》，諸子百家中國哲學電子化計畫（https://ctext.org/wiki.pl?if=gb&res=820577&searchu=%E9%83%BD%E5%8A%9F），最後瀏覽時間：2023年9月28日。

[73] 《道法會元》，諸子百家中國著學書電子化計劃（https://ctext.org/wiki.pl?if=gb&res=54910&searchu=都功），最後瀏覽時間：2023年9月28日。

對非正一真人發行的經籙嚴格禁止，如明洪武24年（1391）曾針對民間道士自行頒授「私籙」之舉發表旨意：「假張真人名私造符籙者，皆治以重罪。」[74] 然而，當時交付給正一真人的經籙為何？就明太祖之十七皇子——明寧獻王朱權（1378~1448）在其著作《天皇至道太清玉冊》收錄之〈正一諸品法籙〉記載，主要有「三十四階」籙，但這些經籙內容與原先的《太上三五正一盟威籙》有所不同，內文甚至有所變化，當中分別為：

> 《太上正一盟威修真延生祕籙》、《太上三五都功版券職籙》、《太上中天北斗七元祕籙》、《太上璇天真武無上將軍祕籙》、《太上延伸保命護身祕籙》、《太上正一童子將軍護身祕籙》、《太上北帝伏魔神咒殺鬼祕籙》、《太上洞玄靈寶預修九真玅戒祕籙》、《太上洞玄靈寶金籙度命生身受度十宮東嶽預修黃籙》、《上清大洞迴車畢道祕籙》、《上清三洞混一成真飛魔演化飛仙上陽五雷祕籙》……。[75]

此時經籙陞授比原先的二十四階還要多，分別增加北帝派的《太上北帝伏魔神咒殺鬼祕籙》、上清宗的《上清大洞迴車畢道祕籙》、《上清三洞混一成真飛魔演化飛仙上陽五雷祕籙》等諸多派系的經籙，相當豐富，並未如目前道教規範「萬法宗壇」之五階經籙而已，但從這些經籙中仍可見得今日經籙傳授的影子，如與神職相關者之《太上正一盟威修真延生祕籙》應與《太上正一盟威經籙》有關；《太上三五都功版券

---

[74] 《明實錄・太祖》，卷290，洪武24年6月，頁3110，明實錄、朝鮮王朝實錄、清實錄資料庫（http://hanchi.ihp.sinica.edu.tw/mql/login.html），最後瀏覽時間：2023年5月31日。

[75] 呂鵬志，〈贛西北流傳的正一籙〉，頁50。

職籙》則是目前《太上三五都功經籙》內的籙卷之一。[76]

　　明末清初，正一天師道道士根據明寧獻王的《天皇至道太清玉冊》脫胎編訂為《正乙天壇玉格》，其中規範近代經籙傳授與陞授的規範，當中制定正一天師道道士法職傳授程序為「《太上三五都功經籙》→《太上正一盟威經籙》→《上清經籙》→《三洞經籙》→《靈寶中盟籙》。」此作為神職陞授的經籙排階明顯較符合宋代以來「三山混一」與明代「萬法宗壇」的道教宗派統合現象，按劉仲宇的研究指出，《正乙天壇玉格》開啟授籙儀式的精簡（減）依據，並為統合各派經籙作出最初示範，即以正一天師道的兩階經籙根基、茅山上清宗則有一階、三洞派亦為一階、靈寶派亦有一階。儘管揀選初這些經籙，正一天師道並為屏除其他經籙，而將之轉型為「齋法道法」的傳承依據，或是成為道士與信士作為祈福的經籙，又作「信士籙」。[77] 時至清初，龍虎山正一真人府（即嗣漢天師府）與各地道壇頒行的《太上天壇玉格》的授籙規範，基本承襲《正乙天壇玉格》的五階經籙傳授，只是內容有了變化，確立為「《太上三五都功經籙》→《太上正一盟威經籙》→《上清三洞五雷經籙》→《上清三洞經籙》→《上清大洞經籙》。」[78] 然而，《太上天壇玉格》的授籙規範一直不斷地在修正，最後到清乾隆以後的《太上天壇玉格》基本上確立五階經籙傳授次第為「《太上三五都功經籙》→《太上正一盟威經籙》→《上清五雷經籙》→《上清三洞五雷經籙》→《上清大洞經籙》。」即今日兩岸道團授籙的依據。[79]

　　探討完正一天師道各階經籙傳授演變後，有一最根本的問題即是，

---

[76] 修水普濟道院，《太上三五都功版券職籙》，中華道教經籙文化教育學會提供。
[77] 劉仲宇，《道教授籙制度研究》，頁162~163。
[78] 劉仲宇，《道教授籙制度研究》，頁163。
[79] 劉仲宇，《道教授籙制度研究》，頁163。

《太上三五正一盟威籙》是否自明、清至今授籙傳承中已經失傳呢？就筆者來看，並無失傳，主要原因在於明代以後傳承的《正統道藏》仍有收錄《太上三五正一盟威籙》傳承下的部分內文，且仍具有24卷籙文；在傳授經籙方面，則是「內化」至《太上三五都功經籙》與《太上正一盟威經籙》當中。較為有趣的是，從名相上而言，最初須修完《太上三五正一盟威經籙》的24階籙才能夠取得祭酒都功資格，而清代以後的授籙制度則是先取得都功，再另授《正一盟威》。不過，最能展現出《太上三五正一盟威籙》在清代以後「萬法宗壇」體制中扮演的角色，除了《太上三五都功經籙》與《太上正一盟威經籙》，便是「萬法宗壇」的職帖。根據民國107年（2018）臺南市政府文化局與臺灣道教學者李豐楙團隊共同舉辦的「道法萬象」展覽中，有一幅清光緒25年（1899~1900）12月的「萬法宗壇」職帖當中便有給姚宏顯（受籙者）經籙紀錄，同時也以二十四治的規範，根據生辰八字分配授籙者至某治炁，如受籙者姚宏顯便被歸納為「天師真多治右領神炁」。[80] 就此解構而言，「天師真多治」則是二十四治中的行政區之一，而「右領神炁」則是真多治所展現的治炁。因此可以理解為，《太上三五正一盟威籙》的內容本職轉換成「萬法宗壇」初兩階之《太上三五都功經籙》與《太上正一盟威經籙》，但原先屬於道民個人須依次第領受的二十四階，清代以後則以受籙者生辰八字與二十四階內容相互對應而決定受籙者元命真人（元神）領受神職後所駐守的「福地」。然而，二十四階在當代道教發展中的處境如何呢？

---

80　李豐楙總編輯，《道法萬象（下）：壇場科儀與丹道養生》（臺南：臺南市政府，2018），頁68~69。

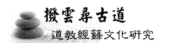

表 2：寇謙之的正一天師道經籙位階體系

| 品階 | 教主籙（繼天師） | 道民籙（文籙） |
|---|---|---|
| 第一階 | 太真太寶九州真師 | 陰陽太官 |
| 第二階 | 治鬼師 | 正府真官 |
| 第三階 | 治民師 | 正房真官 |
| 第四階 | 繼天師 | 宿宮散官 |
| 第五階 |  | 並進籙主 |

資料出處：魏收（北齊），《魏書》。

# 肆、餘論：「二十四階」的當代傳授與演變

自漢末至魏進，中國長年的戰亂使得老百姓們謀生出求道避世與靈性救贖之途，其中「祖天師」張道陵開創正一天師道，傳說其確立二十四治給與漢中、蜀地百姓有精神與物質的依靠，並傳承到其孫張魯時，逐漸將二十四治確立為軍事割據政權，使漢中、蜀地儼然成為實質獨立的「宗教王國」。直到東漢丞相曹操進軍陽平關（陽平治），迫使張魯出降，使祖孫三代建立的國度覆滅。儘管如此，張魯與其後裔的神聖地位並無遭受動搖，而且還逐漸把張魯「政教合一」的體制與傳承自「祖天師」的道書，集合建構成為《太上三五正一盟威籙》，更將此經籙附會上神聖性，建構出太上老君傳授「三天正法」與經籙的神話傳說。歷代以來，正一天師道歷經種種政治環境演變，而不斷改革《太上三五正一盟威籙》，最終到宋代逐漸出現與之相關的《太上三五都功經籙》與《太上正一盟威經籙》。

時至清代，龍虎山正一真人府為首的全國正一天師道使用的《太上

天壇玉格》基本上確立了有別於最初正一天師道的經籙傳授模式，即是以正一真人（張天師）掌領「萬法宗壇」依序頒布次第為「《太上三五都功經籙》→《太上正一盟威經籙》→《上清五雷經籙》→《上清三洞五雷經籙》→《上清大洞經籙》。」然而，二十四階雖不見名目，但已經內化到「萬法宗壇」的體系之中。時至當代，曾做為正一二十四階的「本體」——《太上三五正一盟威籙》流傳至明代的內文雖具於《正統道藏》內，但其基本上已成為工具書文獻一般的存在，因無應用在實質授籙儀式上，而逐漸地被退去其濃厚的神聖性。然而，在民國111年12月25日，臺灣中華法籙道派宗主蘇清六，首次在其於臺南首廟天壇舉辦授籙儀式上首次頒發所謂的「二十四品治」給予會受籙者。就筆者研究，蘇清六所為的「二十四品治」，就其圖籙與內文判斷，基本上就是《太上三五正一盟威籙》。可以說，這是自明代以來600餘年，授籙儀式初次頒發的《太上三五正一盟威籙》，只是其頒布方式受制於清代以來「萬法宗壇」的規制，即以受籙者生辰八字並依照對應治炁而給予所謂「二十四品治」中的籙卷，而非以《太上三五正一盟威籙》的位階次第提升而逐一頒布。然而，蘇清六為何取得所謂的「二十四品治」呢？

民國102年（2013）6月初，蘇清六因過去曾仕於「第六十四代天師」張源先（1931~2008）而對「萬法宗壇」的經籙相當好奇，尤其在張源先歸真後，蘇清六在龍虎山與天師家族族長張明熹的對談中，得知所謂的「萬法宗壇」經籙並非只有一張職帖，而是相當豐富的文獻。族長張明熹又引薦蘇清六至江西省修水縣普濟道院，結識住持戴祥柳（道名：戴宣道）。之後在6月23至26日期間自戴祥柳領授自《太上三五都功經籙》至《上清大洞經籙》之「萬法宗壇」職籙全宗、《財神寶籙》與取得普濟道院所屬之清微道宗天師科派（俗稱天師清微派）序宗傳

承，為該派「成」字輩弟子。[81] 此外，戴祥柳更認定蘇清六為「臺灣首徒」，並將法籙局的授籙法權傳授之。戴祥柳為此親書稟玉帝，並留憑證給蘇清六，其中書寫道：

> 泰玄都省行壇臣　戴宣道（筆者按：戴祥柳）欽奉　道旨頒降　昊天金闕玉皇大帝　聖旨敕封　臺灣省首屆　天師門下　大洞經籙弟子　蘇大道（筆者按：蘇清六），為大陸、國外、臺灣等地道教各門各派，包括全真龍門等派，皆為傳度受籙引進大師之職。[82]

於此之後，蘇清六苦練於填籙、研籙工作，其中更從修水的經籙中發掘到所謂的「二十四品治」，將全宗籙文展開後發現此為對應「祖天師」張道陵創立的二十四福地（即二十四治）。因此，蘇清六認為自己在臺灣的最重要的工作便是要回報過去張源先將其領入道教之恩。而在民國105年（2016）在南投縣草屯鎮舉辦授籙法會期間，將「萬法宗壇」的五階經籙與「二十四品治」等全宗經籙透過法會儀式，將之焚繳給曾擔任過「張天師」的張源先。蘇清六認為，這意謂著張源先與歷代張天師一樣，都是具備經籙的天師。

然而，蘇清六左思右想要如何將「二十四品治」納入「萬法宗壇」的授籙體系中推展，但在這摸索的過程中，蘇清六先於民國109年（2020）透過出版專著——《天師經籙與儀式》詳細地介紹「二十四品治」以即其中與生辰八字構成的「玄都治職」之間的關係。[83] 之後，蘇清六又於民國111年（2022）中旬請中華祝由道派掌門王天沛拍攝影

---

[81] 有關修水普濟道院與戴氏之傳承，可詳見：修水普濟道院，《靈寶各籙品秩一宗》（九江：修水普濟道院，1976），無頁碼。

[82] 戴宣道，〈昊天金闕玉皇上帝聖旨敕封蘇大道〉（修水：普濟道院，2013），蘇清六提供。

[83] 蘇清六、李珠隆，《天師經籙與儀式》，頁358~359。

片，初步介紹「二十四品治」的內容；同年12月25日，蘇清六透過中華法籙到派在天壇舉辦的授籙儀式，正式向受籙者頒發「二十四品治」。但由於蘇清六並非以最初正一天師道，依照修行次第與位階自《太上正一童子一將軍籙品第一》籙卷開始頒發，而是效法「萬法宗壇」職帖的歸類將之對應受籙者生辰八字而分配治炁，即將每位受籙者分發到所屬治去領受職籙，這可以說是《太上三五正一盟威籙》的另類恢復形式。然而，蘇清六領導的中華法籙道派未來是否會持續依此頒發所謂「二十四品治」，或是以最初《太上三五正一盟威籙》的體制頒布，這也只能順其自然，任由發展。

## 徵引書目

《明實錄·太祖》，卷290，洪武24年6月，頁3110，明實錄、朝鮮王朝實錄、清實錄資料庫（http://hanchi.ihp.sinica.edu.tw/mql/login.html），最後瀏覽時間：2023年5月31日。

《道法會元》，諸子百家中國著學書電子化計劃（https://ctext.org/wiki.pl?if=gb&res=54910&searchu=都功），最後瀏覽時間：2023年9月28日。

毛帝勝，〈從《混弌法籙》見北宋道教諸山整合到《萬法宗壇》的形成初探〉

呂鵬志，〈贛西北流傳的正一籙〉，頁50。

李延壽（唐），《北史》，諸子百家中國哲學書電子化計劃（https://ctext.org/wiki.pl?if=gb&chapter=250682#p41），最後瀏覽時間：2023年9月28日。

李豐楙總編輯，《道法萬象（下）：壇場科儀與丹道養生》，臺南：臺南市政府，2018。

岡田英弘（日），《日本史的誕生：東亞視野下的日本建國史》，臺北：八旗文化，2016。

邱福海，《道教發展史：道教的形成階段（上古至東晉）》，新北：淑馨出版社，2000。

修水普濟道院，《太上三五都功版券職籙》，中華道教經籙文化教育學會提供。

寇謙之（北魏），《老君音誦戒經》，諸子百家中國哲學書電子化計劃（https://ctext.org/wiki.pl?if=gb&chapter=866938），最後瀏覽時間：2023年9月28日。

張君房（北宋），《雲笈七籤》，諸子百家中國哲學電子化計畫（https://ctext.org/wiki.pl?if=gb&res=820577&searchu=%E9%83%BD%E5%8A%9F），最後瀏覽時間：2023年9月28日。

陳壽（晉），《三國志》，收錄許嘉璐主編，《二十四史全譯》，上海：漢語大辭典出版社，2004。

萬繩楠，《魏晉南北朝史論稿》，臺北：雲龍出版社，1994。

葛洪（晉），《神仙傳》，中國哲學書電子化計劃（https://ctext.org/shen~xian~zhuan/5/zhangdaoling/zh），最後瀏覽時間：2023年9月27日。

劉仲宇，《道教授籙制度研究》，頁162~163。

李延壽（唐），《北史》，諸子百家中國哲學書電子化計劃（https://ctext.org/wiki.pl?if=gb&chapter=250682#p41），最後瀏覽時間：2023年9月28日。

劉怡君、葉聰霈，〈符籙〉，全國宗教資訊網（https://religion.moi.gov.tw/Knowledge/Content?ci=2&cid=440），最後瀏覽時間：2023年9月26日。

劉仲宇，《道教授籙制度研究》，北京：中國社會科學出版社，2014。

鄭素春，《道教信仰、神仙與儀式》，臺北：臺灣商務印書館，2002。

魏收（北齊），《魏書》。

劉屹，〈神話與歷史：六朝道教對張道陵天師形象的塑造〉，Florian C. Reiter，《Purposes, Means and Convictions in Daoism~A Berlin Symposium》，威斯巴登：Harrassowitz，2007。

# 第三章 《太上三五都功經籙》研究初探：以《請法詞》、《祭酒真經》與《版卷職籙》為核心

## 摘要

綜觀各大宗教，都有屬於自身的修練法門。其中，發源自中國本土的道教也有屬於自己教派的一套修行方針。其中最為代表性的傳承，就是「師承口述」之心法祕要，之後才逐漸文字、書面化，而形成各派經籙、法籙與符籙。道教的制度與修練法門，除了各別師們內部的傳承，但在道團規範化上面則是落實在經籙上。這些經籙中，保存最為完善者，乃是相傳由「祖天師」張道陵創立的天師道。該道不僅有記載制度與修行方針的經籙留存，更有對應始料可相互映證。基於此，本研究主要從天師道表示神職人員職位最基礎的經籙（職籙）——《太上三五都功經籙》的主要構成部分——《請法詞》、《祭酒真經》與《版卷職籙》作為核心，進而探討天師道的道團制度、宇宙觀與修持方針。

**關鍵詞**：天師道、太上三五都功經籙、祭酒真經、職籙。

# 壹、前言

各大宗教都有屬於自己的修練法門，發源自中國本土且廣為華人熟知的道教也有屬於自己教派的一套修行方針。其中最為代表性的傳承，就是「師承口述」之心法祕要，之後才逐漸書面化，而形成各派經籙、法籙與符籙，並逐漸確立道教的三山四大宗壇——龍虎山正一元壇（原稱正一玄壇）、西山淨明法壇、閣皂山靈寶宗壇、茅山上清宗壇。[84] 其中諸多經籙內，又以形成於東漢的天師道（正式名稱為「正一盟威道」，又名「五斗米道」；為避免與張脩成立的「五斗米教」衝突，故本文均稱「天師道」），基於創教者張道陵曾為東漢官制內的縣功曹、都邑功曹（漢制之縣令），故將此體制借鑑到其道團中，逐漸形成具有職位性質的新興經籙，即所謂的職籙。[85] 職籙是天師道獨特的神職人員階級系統，明代以後中國朝廷基本上將經籙正統掌握職權自三山四大宗壇，轉移給正一元壇掌握，並建構出以天師道為核心的道教新制度——萬法宗壇。[86] 就天師道六十三代天師張恩溥（1895~1968）及第六十四代天師張源先（1931~ 2008）所職掌的「嗣漢天師府」規定，職籙的等級分為五階，分別是《太上三五都功經籙》、《太上正一盟威經籙》、《上清五雷經籙》、《上清三洞五雷經籙》及《上清大洞經籙》。[87] 其

---

[84] 峨嵋居士，《中國道壇符籙作法心白化解說本》(臺北：逸群圖書有限公司，1990)，頁297。謝奇峰，《圖解臺灣行業神明圖鑑：臺南體傳統工藝》（臺中：晨星出版社，2002），頁255。

[85] 俞鹿年，《中國官制大辭典》（哈爾濱：黑龍江人民出版社，1992），頁705。張銳，《秦漢行政體制研究》（北京：社會科學文獻出版社，2017），頁247。

[86] 李豐楙，〈臺灣齋醮〉，收錄於謝國興主編，《進香・醮・祭與社會文化變遷》（臺北：國立臺灣大學出版中心，2019），頁29。

[87] 張源先，《歷代張天師傳》（南投：嗣漢天師府，1992）。

中，作為正一道士的初階職籙《太上三五都功經籙》，就其內容而言可以視為天師道的入門手冊，所謂領受籙的信仰者，在此皆稱為籙生。

在網路資訊時代來臨前，各教派的經典典籍並不像現代可以透過網路查詢資料庫搜尋，而通常需要向專門的書商或是機構購買，其中授予經籙也象徵籙生有資格閱讀相關典籍，作為修練登仙的憑證。由於目前發行經籙的單位諸多，有江西省修水普濟道院、上海市上海城隍廟、龍山嗣漢張天師府（張金濤主持）、臺灣中華法籙道派、「嗣漢張天師府六十五代天師」張〇將與馬來西亞諸多道壇等等，就目前流傳最普遍者乃是龍虎山嗣漢天師府的版本，此外筆者團隊所能掌握的亦有中華法籙道派之相關籙卷。就目前有關經籙研究，目前學究研究者不多，如劉仲宇之《道教授籙制度研究》主要以「萬法宗壇」的經籙作討論中心，講述經籙的歷史；呂鵬志、藍松炎之《江西省銅鼓縣棋坪鎮顯應雷壇道教科儀》上、下兩冊，則是以江西棋坪鎮顯應雷壇與主持人戴禮輝道長作為中心，以田野考察的方式紀錄戴禮輝道長的口述、當地道教相關儀式與經籙內文掃描，對於經籙深論則無多言。[88] 基於目前有關經籙內的道教修練方法的研究，筆者按目前中國江西龍虎山嗣漢天師府與臺灣臺南市中華道教經籙文化教育學會頒行之《太上三五都功經籙》（兩者經籙皆出自修水普濟道院戴宣道道長的傳承）內的《請法詞》、《祭酒真經》、《版卷職籙》作為本研究有關經籙內詮釋的天師道體制，以及該經籙內的有關皈依天師道與祕法修練方式為重要依據，並以此嘗試作探討。

---

[88] 劉仲宇，《道教授籙制度研究》（北京：中國社會科學出版社，2014）。戴禮輝口述，呂鵬志、藍松炎編著，《江西省銅鼓縣棋坪鎮顯應雷壇道教科儀》第1、2冊（臺北市：新文豐出版股份有限公司，2014）。

## 貳、《太上三五都功經籙》之背後的道教神職系統

　　若談到目前道教所謂的經籙傳承，就道教傳說而言，最初的緣由得追溯到東漢後期天師道創始者「祖天師」張道陵（別名張陵，34~156）在一次神祕體驗中，從「道祖」太上老君領受「三天扶教」之法與《太上三五正一盟威籙》（即《太上三五都功經籙》與《太上正一盟威籙》之統稱）於鵠鳴山作為經籙傳承的開始。[89] 有關此種經籙起源，就劉仲宇教授之研究，張道陵傳承的《太上三五正一盟威籙》很可能是最早的道教經籙。[90] 但若從官方正史——如《後漢書》、《三國志》，或是對應相關時代之史書——如《華陽國志》、《漢晉春秋》均無見得有相關記載，頂多談及有張道陵及其孫張魯（？~216）等人。是故，對張道陵開始傳籙與授籙予道士，筆者對此尚且存疑，而相關《道經》內的記述多始於魏晉南北朝之各道派內部的道人口傳與透過「天真皇人」或其他神祇傳達之「天傳神授」之言，神話傳說性質大於史實，故難信之。[91] 包含傳說中「祖天師」張道陵傳下的《太上三五正一盟威籙》在同時期（東漢~三國）也未有明確的史籍紀錄證明其存在，儘管如此，亦可從流傳至今的《太上三五都功經籙》與《太上正一盟威籙》等經卷內容與歷史事件之關係。於此之中，又以《太上三五都功經籙》的內容與《後漢書》、《三國志》記述互有呼應，尤其是經卷與史籍內均有關於「都功」與「祭酒」等天師道的記述。基於此，筆者先就屬於天師道內核心

---

[89] 鄭素春，《道教信仰：神仙與儀式》（臺北：臺灣商務印書館股份有限公司，2002），頁13。

[90] 劉仲宇，《道教授籙制度研究》，頁40~41。

[91] 輔仁大學宗教學系編著，《宗教學概論》（臺北：五南書局，2021），頁122。毛帝勝，〈從《混丝法籙》見北宋道教諸山整合到《萬法宗壇》的形成初探〉，馬力主編，《歷史、藝術與臺灣人文叢刊》，卷23（新北：博揚文化事業有限公司，2022），頁224。

資料——《太上三五都功經籙》內對其宇宙觀與神職之間的探討，並依此兼論歷史上「祖天師」張道陵至其孫張魯天師道的政教合一的行政制度——「治」，以及神職——「都功」與「祭酒」的相關由來。再進一步探討歷史與宗教文獻——《太上三五都功經籙》內的經卷中，找出與史籍對天師道神職之間可以對話之處，以此加以釐清當時的神職發展，同時以瞭解漢末至魏晉時，天師道的宇宙觀，尤其是針對「治」的概念作為核心釐清對象。

作為《太上三五都功經籙》內最重要的中樞經典——《太上老君宣告都功祭酒真經》（以下簡稱《祭酒真經》）是本經籙中的「經」，而《太上正一三五都功版卷職籙》（以下簡稱《版卷職籙》）更為詳細解釋分配「治炁」是依據何種標準及治炁的由來，兩者互相解釋與註解。[92]《祭酒真經》內文開篇記載：

> 太上老君曰天地失度陰陽不和歪人能理之啟知三五會七九事丐眾生聞見生靈交戰兩方相害怨氣沖天死者狼藉惟我師能角此難過使雙方無犯冤怒消除汝可忠參玄教皈依道門習學真傳度己度人廣度眾生自然逍遙快來無擾無慮[93]

此開篇內文即以太上老君的名義宣說，表示這個世界上，天地失度、陰陽不和，就是指世界一片混亂，毫無規矩，鬼魅在世間橫行，而人類之間互相爭鬥、戰爭，造成死傷無數，宛如地獄般的情況。所以太上老君決定要傳授大道，也就是這卷祭酒真經來教導人修練，修練後可以達到自然無為的境界，修練此法不僅可以救自己也可以救別人，讓我

---

92  龍虎山嗣漢天師府，《太上老君宣告都功祭酒真經》，《太上三五都功經籙》（鷹潭：龍虎山嗣漢天師府，筆者珍藏）。
93  龍虎山嗣漢天師府，《太上老君宣告都功祭酒真經》。

們的人生達到自由逍遙，然後快樂無憂的的日子。

接著《祭酒真經》內談到道教早期「三而一位」的特殊神祇，即三炁君——玄、元、始。這是早期天師道，乃至東漢末年至魏晉南北朝時包含「五斗米道」（天師道為其一支）在內的諸多道團中都有記述的神祇。根據魏晉時期成書的《靈寶經》記載：

> 《靈寶經》曰：一氣分為玄、元、始三氣，而理三寶。三寶皆三氣之尊神，號生三氣。三號合生九氣。九氣出乎太空之先，隱乎空洞之中。無光無象，無形無名，無色無緒，無音無聲。導運御世，開闢玄通，三色混沌，乍存乍亡。運推數極，三氣開光。氣清高澄，積陽成天；氣結凝滓，積滯成地。九氣列正，日月星宿，陰陽五行，人民品物，並受成生。天地萬化，自非三氣所育，九氣所導，莫能生也。三氣為天地之尊，九氣為萬物之根。故三合成德，天地之極也。[94]

從《靈寶經》的內文理解，可以推測出玄、元、始「三氣」（三炁）乃是道教遠古的代表，是道教宇宙觀中，「一氣」（先天一炁）生衍而成的最初三大能量。隨著時間驗晉，玄、元、始的概念逐漸發展為當今道教認知的玉清、上清、太清之「三清」學說，更將道教三寶——道、經、師與「三清」做結合，其本源都是來自玄、元、始的概念。[95]

---

[94] 張君房（北宋）編，李永晟點校，《雲笈七籤》，第2冊（北京：中華書局，2003）。

[95] 東漢末年先建構出一氣化為三氣——玄、元、始的思想，此三氣又先後被搭配上三元、三才等時空間概念，這些都脫離不了道教所謂的「三一」哲學思想。這些思考，很可能追溯到原先道家《道德經》談及：「道生一，生二，生三，三生萬物。」的思維。就目前學者研究，目前道教至高神三清道祖便是直接承襲玄、元、始的衍生與脫胎。詳見：胡其德，〈濟度與登真：從三官信仰到三清信仰〉，《健行學報》，第34卷（桃園，2014），頁75~103。呂宗麟，〈道教三清神靈體系的建立及其意義〉，《覺明雜誌》，第92期（臺南，2021），頁

再回到東漢末年成書的《祭酒真經》的可見，玄、元、始彼時以「三炁君」名義敘述之，由此可見此「三氣」已有擬人化的趨勢，進而形成三炁君之神。《祭酒真經》對有關三炁君與整個宇宙關係的記載：

太上老君曰天地失度陰陽不和丕人能理之啟知三五會七九事丐眾生聞見生靈交戰兩方相害怨氣沖天死者狼藉惟我師能角此難逼使雙方無犯冤愈消除汝可忠參玄教飯依道門習學真傳度已度人廣度生自然逍遙快東無擾無也

上玄元始　三老教傳

天地水三宮曰今世鬼魅眾多乎為陽風陰為不假諸公而治世以恐祭酒而混亂積善者百中之一作惡者十有八九在公行私作惡多端顛倒天地不分青紅白或是非昏混沌幸有

都功而治炁通暢三關療和氣脈闢道法而運五炁運動全身功除邪炁蕩散沉使正旺盛疫屬消除精心苦煉三花齊之頂功五炁朝元之法祭酒治炁逢兇化吉普度眾生老祖道君曰乾坤開化品物流行分四炁以順四時立三官而主三界立十天干十二地支天地輪轉三百六十回合為二十四炁故罪福有司功司夫是造化即時與時滅日明夜暗時起時落故有分節分炁之理也[96]

就本篇講述，自玄、元、始劃分以來，世界有天、地、水三界。在世間有許多人鬼魅及人在作惡，顛倒是非黑白、不分青紅皂白，幸好有都功「治炁」讓邪炁、汙濁的炁消散，引入正炁，讓身體經脈暢通，最

---

50~56。

[96] 龍虎山嗣漢天師府，《太上老君宣告都功祭酒真經》。

後達到三花齊頂五炁朝元之效。尤其在這段籙文中提及的「治」，就是東漢末年張氏家族（一說是張道陵，亦說是張魯）在漢中蜀地建立「政教合一的王國」中作為行政區域的劃分，與同時期太平道道首張角設置「方」一樣，筆者認為，這兩種政教合一的行政區劃，應該是互有影響，再加上太平道在發動黃巾之亂（184~185）後，許多太平道成員紛紛轉入天師道，很可能因此將「方」的概念。[97] 傳說中，張道陵規劃的「治」管轄之地方首長稱為「祭酒」。由於「祭酒」掌握在這神聖職權上具有統領當地的政治行政權及教權（神權）的絕對行使，如同「都功」一般協助道眾學道登真，如同《祭酒真經》強調之「都功而治炁。通暢三關。療和氣脈。闡道法而運五炁。運動全身。功除邪炁蕩散。沉使正旺盛。疫屬消除。精心苦煉。三花齊之頂功。五炁朝元之法。」（筆者句讀）另外，《都功版卷職籙》更強調「都功」乃是作為各方位「治炁」的統領職位。因此，筆者團隊認為，就《太上三五都功經籙》內的認知中，「祭酒」可能因此與「都功」為同義詞。[98]

不過有關「祭酒」與「都功」的認定中，在正史文獻中則有些出入，《三國志·張魯傳》指出，當時是天師道第三代領袖「系師」張魯（佔領漢中地區後才開始設「治」，「治」的管理者被稱為「祭酒」，跨「治」統轄者稱為「治頭大祭酒」，而張魯自己則自稱「師君」，統領著各大「祭酒」，以此統御道眾。[99] 然而，有關「治」的設置，不論

---

[97] 太平道在張角領導時期，根據《太平清領書》（簡稱「太平經」）將信眾與其勢力範圍劃分為「三十六方」，「方」也就是轄管信徒與勢力範圍的單位。詳見：萬繩楠，《魏晉南北朝文化史》，頁372。

[98] 蘇清六編著，《天師與經籙初探》（臺南：文國書局，2016），頁109~111。龍虎山嗣漢天師府，《太上正一三五都功版卷職籙》。

[99] 《三國志·張魯傳》記載：「受本道已信，號祭酒。各領部眾，多者為治頭大祭酒……。不置長吏，皆以祭酒為治，民夷便樂之。」陳壽（西晉），《三國志》，收錄許嘉璐主編，《二十四史全譯》（上海：漢語大辭典出版社，2004），頁127。

是張道陵或張魯先提出「治」的行政概念，但都確實在東漢末年時落實在漢中蜀地，成為有別於東漢官制的特殊領域。對「治」的詮釋，若以當時天師道傳承的立場，即《祭酒真經》的內文記載的傳說，講述張道陵奉太上老君的命令斬殺鬼眾，鬼眾就是當地的妖魔鬼怪及作法害人的巫師，由各「治」的祭酒或稱都功領導當地的信眾去完成，這樣的大動員才徹底掃除所有鬼眾，因此才能導引至「盪盡沉痾，使正炁旺盛。」的現象。[100]

時至東漢建安20年（215），魏王曹操（155~220）率東漢朝廷的軍隊進軍天師道最重要的「治」——陽平治，並在防備該「治」的重要城隘——陽平關交戰（215），而迫使張魯與之天師道核心人物向曹操投降，隨之以「張天師」（《三國志》稱「師君」）為首的「政教合一」體制瓦解，但地方的「治」仍舊在運作。[101] 這種現象可以理解為，自張魯投降至歸真以後，所謂的「張天師」（師君）家族被迫遷到漢、魏都城——鄴城、許昌（許都）、洛陽，對其原先設置的「治」已無真正的權力行使，對此根據《三天內解經》記載：

> 自三師（筆者按：祖天師張道陵、嗣師張衡、系師張魯）升度之後，雜治祭酒傳授道法，受者皆應跪受經書，還則拜逞，必是三天正法。人多而不爾者，趣得一卷經書，便言是道經，更相傳付，或是六天故事，致有錯亂，承用彌久，至今難可分別……。師胤（筆者按：「張天師」的繼承者）微弱，百姓雜治祭酒，互奉異法，皆

---

100 龍虎山嗣漢天師府，《太上老君宣告都功祭酒真經》。
101 《三國志・張魯傳》記載：「建安二十年，太祖乃自散關出武都征之，至陽平關。魯欲舉漢中降，其弟衛不肯，率眾數萬拒關堅守。太祖攻破之，遂入蜀……。魯盡將家出，太祖拜魯振南將軍，待以客禮，封閬中侯，邑萬戶。」詳見：陳壽（西晉），《三國志》，頁127。

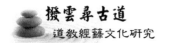

言是正真，將多謬哉。[102]

從《三天內解經》可知，天師道在張魯投降後，群龍無首，而漢中蜀地內的「治」，先是由四川地區的道士各自統領，但這些道士開始詮釋新的理論，跟道教精神相悖，以至「治」逐漸混亂。隨著魏晉南北朝的到來，逐漸從行政制度的劃分演變為精神上的分區，也成為道內認知中每位道士死後並不會到達地府，而是到相對應的「治」去修練，而「治」就是魂命所歸之處。[103] 到「治」從行政區轉換為死後世界的概念後，《祭酒真經》便透過太上老君帶到三官三界的生成，以及「治」的精神概念詮釋。故此，筆者將有關諸多史籍與《太上三五都功經籙》對「治」與天師道相關神職的認知，於「表1」列出於下。

表1：史籍與《太上三五都功經籙》對「治」與天師道神職之理解

| 項目分類 | 史　　籍 | 太上三五都功經籙 |
|---|---|---|
| 治 | 天師道割據漢中與蜀地的地方行政區名稱，可能轉型自太平道的「方」。 | 1. 神職人員（都功、祭酒）統領區域。<br>2. 神職人員與天師道受籙者死後靈魂歸處。 |
| 祭酒 | 天師道的地方行政長官兼管神職，又被稱為「治頭」。具有跨「治」的地方與神職統領者，為「治頭大祭酒」。 | 1. 祭酒乃是傳承「祖天師」自太上老君處領受之正法——「三天正法」（三天扶教）與經籙給予道衆之人。<br>2. 統領道衆之人。<br>3. 掃除邪氣的重要人物。 |
| 都功 | 史籍未載，筆者團隊推測，漢代地方官職稱為「功曹」，而漢代主要推行郡縣制，行政區稱 | 1. 掌握各方位「治炁」的職位。<br>2. 天師道神職人員的正式職銜。 |

102 馬西沙、韓秉方，《中國民間宗教史》（北京：中國社會科學出版社，2004），頁24。

103 馬西沙、韓秉方，《中國民間宗教史》，頁24。蘇清六編著，《天師經籙初探》（臺南：文國書局，2015），頁108。

| | | |
|---|---|---|
| | 為「都」、「郡」、「邑」，而張道陵或張魯很可能依此，規劃出「都邑功曹」職銜，而簡稱「都功」。就其實際功能，與「祭酒」基本重疊。 | |
| 師君 | 「治頭大祭酒」與「祭酒」的統領者，僅有張魯自稱，尚不知其父祖——張道陵與張衡是否有相關稱呼。 | 經籙內未有此職銜，均以「祖師」（張道陵）、「嗣師」（張衡）與「系師」作為張天師三代人的稱謂。 |

資料出處：本研究整理。

# 參、《請法詞》之內文重點解讀

有關《請法詞》的具體確立與經卷成文時間，今日尚不可考，但就筆者團隊推測，至少可以追溯至明代時。明太祖朱元璋（1328~1398）授權時任「張天師」（明、清兩朝的官方認定稱謂為「正一真人」或「嗣教大真人」）張正常與其所屬之龍虎山張天師家族作為道教代表，並統領道教三山四壇經籙，其子張宇初與張宇清兩位兄弟奉旨修纂《道藏》。從這當中，也可以發現《道藏》真正頒布的時間是在張宇清天師任內，筆者團隊推測，也可能在《道藏》付梓同時，張宇清制定包含《太上三五都功經籙》、《太上正一盟威經籙》在內之「三十三品階經籙」[104] 的確立與頒授，因此以其為核心，回推前兩代張天師，並在每個經籙的《請法詞》內記載之「經、籙、度」三師之陳述，這也成了日

---

104 根據清代張繼宗天師的《崆峒問答》，明初天師道所承認的「三十三品經籙」，又稱為「三十三階」，分別有「都功、盟威、五雷、大洞、中盟、三洞、預修、拔亡、延生、伏魔、文昌、祈嗣、保童、血湖、三官、北斗、真武、玄壇、趙侯、玄女、華蓋、咒詛、九牛、二十八宿、紫微、自然、神霄。」詳見：張繼宗（清），《崆峒問答》。

後天師道授籙儀式的規矩。[105]

　　然而，就《請法詞》的性質而言，即是欲學習道法之人，在求道過程中必須走過的重要途徑。通常，在天師道所屬之「三十三品階經籙」，每一份經籙階有一份《請法詞》，但這卻在《太上三五都功經籙》內則有特例，該經籙內具有兩種不同的請法詞，分別是針對《祭酒真經》與《版卷職籙》。由此可以判斷，《太上三五都功經籙》內的傳授可能具有一定的次第性，也就是具有一定的修行階段，或是兩者具有不同的傳承意義。就此經籙《祭酒真經》與《版卷職籙》的內文判斷，前者主要講述天師道認知的宇宙觀，後者則是講述職權，兩者形成互補，可以粗略理解為精神的理論與物質的權柄。因此，祈求此二卷經，透過《請法詞》的內容，連結自身與上界聖真的關係，中間並由「祖天師」擔任證盟者，以授權受籙者能夠穩定修練與行使法權。再者，從此二經的《請法詞》亦可理解這些經卷在《太上三五都功經籙》內的地位與重要性，故於此分別解讀之。

## 一、《祭酒眞經請法詞》解讀：祖師證盟與破券分環

　　《祭酒真經請法詞》內文而言，除具有所有《請法詞》的特質——受籙者姓名、生辰、八字與龍虎山正一張天師——「祖天師」、嗣師（張衡）、系師（張魯）與經、籍、度三師共同證盟，以確立人、天之間的共同誓言合同。然而，較為不同的是，《請法詞》內均會談及配受此經籙或經卷的好處與相關內容物。《祭酒真經請法詞》內便談及具有《祭酒真經》1部與「合同炁券」。[106] 尤其《祭酒真經請法詞》特別強

---

105　毛帝勝、林信宇，〈道教《真武籙》建構與在臺傳承初探：以蘇清六與中華法籙道派為核心〉，頁11。

106　蘇清六編著，《天師與經籙初探》，頁112~113。

調：「即日告盟。天地立誓。三官破券分環。」[107] 意謂著將領受經籙者，經過祖師與人間師父的認證，並對天、地立誓修道之願，最後再由「三官」進行「破券分環」儀式。

這當中，所謂的「三官」，若以今人之理解乃為天、地、水之三元三品三官大帝，然而若回歸到「祖天師」或張魯統治時期，很可能並非指三官大帝，甚至在那個時期該神還未被建構完整。根據國立成功大學歷史碩士林信宇在其發表於「2023政大宗教研究生論壇」的論文——〈從《武壘金簡》窺見三官信仰〉一文，發表從東漢末年的「三官手書」儀式到「三官大帝」建構的過程，並根據《典略》、《道藏·漢天師世家》指出「三官」最初乃是天師道的在「祖天師」至張魯時期的各「治」內設置之「仙官」、「陰官」以及「祭酒」等神職，直到南北朝時期才逐漸與「三元」、「三品」、「三會」概念結合，最後發展出三官大帝，替代原先天師道的神職，成為天上的重要神祇。[108] 然而，不論是天師道最初神職——「仙官」、「陰官」以及「祭酒」，又或是「三官大帝」——天官、地官、水官等，都兼具著審查、考校的檢驗功能。

再者，經過人、天諸師與神祇的見證後，受籙者需透過「合同朱券」來執行「破券分環」的過程。目前最早有關「破券分環」的記載，乃是出自隋代。根據《隋書》第35卷〈經籍志〉第4部分記載：

籙皆素書，紀諸天曹官屬佐吏之名有多少，又有諸符，錯在其間，文章詭怪，世所不識。受者必先潔齋，然後齎金環一，并諸贄幣，

---

107 蘇清六編著，《天師與經籙初探》，頁112~113。龍虎山嗣漢天師府，《太上三五都功祭酒真經請法詞》。

108 林信宇，〈從《武壘金簡》窺見三官信仰〉（臺北：2023政大宗教研究生論壇，2023），頁3。

以見於師。師受其贄，以籙授之，仍剖金環，各持其半，云以為約。弟子得籙，緘而佩之。[109]

依照《隋書》內說明有關隋代道士領受經籙的過程，針對「破券分環」而言，文中強調「師受其贄，以籙授之，仍剖金環，各持其半，云以為約。」意謂著，這個經籙傳受的過程中，受籙者與傳受經籙的師父之間締結的契約關係，象徵學道契約的合同經由「破券」儀式後，師徒各執一券，以代表兩人締結的師徒關係。然而，此類操作至今，已有顯著的變化。就此演變的過程目前無法完全掌握，但就目前龍虎山、修水普濟道院與臺灣中華法籙道派的執行方式，即須由負責經籙事務的籙師把代表誓言的「合同旡券」（包含「破券符」與「金門勘合」）一分為二，除了要割破「破券符」，還要將「金門勘合」的內外環割破分開，並誦「當壇串立合同，分環破券為證。」最後由籙師將「破券符」與「金門勘合」的一半合同文書放置受籙者的「陰憑」與「陽憑」等受籙憑證，「陰憑」焚繳至三官大帝，而「陽憑」則由受籙者保存，以便歸真後與「三官大帝」共對合同，如此便圓滿受籙儀式。[110]

《祭酒真經請法詞》的後半部分並未有過多的內容陳述，僅有代表著師承證盟者名諱，並分有陰陽，且各有三師。陰者，則是以經師、籍師、度師三者，分別代表著「祖天師」張道陵、嗣天師張衡與系天師張魯；陽者，則是以證明師、監度師與保舉師三者，此三人往往是受籙者道內的師父、師伯、師叔擔任，而監度師則多由當代張天師或是法籙局

---

[109] 魏徵（唐），《隋書》，諸子百家中國哲學書電子化計劃（https://ctext.org/wiki.pl?if=gb&res=386407&searchu=%E7%84%B6%E5%BE%8C%E9%BD%8E%E9%87%91%E7%92%B0%E4%B8%80），最後瀏覽時間：2023年9月10日。頁69。

[110] 筆者考察，「2023全球首屆九天玄女傳度與受籙法會」，2023年9月15、16日。

大法師負責從事。

## 二、《版卷職籙請法詞》解讀：紅黑貢厾

《版卷職籙請法詞》前部分至「破券分環」基本上都與《祭酒真經請法詞》的內容一致，但較為不同的地方在於內容物的部分，《版卷職籙請法詞》說明該經卷內容有《版卷職籙》1部、「玄文妙典」（經籙祕文）、「紅黑貢厾」與「朝真謁簡」（道士使用之朝板），在這當中最為特別者即「紅黑貢厾」文卷。此文卷相當特別，需要根據由法籙局籙師傳承的祕密口訣（即「紅黑貢厾訣」），有關該口訣的內容，目前僅有臺灣中華法籙道派蘇清六宗師在其著作《天師與經籙初探》中首次公開：

> 貢厾不現最蹊蹺，以紅上黑少人知；
>
> 黑上加紅明訣破，三光一點現玄機。
>
> 紅黑貢厾實堪填，不是正人不與傳；
>
> 有人識此貢厾法，本命看治籙入玄。[111]

有關此口訣的祕義不在此討論範圍內，故於此不加贅述。但就該貢厾存在的意義，即是將受籙者的八字與魂魄藏於貢厾內，避免外邪入侵，打擾修行登真。回歸程序，就籙師誦讀口訣後，並在兩位男性祭酒分別擔任保舉師與監度師的見證下，奉天師道的至高神「太上老君太上丈人」的名義，將受籙者的個人生辰八字資料依訣內的密號填寫入對應的位置，以契合人、天之間的密約，正式確立受籙者屬於何種「治」

---

[111] 蘇清六編著，《天師與經籙初探》，頁107。

（如：陽平治）與「氓」（如：左平氓），如此才能夠「超凡入聖」，

正式成為道內神職人員，而有關兩者之間的核心差異可參考「表2」。
[112]

表2：紅黑貢氓內文

| 項目分類 | 紅貢氓 | 黑貢氓 |
|---|---|---|
| 內文 | 今為弟子□□□奉<br>道精平忠心寂靜忠<br>在勤化被還加應今<br>神充□□治□氓祭<br>酒之職權時錄考<br>投心丈人質對<br>治官領理文書顯明<br>道化領世太平遣還<br>本治不得懈怠<br>復日<br>太上老君太上丈人<br>玉陛下 | 今為弟子□□□奉<br>道精勤於<br>法有功請選進<br>□□治□氓祭酒之<br>職在<br>天行化助<br>國救民除質對<br>治官錄署俾令潔身<br>謹行勵志進修不得<br>懈怠復日<br>太上老君太上丈人<br>玉陛下 |
| 陽世證盟者 | 貢氓不現<br>男官祭酒臣□□□監度<br>男官祭酒臣□□□保舉 | |

資料出處：本研究整理。

---

[112] 蘇清六編著，《天師與經籙初探》，頁107。

圖1：中華法籙道派籙師執行「破券分環」儀式。
資料出處：筆者拍攝。

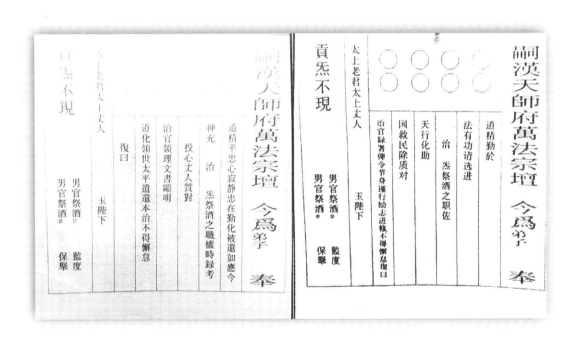

圖2：龍虎山嗣漢天師府的「紅黑貢炁」文卷，用以保護授籙者魂命。
資料出處：筆者拍攝。

## 肆、《太上三五都功經籙》之主籙重點與修持

「經籙」一詞的定義，若從字面上而言，分別是「經典（卷）」與「紀錄（籙）」二詞的整合。然而，就性質而言，根據道教學者劉仲宇的研究——《道教授籙制度研究》說明，「籙」本身除了與「錄」同義，皆有紀錄的意思之外，劉仲宇亦強調，還具有先秦兩漢以來軍事調遣的重要媒介，也就是「兵符」的意象在其中詮釋之。再者，劉仲宇認為道教經籙建立在漢代，而具有兩漢時期流行的預言學說——讖緯學，以此作為領受經籙者立即擁有上天授權之「天命」，以能夠內修經籙祕法，進而使用再行使法科、調兵遣將，故「籙」可以說具有著天與人之間的重要契約性質。[113] 然而，《太上三五都功經籙》是作為天師道內，道眾從一般信徒轉型為道內神職的重要憑據，為人、天共鑑之。然而，該經籙的核心又集中在《祭酒真經》與《版卷職籙》。故有關領受《太上三五都功經籙》對道士而言，有何益處。有關此，則是在《祭酒真經》的最後部分強調領受《太上三五都功經錄》會有什麼作用及好處。[114] 於此，筆者按經卷文義，簡要略述《祭酒真經》內容：

> 受此籙者，消罪除愆，金階進職，玉闕加恩，直上南宮萬神護送，飛昇太空，有都功之祕又有祭酒治炁之妙，還能令青龍白虎朱雀玄武護衛身形，並使正一針鋒流傳不決，若能苦心勤學苦練此祕法，能三花齊頂五炁朝元。[115]

---

[113] 劉仲宇，《道教授籙制度研究》（北京：中國社會科學出版社，2014），頁33~36。

[114] 龍虎山嗣漢天師府，《太上老君宣告都功祭酒真經》。

[115] 筆者解讀略述於龍虎山嗣漢天師府，《太上老君宣告都功祭酒真經》。

從這段敘述中，筆者在此可見，若能按照《祭酒真經》的規範長期勤勞修行祕法，可以有「三花齊頂」與「五炁朝元」的得道表徵。[116] 然而，就《太上三五都功經籙》內主要有談到修行要旨，除了有前文談及天師道在人間的行政制度與當時該道團的宇宙觀之《祭酒真經》，該經中有談到領受經籙道士，不僅可以赦罪，還能超昇成聖，但詳細的修持方法則可見《版卷職籙》的修練說明。因此，筆者在此部分主要以《祭酒真經》與《版券職籙》為重點，進而探討經籙赦罪的方法，以及修行此祕法的利益。在此，本文主要針對具有經籙赦罪性質的「消罪除愆」與得道超昇的「金階進職，玉闕加恩」等兩課題作探討。

## 一、《祭酒真經》之制度重點

《祭酒真經》內有關修持或修煉的部分甚少，其中主要談到天師道宇宙觀的根本制度，太上老君首先乾坤分四炁。《易經》有言：「易有太極，是生兩儀，兩儀生四象。」[117] 而這個四炁是構成世界的根本，

---

[116] 「三花齊頂」（又稱三花聚頂）及「五炁朝元」的內涵：根據《道法會元》收錄之《雷霆火師奧旨》記載：「此即三花聚頂，五炁朝元法也……。以東魂之木，西魄之金，南城之火，北津之水，中意之土，是謂鑽簇五行。以含眼光，凝耳韻，調鼻息，緘口炁，是謂和合四象。夫眼不視而魂在肝，耳不聞而精在腎，口不開而神在心，鼻不息而魄在肺，四肢不動而意在脾，故曰五炁朝元。以精化炁，以炁化神，以神化虛，故曰三花聚頂。五方將史，即精神魂魄意相與混融，化而為一，自夾脊雙關而直上泥九天門也。天門九重，故曰九關，萬神守之。人能搬運正炁至此，則耳內聞笙簧鍾磬絲竹之音，學人急當閉而凝韻，恐亦墮於魔境也。」簡言之，「三花齊頂」與「五炁朝元」之功法，是一套系統，乃是道士以身體為鼎爐作為修練內丹的依據，而修練到極致，及會到達此詞之領域。詳見：《道法會元》，卷76，《雷霆火師奧旨》，諸子百家中國哲學書電子化計劃（https://ctext.org/wiki.pl?if=gb&chapter=793144#p56），最後瀏覽時間：2023年6月21日。

[117] 牟宗三，《周易哲學演講錄》（臺北：聯經出版公司，2020二版），頁217。

炁生成了三官三界，又設立了十天干及十二地支，天干地支再生成二十四節氣，解釋了道教最基本的世界觀。後面的介紹治炁對應生辰中的天干地支，其中的寅卯辰巳歸「上八治」，午未申歸「中八治」。酉戌亥子丑歸「下八治」，藉由說明天干與地支，幫助籙生理解天干、地支。內容又介紹了一些都功的職位以及「治炁」的基本介紹。尤其，版卷職籙中解釋了分配「治炁」是依據何種標準及治炁由來，這裡看到的左平炁又領神炁等等，是指治內部行政的職位，會有相對應的職責及工作。[118]

籙卷內首先說明，太上老君制定了「二十四治」的制度。最初，太上老君制定了「上化八治」，乃是1、2、3、4月的人屬之；太極元年7月15日，制定「中化八治」，5、6、7、8月生人屬之；無極元年10月15日，治訂「下化八治」，9、10、11、12月生的人屬之；漢文2年（筆者按：東漢漢安元年/142）11月15日，「祖天師」張道陵又增加了4治，以上應二十八星宿、二十四節氣。再者是介紹本命星君的部分，例如：子日生為太上天樞貪狼星主照，最後有一句有註明「本法以本命日腳而論之」，也就是說計算本命星君是以出生的「日柱」為主，以此分配本命星君，可能藉此做為信徒工作之分配或是身分的分類。[119] 這也很可能是從歷史上張魯在漢中、蜀地實際落實的「祭酒」制度，隨著宗教發展而不斷的「神聖化」，從純粹物質世界的「治」轉型成精神世界的存在。

---

[118] 龍虎山嗣漢天師府，《太上老君宣告都功祭酒真經》。
[119] 龍虎山嗣漢天師府，《太上老君宣告都功祭酒真經》。

圖3：龍虎山嗣漢天師府的《太上三五都功經籙》全宗籙卷。
資料出處：筆者蒐藏。

圖4：龍虎山嗣漢天師府的《祭酒真經》局部。
資料出處：筆者蒐藏。

## 二、《版卷職籙》之修持要點

有關領受經籙對道士而言有怎麼樣的修行利益，則是在《祭酒真經》的最後部分強調領受《太上三五都功經籙》會有什麼作用及好處。[120] 筆者在此簡要略述《祭酒真經》內容：

> 受此籙者，消罪除愆，金階進職，玉闕加恩，直上南宮萬神護送，飛昇太空，有都功之秘又有祭酒治炁之妙，還能令青龍白虎朱雀玄武護衛身形，並使正一針鋒流傳不決，若能苦心勤學苦練此秘法，能三花齊頂五炁朝元。[121]

從這段敘述中，筆者在此可見，若能按照《祭酒真經》的規範長期勤勞修行祕法，可以有「三花齊頂」與「五炁朝元」的得道表徵。[122] 然而，就《太上三五都功經籙》內主要有談到修行要旨，除了有前文談及天師道在人間的行政制度與當時該道團的宇宙觀之《祭酒真經》，該經中有談到領受經籙道士，不僅可以赦罪，還能超昇成聖，但詳細的修

---

120 龍虎山嗣漢天師府，《太上老君宣告都功祭酒真經》。
121 筆者略述於龍虎山嗣漢天師府，《太上老君宣告都功祭酒真經》。
122 「三花齊頂」（又稱三花聚頂）及「五炁朝元」的內涵：根據《道法會元》收錄之《雷霆火師奧旨》記載：「此即三花聚頂，五炁朝元法也……。以東魂之木，西魄之金，南城之火，北津之水，中意之土，是謂鑽簇五行。以含眼光，凝耳韻，調鼻息，緘口炁，是謂和合四象。夫眼不視而魂在肝，耳不聞而精在腎，口不開而神在心，鼻不息而魄在肺，四肢不動而意在脾，故曰五炁朝元。以精化炁，以炁化神，以神化虛，故曰三花聚頂。五方將史，即精神魂魄意相與混融，化而為一，自夾脊雙關而直上泥九天門也。天門九重，故曰九關，萬神守之。人能搬運正炁至此，則耳內聞笙簧鍾磬絲竹之音，學人急當閉而凝韻，恐亦墮於魔境也。」簡言之，「三花齊頂」與「五炁朝元」之功法，是一套系統，乃是道士以身體為鼎爐作為修練內丹的依據，而修練到極致，及會到達此詞之領域。詳見：《道法會元》，卷76，《雷霆火師奧旨》，諸子百家中國哲學書電子化計劃（https://ctext.org/wiki.pl?if=gb&chapter=793144#p56），最後瀏覽時間：2023年6月21日。

練方法則可見《版卷職籙》的修練說明。因此，筆者在此部分主要以《祭酒真經》與《版券職籙》為重點，進而探討經籙赦罪的方法，以及修行此祕法的利益。在此，本文主要針對具有經籙赦罪性質的「消罪除愆」與得道超昇的「金階進職，玉闕加恩」等兩課題作探討。

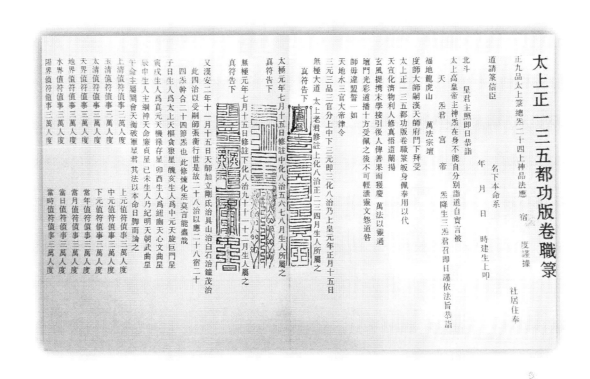

圖5：龍虎山嗣漢天師府的《版卷職籙》局部。
資料出處：筆者蒐藏。

## （一）消罪除愆

《太上三五都功經籙》作為曾經的天師道與目前道教入門的象徵信物，代表領受此籙者可能之前並非信仰道教，也未曾知道教內門規與戒律，可能犯過大大小小的罪，因此受此籙者，可以藉由《太上三五都功經籙》中的《祭酒真經》的擔保內文或相關經籙配件〈上帝敕賜免罪金牌〉赦免過去的罪，重新做人，有點類似基督宗教「洗禮」的概念。[123]

---

123 基督宗教的洗禮儀式究竟是否能免除罪厄，目前學界與基督教界有多種說法，但從《聖經》內文解讀，耶穌在領受施洗約翰的洗禮後，天開了，聖靈幻化成鴿子降在祂身上，從此之後耶穌便步上宣言上帝教道的開始。因此，筆者將之理解為，洗禮是一種向道的分際線，從洗

其中內容並不是著重「將罪洗滌」，而是以「受籙」作為人生的分際線，在領受經籙後，要從新做人，並要懺罪悔過。[124] 類似的概念，除了筆者目前所能夠掌握的龍虎山《太上三五都功經籙》文本，如果要找到「祖天師」張道陵時代的經籙之料做對照這是不可能的，目前考古界也沒這個發現。不過，從南朝劉宋的史官裴松之（372~451）對《三國志‧張魯傳》的註解中，其引用《典略》（原本目前已失傳）內文便可看出，當時天師道非常強調入教後具有「消罪除愆」的明顯功能，最為代表性的就是「三官手書」。[125] 儘管「玉皇赦罪」與「三官赦罪」有信仰執行上的不同，但就本質上而言，都是透過天師道祭酒或其他道官作為媒介，為領受經籙者或求請祈福者，消除疾病、罪厄，迎來福運的意義。

---

礼後，就一心奉道。詳見：廖峰毅，《文明帝國、歐美歷史》，頁22。

[124] 龍虎山嗣漢天師府，《太上老君宣告都功祭酒真經》。

[125] 蕭登福，《扶桑太帝東王公信仰研究》（臺北：新文豐，2009），頁578。

圖6：龍虎山嗣漢天師府的《太上三五都功經籙》內的〈上帝敕賜免罪金牌〉。
資料出處：筆者蒐藏。

### （二）金階進職，玉闕加恩

　　領受此籙，除了在道教內部領受了工作職位，而在天上也領受了相對應的「仙官職」，官職在古代是必須「榜上有名」才能取得的，道士取得了仙官職可以說是金榜有名，獲得了朝見金闕眾神的資格，於羽化後會有萬神護送。最後籙文提醒加入道教除了要廣傳道法之外，也要多多修練祕法，才能「三花齊頂」（又稱「三花聚頂」）、「五炁朝元」，達到人修行的最高境界，才能飛升成仙。此《版卷職籙》的重要部分，筆者認為是〈元命真人圖〉，此籙卷乃是融合了方位、天干地支、星宿、五行等等，敘述各都功掌管的職權，同時這張圖也是一張符，需要填祕文上去。[126] 此處又強調領受此籙者能夠「消罪除愆，金

---

[126]　龍虎山嗣漢天師府，《太上三五都功版卷職籙》。

階進職，玉闕加恩，直上南宮萬神護送。」[127]《祭酒真經》在此與《版卷職籙》之呼應，由此可見此兩籙卷是互相解釋的，而使之都被編目在《太上三五都功經籙》中。[128]

這裡可以看到三道符命，這些符命是與上天對應所用，將來若道士百年之後，會舉行化籙的儀式，這時上面的符命就能與天上的宮闕、單位內存的符命來做對應，相當於古代軍隊對虎符，讓這個籙的功能生效。　這三道符旁邊的註解告訴籙生，受籙之後要苦練此籙祕法——也就是行閱籙儀及教內修練丹道之法，並遵守道教的戒律，勿生邪念且要廣傳教法、救濟人民，最後才能有「三花齊頂，五炁朝元，消罪除愆，飛升成仙（超昇成聖）」之功德。[129] 取得《太上三五都功經籙》後，就意謂著凡人成為了「道官」，如果需要更加精進，就必須要通過修煉，而初階入門的方法就是學習，向師父或閱讀教內經典，依據門派及師傅的差異，閱讀的典籍也會有所不同，唯一相同都需要「行閱籙儀」，即閱讀太上三五都功經籙了解道教的基本常識，這也是修煉最基礎、最簡單的方法。「存想」指的是在腦中想像宗派或經籙的主尊神祇——《太上三五都功經籙》之於太上老君——的容貌、神仙境界或符文等思想修煉方式，籙中的神將圖像及符文都是幫助籙生存想所用，藉由存想達到神仙境界，修煉在內元命真人等作用。[130] 透過閱籙及存想的方式，體會道教的教義與內涵，最後達到飛升成仙的境界。

---

[127]　龍虎山嗣漢天師府，《太上老君宣告都功祭酒真經》。
[128]　龍虎山嗣漢天師府，《太上三五都功版卷職籙》、《太上老君宣告都功祭酒真經》。
[129]　蘇清六編著，《天師經籙初探》，頁157~163。
[130]　蘇清六編著，《天師經籙初探》，頁157~163。

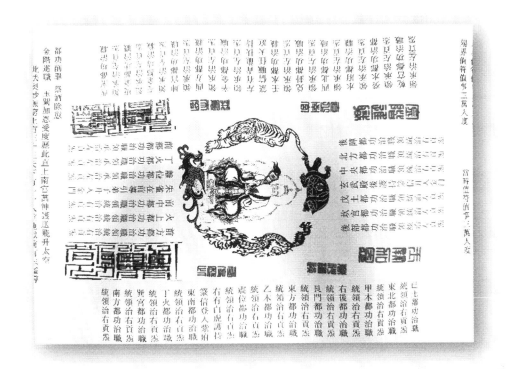

圖7：龍虎山嗣漢天師府的《版卷職籙》的〈元命真人圖〉。
資料出處：筆者蒐藏。

圖8：龍虎山嗣漢天師府的《版卷職籙》的〈元命真人圖〉。
資料出處：筆者蒐藏。

# 伍、結論

綜觀歷史，有關道教的成立，主要始源於東漢時期的諸多道團，其中最具影響力者，如張角領導的太平道與「祖天師」張道陵傳承之張天師家族率領的天師道，其中天師道留存至今，甚至還將自身道團的運行制度統整，形成了專屬道教神職人員的經典，如針對天師道「治」管理職務規範的《祭酒真經》與《版卷職籙》，同時，當時天師道亦將自己對宇宙的理解與職務結合，建構出一則屬於該道團理想中的精神世界。同時借鏡歷史資料，不難發現，天師道的「治」最初是曾存在於人間的行政制度，但卻因歷史原因——張魯政權毀滅，而先由祭酒（都功）各自為政，之後逐漸衰弱。但這些曾在人間的「治」，卻被天師道教徒重新理解為是「彼岸」世界，或是精神境界。目前天師道的信仰者，也將《萬法宗壇》職帖上寫的「治」，多理解成自身炁的歸屬，以及死後回歸的淨土。

另外，筆者藉由《祭酒真經》與《版卷職籙》等《太上三五都功經籙》的兩卷主要籙文以及講述兩份籙卷的《請法詞》，可以依此瞭解《太上三五都功經籙》的核心是與人間與天界的政教制度相關的規範制定，不僅介紹了道教最基本的制度（治氣／治炁）與修習此祕法的妙用，同時也賦予天師道信仰者承諾，先領受經籙便能夠「消罪除愆，金階進職，玉闕加恩，直上南宮萬神護送。」等開恩赦罪，金榜題名的吉言。儘管經籙內如此說明，但實際上更強調經籙內部有關修行丹道的氣運操作，換言之，這就是「張天師」或是天師道祭酒、道長授予籙生的一本「修仙功略」，依照經籙的記載若勤加學習，將來能飛升成仙。誠如，〈元命真人圖〉的意象與經卷強調體內之炁的掌握與運化，以達「三花齊頂」、「五炁朝元」的丹道最高境界。

# 徵引書目

《道法會元》，第76卷，《雷霆火師奧旨》，諸子百家中國哲學書電子化計劃
（https://ctext.org/wiki.pl?if=gb&chapter=793144#p56），最後瀏覽時間：
2023年6月21日。

毛帝勝、林信宇，〈道教《真武籙》建構與在臺傳承初探：以蘇清六與中華法
籙道派為核心〉，未出刊文稿，2023年。

牟宗三，《周易哲學演講錄》，臺北：聯經出版公司，2020年，第二版。

呂宗麟，〈道教三清神靈體系的建立及其意義〉，《覺明雜誌》，第92期（臺
南，2021），頁50~56。

李承俊，〈正一天師道的制度與修練試解——以《太上三五都功經籙》為核
心〉，未出刊文稿，2023年。

林信宇，〈從《武瞾金簡》窺見三官信仰〉（臺北：2023政大宗教研究生論
壇，2023年。

俞鹿年，《中國官制大辭典》，哈爾濱：黑龍江人民出版社，1992年。

胡其德，〈濟度與登真：從三官信仰到三清信仰〉，桃園：健行科技大學，
《健行學報》，第34卷，2014年，頁75~103。

峨嵋居士，《中國道壇符籙作法心白化解說本》，臺北：逸群圖書有限公司，
1990年。

馬西沙、韓秉方，《中國民間宗教史》，北京：中國社會科學出版社，2004。
年。

張君房（北宋）編，李永晟點校，《雲笈七籤》，第2冊，北京：中華書局，
2003年。

張源先，《歷代張天師傳》，南投：嗣漢天師府，1992年

張銳，《秦漢行政體制研究》，北京：社會科學文獻出版社，2017年。

陳壽（西晉），《三國志》，收錄許嘉璐主編，《二十四史全譯》，上海：漢
語大辭典出版社，2004年。

萬繩楠，《魏晉南北朝文化史》，臺北：東方出版社，2007年。

劉仲宇，《道教授籙制度研究》，北京：中國社會科學出版社，2014年。

蕭登福，《扶桑太帝東王公信仰研究》，臺北：新文豐出版股份有限公司，2009年。

龍虎山嗣漢天師府，《太上三五都功經籙》，鷹潭：龍虎山嗣漢天師府，筆者珍藏。

戴禮輝口述，呂鵬志、藍松炎編著，《江西省銅鼓縣棋坪鎮顯應雷壇道教科儀》第1、2冊，臺北市：新文豐出版股份有限公司，2014年。

謝奇峰，《圖解臺灣行業神明圖鑑：臺南體傳統工藝》，臺中：晨星出版社，2002年。

謝國興主編，《進香‧醮‧祭與社會文化變遷》，臺北：國立臺灣大學出版中心，2019年。

蘇清六編著，《天師經籙初探》，臺南：文國書局，2015年。

# 第四章　找尋六壬仙師原型——以傳教師記憶、法本、經籙與神牌為核心[131]

## 摘要

六壬仙師，是民間法派重要的主導神祇與祀神之一，尤其是閩粵、臺灣與星馬一帶傳承的六壬法派、天和正教（天和門、崑崙法教）、閭山法教等諸多法派教門都有該神的祭祀，或是奉請該神的符咒。有關六壬仙師的原型，目前部分六壬傳教師多指向唐代國師李淳風（602~670），儘管被部分六壬弟子接受，甚至有以李淳風之名予六壬法壇命名。但此說仍有爭議，亦有稱六壬仙師為「先天之神」，以及稱其為「鬼谷先生」。究竟這些說法何者為真，則需要商榷。因此，為研究六壬仙師的身分為何，本研究查考有關六壬法派之相關專著、研究，再蒐集相關法本，以及與六壬傳教師口法，以此整理出諸來源對六壬仙師的見解，進而解讀分析，六壬仙師的可能原型。

**關鍵詞**：六壬仙師、六壬、民間法派、民間信仰。

---

131 本研究改寫自：毛帝勝〈六壬仙師原型初探─以傳教師記憶、法本、經籙與神牌為核心〉，《宗教哲學》，第98期（新北，2021），頁49~67

# 壹、前言

六壬仙師，是民間法派重要的主尊神祇與祀神之一，尤其是閩粵、臺灣與星馬一帶傳承的六壬法派、天和正教（天和門、崑崙法教）、閭山法教等諸多法派教門都有該神的祭祀，或是奉請該神的符咒。然而，有關六壬仙師的原型，目前部分六壬傳教師多指向唐代國師李淳風（602~670），此說被部分六壬弟子接受，甚至有以李淳風之名予六壬法壇命名。[132] 儘管如此，「李淳風即六壬仙師」的說法依舊有著爭議，亦有說法稱「六壬仙師為先天之神」。[133] 就目前諸多傳承法本而言，並未有直接指向李淳風即六壬仙師之說，而使此議題逐漸成為民間法派與各領域具有興趣的話題，像是網路語音平臺都有許多有關六壬的介紹，唯獨學術界內對該領域的研究較不熱絡。

近年來，針對六壬仙師與六壬法派的研究仍舊甚少，唯中國廣東省具有六壬傳教師背景的易隱燕，於2021年出版的著作《六壬法教祕密大公開》有提及於此。[134] 易隱燕之書，可理解為其十年蒐集來自十八支六壬法脈的法本集成，再加上其個人分析註解而成。[135] 有關六壬仙師身分，易隱燕亦有提及自己的想法。道教背景出身的蘇清六，則是在其出版專書《天師與經籙初探》談及中國六壬仙教發展成港臺六壬各教門的緣由，但提及六壬仙師的部分仍是以公認的李淳風作為介紹。[136] 然而，除了各教法本之外，六壬法派並非只有紀錄師承符法的法本而已，

---

[132] 周樹佳，《香港諸神：起源、廟宇與崇拜》（香港：中華書局，2009），頁68。

[133] 周樹佳，《香港諸神：起源、廟宇與崇拜》，頁68。

[134] 易隱燕，《六壬法教祕密大公開》港臺版（廣州：易道文化傳播，2021）。

[135] 易隱燕，《六壬法教祕密大公開》港臺版，頁2。

[136] 蘇清六，《天師與經籙初探》（臺南：文國書局，2021，第二版），頁287。

其中正統道教內亦有針對六壬仙師的記述文獻，尤其是在中國江西省普濟道院戴氏族人傳承的籙板——〈虛無始祖東方自然神祕智聖六壬戒籙〉（本文簡稱「六壬戒籙」）亦有著些微線索。[137]

基於上述，本研究先針前人對六任仙師的身分回顧，再來根據目前透過專書與自己蒐集的六壬各派法本資料，以及普濟道院戴氏的經籙的內文進行分析。最後再根據六壬各派傳承的神牌內文做解讀，以嘗試探討六壬仙師的可能原型。

## 貳、傳教師對六壬仙師的認識

有關六壬仙師的身分，不論是在網路搜尋引擎，或是民間六壬傳教師與弟子們多以唐代「國師」李淳風作為六壬仙師的原型，這個說法獲得多數人的接受，甚至使諸多六壬的傳教師都以此做為依據。由於，民間教門的符法與真訣傳遞，多是以「口傳心授」，或是憑藉記憶抄寫而成的紀錄。其中，有關「口傳心授」較為常見，尤其是傳教師們會以自身對教門與祀神的理解，傳授與徒弟自己的見解。儘管這流傳諸派，必定會有相當落差。本章節就目前較為活躍地傳教師或相關口訪，分別陳列他們對六壬仙師的理解。

香港淳道玄道學會，是六壬較著名的教門，該教的傳教師方海閥在〈六壬仙師及法門簡介〉一文內表示：

李淳風官至太史令、司天監（相當於天文臺臺長），並受封為國

---

[137] 戴宣道傳承，中華法籙道派蘇大道提供，《虛無始祖東方自然神秘智聖六壬戒籙》。呂鵬志，〈贛西北流傳的正一籙〉，《道教儀式講座暨國家正一道與地方儀式工作坊會刊》（香港：香港中文大學，2016），頁30。

師、紫光祿大夫等官銜，在任期間，主持修撰曆法、占卜吉凶、科儀符契，貞觀時製渾天儀等。其後，李淳風仙師退隱於房公山，立教揚道，號「六壬」，傳法授徒，信徒者眾，當中盛名者有李道興，李惠舉等人。[138]

另外，根據香港民俗記者兼香港史地掌故研究者——周樹佳[139] 的出版之《香港諸神：起源、廟宇與崇拜》則有稍微不同的陳述，文中先是陳述「民間習六壬神功的道壇」與方海閱一樣的多數立場認為六壬仙師即李淳風，但同時又引述香港佐敦住宅區的六壬法館館主表示：

此六壬仙師不是李淳風，而是宣化真君，之前已經存在的先天神，兩者不可混為一談。[140]

然而，就此敘述周樹佳並未多做說明，不知是講述佐敦住宅區六壬法館供奉的六壬仙師與其他法館、法壇相異，並非是傳統認知的李淳風，而是另有其神，為「先天神」宣化真君；又或是直接陳述六壬仙師並非李淳風，而是宣化真君。由於行文不清楚，無法斷定此論點。

然而，中國廣東省六壬傳教師易隱燕於著作《六壬法教祕密大公開》針對六壬仙師有更不同的講述，其相當自信地認為過去十年都在蒐集有關六壬的法本，甚至講述：「很多老師府們拿了錯誤的知識不斷的傳給自己的徒弟和學生。」強化自身著書的權威性，並強調自身掌握大量六壬秘本，而自信地認為其對六壬的瞭解。[141] 其中有關六壬仙師的

---

138 方海閱，〈六壬仙師及法門簡介〉（2006），香港淳道玄學總會（https://shunto.org.hk/desktophtml/about_1.html），最後瀏覽時間：2022年5月25日。

139 周樹佳的 Facebook（https://www.facebook.com/chow.shukai），最後瀏覽時間：2022年5月25日。

140 周樹佳，《香港諸神：起源、廟宇與崇拜》，頁68。

141 易隱燕，《六壬法教祕密大公開》港臺版，頁1。

論述，易隱燕在書篇章〈六壬仙師是誰？〉先列出各六壬法本以及其蒐集的閭山法教法本之「六壬符」的內文點出有關六壬仙師的諸多名諱，如「六壬地理（里）仙師」、「六任（壬）地理眾仙師」、「六壬地理仙」、「茅山六任（壬）地理仙師」、「六壬法主」與「六壬祖師」等等。[142]

儘管易隱燕這部分並未詳細指出法本出處，亦未說明有關這些六壬仙師名諱的問題。不過，同本書中〈六壬仙師的樣子是怎麼樣的？〉才說明，六壬仙師並非李淳風，應為明末清初的地理師。另外在〈六壬法教中的『大六壬仙師和小六壬仙師』〉中，易隱燕認為有兩個六壬仙師，分別是「大六壬仙師」與「小六壬仙師」，但這並沒有說明六壬仙師之「人」或「神」，而是說明這是法本中兩種不同的伏法。[143] 簡言之，易隱燕掌握大量法本，但並無得出六壬仙師的身分與之原型。

在臺灣方面，根據筆者在2021年6月訪談一位屬於香港平公法脈的六壬傳教師，根據其從傳承法本的理解，他尊重六壬仙師為李淳風，因為這是師承上的說法，但根據自己從法本紀錄之見解，認為六壬仙師的身分很可能是道教北派祖師——呂洞賓（呂喦，798~880）仙師。[144] 另外，在非六壬傳教師方面，屏東縣萬丹鄉的天和正教朝天法闕派——天知道院的傳教師沈駿翔，其道院內具供奉六壬仙師神像，而神像手勢擺著「三把半香」手勢，與潛伏民間祕密結社切口相關，如天地會、漕幫、哥老會成員的儀式手勢。[145] 沈老師表示，這是透過個人的靈知體

---

[142] 易隱燕，《六壬法教祕密大公開》港臺版，頁50~57。
[143] 易隱燕，《六壬法教祕密大公開》港臺版，頁122。
[144] 並非正式訪談，故隱其姓名，屬於六壬平公法脈。田野筆記時間：2021年6月18日。
[145] 平山周，《中國秘密社會史》（香港：香港中和出版有限公司，2021），頁116。

驗而有的塑像基礎，但並未說明六壬仙師的其他資訊。[146] 有關六壬仙師的身分，天和正教各派與六壬一樣，都沒有統一的說詞。

這些說法基本上都是以「六壬仙師的真身是否為李淳風」或「六壬仙師另有其人」作探討。若回顧這幾位傳教師針對六壬仙師的直接或間接陳述，但卻從這些紀錄以及引用法本的敘述，可以見得作為民間教門流傳的六壬，是一個夾雜大量不同記憶，且針對同一意象符號（六壬仙師）詮釋的呈現。以致針對六壬仙師的敘述有諸多相異，而且從上述有關該神的名諱中，又可衍伸出六壬仙師是否為李淳風或另有其人？六壬仙師究竟是一位，又或是多位？這些都是難以理解的謎團。

## 參、六壬法本與經籙對六壬仙師的敘述

傳教師對六壬仙師的印象與記憶，主要是出自師承口教，以及祖師傳下的法本。就六壬法本而言，具有上多種法本紀錄，基本上並無直接地寫出六壬仙師為誰。然而，根據《高州六壬法本》、《六任仙教法本》與《三山六壬穿雲箭法本》等諸多法本內的請師咒，[147] 其中這些多數六壬法本的共同請師咒，為〈五祖咒〉（見圖2），咒語為：

五祖是流民。三十六教真。六壬為正主。千變萬化身。呂山法門開。茅山律法來。若問我教者。五遁祖師來。茅山法門開。西天降法來。若問我教者。隨天落地來。六壬仙師法門開。眾為仙師降法

---

[146] 訪談：沈駿翔傳教師，地點：屏東縣萬丹鄉天知道院，時間2021年7月18日。

[147] 謝光明傳承，《高州六壬法本》（影本），時間不詳。羅法聖傳承，余法宸提供，《三山六壬穿雲箭》（嘉義：臺灣法教學院，2022年提供）。

來……。[148]

（句讀為筆者所加。）

根據上文分析，「五祖是流民」，目前研究者判斷，此「五祖」可能跟抗清群體（如天地會之類）有關，但此非本文著墨重點，故暫不論述；「流民」則具有民間法傳的意謂。咒中有著「六壬為正主。千變萬化深。」與「六壬仙師法門開。眾為仙師降法來。」的格式，應是說明六壬仙師是這個教門的主尊，同時強調其為「千變萬化」的身分。而在這個主尊說明中，又加入了「呂山法門開。茅山律法來。若問我教者。五遁祖師來。茅山法門開。西天降法來。若問我教者。隨天落地來。」這不僅說明六壬法脈有著這些民間法派祖師的傳承，就筆者判斷，這應該是在指六壬的法門來自多方法派傳承，這意謂著所謂的「六壬仙師」很可能是這些法派祖師的集合體，六壬仙師即包含呂山、茅山、五遁、西天等法派的祖師。從非六壬的法本來看，像是閭山法教、天和正教（天和門、法師公教），甚至馬來西亞的連都教、金英教與三山教等法派內都有六壬仙師的符令，可以見彼此間有著密切連結。[149]

除了〈五祖咒〉外，根據清代廣東省高州府之《高州六壬法本》內傳承的〈急槍砲符〉的咒文記載：

趙請　天地神明。眾位仙師親師。三十四位陰師。六壬仙師在此。大顯威靈。急急如律令。[150]

（句讀為筆者所加。）

這裡可以有兩種解讀，那就是六壬弟子要行使〈急槍砲符〉要祈請

---

148　羅法聖傳承，余法宸提供，《三山六壬穿雲箭》，無頁碼。
149　易隱燕，《六壬法教祕密大公開》港臺版，頁6~7。
150　謝光明傳承，《高州六壬法本》（影本），頁21。

這些個別的神明與祖師,再奉六壬仙師的神權,執行符法。又或是,從「天地神明」、「眾位仙師親師」、「三十四位陰師」即一位六壬仙師,是一種補充敘述傳承的一種格式,再來才由弟子執行符法。因此,就上述法本與幾個咒語而言,六壬仙師並未特別表現出是一位或某位「個人」,也未說出其真實身分。[151] 同樣地,回溯前文談到易隱燕整理各法本出來的六壬仙師名諱,也主要講述六壬仙師之功能性,像是「地理仙師」即其掌握風水、堪輿方面的能力。[152]

除了民間法派流傳的法本紀錄之外,在道教中亦有關於六壬仙師的記述,其中,中國江西省修水縣的普濟道院戴氏族人傳承的《六壬戒籙》,內文有與法本相當差異。根據《六壬戒籙》對六壬仙師的紀錄,除有列出六壬仙師的聖號——「虛無始祖東方自然神祕智聖六壬仙師」,還提及六壬的洞天福地位在雲夢山。[153] 另外則集中在〈六壬仙師聖誥〉與〈六壬戒籙請法詞〉內。有關此,根據〈六壬仙師聖誥〉記載:

> 志心皈命禮。啟請我祖六壬仙。□□河南登□□。離城五里王家庄。王庶。王耳。號王翊……。[154]

(句讀為筆者所加。)

另按〈六壬戒籙請法詞〉記載:

恭詣

---

[151] 謝光明傳承,《高州六壬法本》(影本),頁21。

[152] 易隱燕,《六壬法教祕密大公開》港臺版,頁50~57。

[153] 戴宣道傳承,中華法籙道派蘇大道提供,《虛無始祖東方自然神秘智聖六壬戒籙》,〈虛無始祖東方自然神秘智聖六壬戒籙〉與〈虛無始祖東方自然神秘智聖六壬戒籙請法詞〉,無頁碼。

[154] 戴宣道傳承,中華法籙道派蘇大道提供,《虛無始祖東方自然神秘智聖六壬戒籙》,〈虛無始祖東方自然神秘智聖六壬戒籙〉。

福地雲夢山。凝真洞天宮。東方神祕智聖六壬仙師門下拜受

虛無始祖東方六合自然神祕智聖六壬戒籙請法詞文皈身佩

受⋯⋯。[155]

（句讀為筆者所加。）

從這紀錄可見得，六壬仙師即東周戰國時期被稱為「鬼谷先生」的王詡，《六壬戒籙》記載為「王翊」，別名有王庶、王耳，而且談到其修行的地點雲夢山（位在今河南省鶴壁市雲夢山）洞天宮也與神話上的對王翊的敘述基本一致。[156]

然而，普濟道院目前所傳的《六壬戒籙》年代最早應可追溯到道教嗣漢第六十代天師張培源大真人掌教時，也就是清同治11至清光緒30年間（1872~1904）。[157] 可以知道，建構出六壬仙師為雲夢山「鬼谷先生」的說詞，應為江西省修水縣一帶的六壬法派的「私籙」傳承，之後受到正一道祖庭龍虎山的承認後，才經由普濟道院等相關道教家族保存。[158] 因此，這能夠反映在江西省修水縣道教正一道與部分與六壬相關的民間法派，是以「鬼谷先生」作為六壬仙師的原型。

[155] 戴宣道傳承，中華法籙道派蘇大道提供，《虛無始祖東方自然神秘智聖六壬戒籙》，〈虛無始祖東方自然神秘智聖六壬戒籙請法詞〉。

[156] 司馬貞，《史記索隱》，諸子百家中國哲學書電子化計劃（https://ctext.org/wiki.pl?if=gb&res=965748&searchu=%E9%AC%BC%E8%B0%B7），最後瀏覽時間：2022年5月25日。

[157] 戴宣道傳承，中華法籙道派蘇大道提供，《虛無始祖東方自然神秘智聖六壬戒籙》，〈無上三天總籙繳聯〉。

[158] 呂鵬志，〈贛西北流傳的正一籙〉，《道教儀式講座暨國家正一道與地方儀式工作坊論文集》（香港：香港中文大學，2016），頁26。

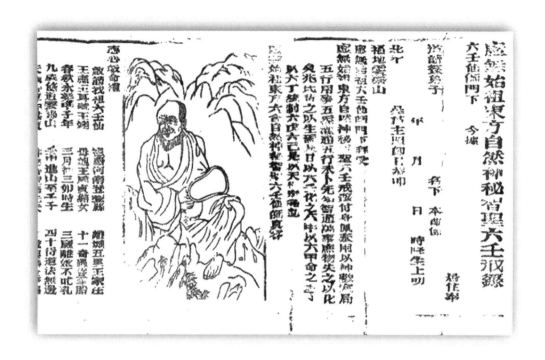

圖1：修水普濟道院傳承之《六壬戒牒》局部。
資料出處：修水縣普濟道院戴宣道道長傳承，中華法籙道派提供。

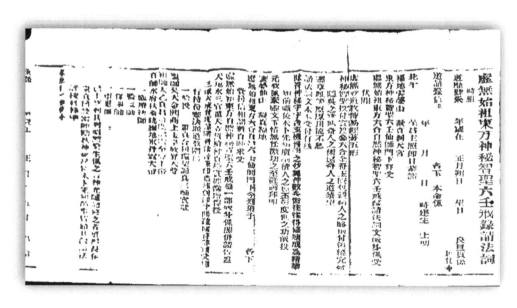

圖2：修水普濟道院傳承之《六壬戒牒請法詞》。
資料出處：修水縣普濟道院戴宣道道長傳承，中華法籙道派提供。

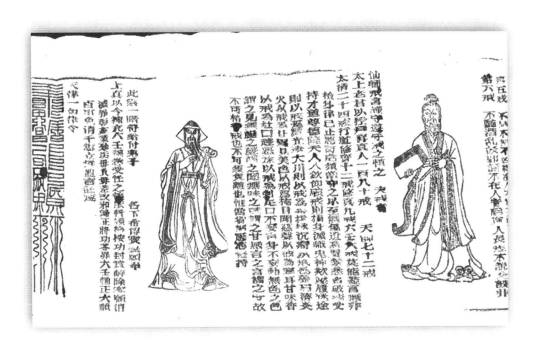

圖3：修水普濟道院傳承之《六壬戒牒》的祕法籙卷。
資料出處：修水縣普濟道院戴宣道道長傳承，中華法籙道派提供。

圖4：《六壬戒牒》的籙袋。
資料出處：中華法籙道派提供。

# 肆、六壬祖師神牌中的六壬仙師

先有師傳口教，再由弟子傳鈔法本，留存至今，這是民間法派最為典型的術法傳承方式。但除了口述而來的記憶與法本呈現外，最能反映一個法派傳承與祖師身分的重要線索，也就是起壇作法時必定要有的神牌。六壬的神牌通常都是用紅紙書寫而成，或是由六壬法師書寫在扇子上，只要對著神牌或綻開扇子，誦唸著請神咒語，即可書符、作法，行駛諸多法科。然而，六壬法傳諸多，盛行於嶺南、臺灣與南洋，因複雜的傳承導致諸多神牌有了差異。最為典型的，分別是較為古老的六壬仙教與清代廣東省高州府傳下的高州六壬法派，另外最為流行的有西元20世紀香港曾法平（俗稱「平公」）、曾法妙（俗稱「妙公」）的派下傳承。[159] 然而，這些六壬的神牌中是否能找尋到有關六壬仙師原型的端倪呢？

目前而言，多數六壬神牌的核心，基本上是書寫為「六壬仙師在此大顯威靈神位」（見圖4），其他在加上像是「伏英館」、「群英館」、「風火院」等不同的傳法館閣名稱。[160] 然而，這些神牌中較為特別的屬在中國廣東省一帶傳承較久遠的六壬仙教。六壬仙教屬於「伏英館」的傳承體系，其神牌主尊書寫為「英玄如天尊六壬仙師大顯威靈仙師合眾仙師在位」（見圖5）。[161] 就六壬仙教的神牌分析，「英玄如天尊」與「六壬仙師」是否為同一尊神？根據六壬仙教兼三山六壬穿雲

---

[159] 蘇清六，《天師與經籙初探》，頁288。謝光明傳承，《高州六壬法本》（影本），頁4。易隱燕，《六壬法教祕密大公開》港臺版，頁106、118。

[160] 易隱燕，《六壬法教祕密大公開》港臺版，頁88。謝光明傳承，《高州六壬法本》（影本），頁4。余法宸，《三山六壬傳雲箭》，無頁碼。

[161] 六壬仙教神牌，臺灣法教學院提供翻攝，時間：2021年7月31日，地點：臺灣法教學院。

箭傳教師余法宸表示，「英玄如天尊」的「英」是與「伏英館」的「英」字重疊，所以應當理解為「玄如天尊」。而「玄如天尊」則是指道教上清茅山宗的主神「元始天尊」的民間寫法，因為「玄」字古音與「元」相似會相互使用，先不談背後的政治因素或其他原因，像是「玄天上帝」與「元天上帝」的替換模式，另外「始」字寫得潦草即「如字」。[162] 因此，「玄如天尊」為六壬仙教的傳法主尊，再者才有六壬仙師，兩者為不同神，或可能將之理解為「玄如天尊」傳法予六壬仙師，再傳承給諸多民間法派祖師、仙師。

另外，易隱燕蒐集的神牌中，也有許多與普遍六壬神牌書寫——「六壬仙師在此大顯威靈神位」相異的特例。像是「風火院」傳承的六壬神牌寫著「✓✓✓六壬仙師在此大顯威靈神位」，[163] 其中「✓✓✓」是道教與法派常見的符文，就筆者理解通常意謂著三清道祖——元始天尊、靈寶天尊、道德天尊。[164] 這樣子亦表示，六壬仙師的神格是在道教三清之下。另外，易隱燕亦有蒐集到另兩個「風火院」不同的傳承神牌，分別書寫著「玉封　六壬仙師在此大顯威靈神位」、「六壬仙師在此『西天如來佛祖呂山銅皮鐵骨皂山大太子、茅山法主……』（筆者按：並排書寫）列列尊神位」。[165] 此「風火院」神牌與多數六壬基本一致，但一個是在六壬仙師上多了「玉封」字樣，另一個則是六壬仙師下方並列包含西天如來佛祖在內的諸位祖師。然而，「玉封」與「六

---

[162] 余法宸口述：「仙教神牌上『英玄如天尊』，『英』是指我們六壬仙教是伏英館傳承。玄如天尊傳說隸屬上清茅山宗，上清茅山宗主神是元始天尊。在古代，發音的關係，元通玄，如等同於始。這種新創的名字會流傳，也就是改名字的原因可能跟清廷打壓有關，萬不得已下才變更神明。因為民間法教有些也是被朝廷認為是反抗分子。」時間：2022年5月27日，地點或方法：網路電話通訊。

[163] 易隱燕，《六壬法教祕密大公開》港臺版，頁76~77、91。

[164] 諸葛綾、張櫻馨編著，《最新符咒大法典》（臺南：文國書局，2012），頁8。

[165] 易隱燕，《六壬法教祕密大公開》港臺版，頁11~12、27、83。

壬仙師」之間又有何關係呢？

上述有「玉封」字樣的「風火院」神牌，是屬於福建省大山腳之傳教師曾鴻處與蘇東齊的傳承。[166] 其實「玉封」在其他與六壬一樣會懸掛「大顯威靈」的民間法派而言相當常見，尤其是在神牌或符咒上都會提到「玉封 某位神祇」，像是天和正教稱呼孫大祖師（齊天大聖孫悟空）為「玉封 毛果修練孫大祖師」。[167] 然而，有關「玉封」的意涵，根據李豐楙教授的研究，「玉封」意即「玉皇上帝敕封」，又等同於「玉敕」，有著這尊神明「代天巡化」的意謂。[168] 玉皇上帝為天界至高之神，雖屬於三清演化出的六御（另有「四御」、「七御」之說），但仍是統轄人天的至尊存在。[169] 就此來看，此「風火院」神牌之「玉封 六壬仙師」，這明顯地表達出，六壬仙師為玉皇上帝敕封的神爵，神格是低於給與其封爵的玉皇上帝。

再者，關於神牌中於六壬仙師名號之下有寫著「西天如來佛祖」等諸多祖師字樣的神牌，是屬於廣東省梅州之吳姓傳教師的傳承。[170] 之所以將六壬仙師至於其他祖師之上，其實可以判斷出六壬仙師地位應該高過西天如來佛祖、茅山法主等神祇。但若結合上述判斷，不論是三清道祖，或是玉皇上帝，六壬仙師置在這兩類神祇之下。筆者淺見，不僅有神格高低問題，這應類似《道德經》所談：「道生一，一生二，二生三，三生萬物。」玉皇上帝是由三清所化而成，六壬仙師也是由玉皇上

---

[166] 易隱燕，《六壬法教祕密大公開》港臺版，頁12。

[167] 朱耀光，〈臺灣民間祝由文化之符籙療法的探索：天和門法師公的符籙信仰與療法〉（花蓮：慈濟大學宗教與文化研究所，2018），頁27。

[168] 李豐楙，《從聖教到道教：馬華社會的節俗、信仰與文化》（臺北：國立臺灣大學出版中心，2018），頁190~191、365~336。

[169] 黎誌添，《廣東地方道教研究：道觀、道士及科儀》（香港：香港中文大學，2007），頁41。

[170] 易隱燕，《六壬法教祕密大公開》港臺版，頁11。

帝所化，而西天如來佛祖等諸位祖師則都是六壬仙師的化身。這似乎符合〈五祖咒〉談到的「六壬為正主。千變萬化身。」[171] 除此之外，若將廣東省梅州吳姓傳教師的神牌與〈五祖咒〉參照，其實相當吻合，因此也可以理解為，六壬仙師本身為一「大集合」信仰寄託，是以「六壬仙師」作為具有傳承之法派共同傳承，而把諸多法派祖師合為一尊神，也就是六壬仙師。當然，此為假說推測，還無法斷定是否真為如此。

最後，較為特殊的六壬神牌還有在東南亞流傳的三山六壬穿雲箭法派，這支六壬法派的神牌書寫特殊，「六壬仙師」的位置兩側，分別有「太上」與「老君」並排。（見圖6）所謂太上老君，若按道教根本思維乃是三清道祖之一的道德天尊，但根據三山六壬穿雲箭的傳承，此「太上老君」並非道德天尊，而是指「茅山李老君」，即民間茅山法派的祖師，有些民間法派亦會寫作「太上羅君」與「李老君」。[172] 中國道學研究者詹石窗亦有此觀點，其稱「茅山李老君之號，是柏子老君，非太上化身之老君也。」[173] 亦表明著茅山李老君並非道德天尊太上老君的化身，而另有其人。然而，六壬術法的行使，本有茅山法派傳承，而「太上老君」與六壬仙師並列，這也意謂著六壬既屬於茅山法派的傳承，但六壬亦有自身的法傳特色，因此地位上「太上老君」與六壬仙師的法傳地位應都是平等的。

綜觀上述各派六壬神牌文字陳述之統整，可以見得眾多傳承的神牌中六壬仙師的神格地位在於三清道祖、玉皇上帝之下，屬於所謂「後

---

171　羅法聖傳承，余法宸提供，《三山六壬穿雲箭》，無頁碼。

172　余法宸口述：「在民間法教內談到的太上老君，或是太上羅君、李老君之類的，其實都不是指三清的道德天尊，而是茅山派的祖師李老君」時間：2022年5月27日，地點或方法：網路電話通訊。

173　詹石窗，《道教與中國養生智慧》（上海：東方出版社，2007），頁286。

天」的神格。[174] 而且，六壬仙師很可能是諸神祇，即民間諸多法派各自的主導或祖師的集合體，或是總稱。因為民間法派各有傳承，而把諸祖師名諱合稱為「六壬仙師」，故在〈五祖咒〉中，強調六壬仙師「千變萬化身」的特性。

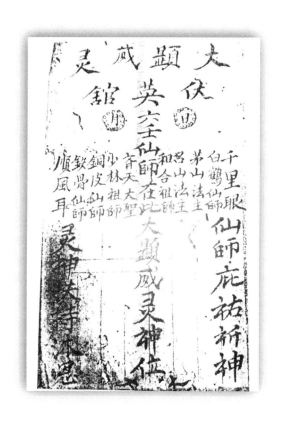

圖 5：清代廣東省高周府傳承的六壬神牌。
資料出處：謝光明傳承，《高州六壬法本》（影本），筆者蒐藏。

# 伍、結語

本研究初步探討六壬仙師的身分，誠如傳教師與弟子在咒中常言「千變萬化身」，筆者亦將此理解為六壬仙師的原型具有諸多的面向詮釋，以及不同的傳承。就本研究的探討分析，六壬仙師的身分有今日各大法壇、道館的傳教師，普遍承認的唐代國師李淳風，如方海閣一派便

---

[174] 後天神：在道教宇宙觀中，是天地造化後而有的神祇。詳見：蕭登福，《后土地母信仰研究》（臺北：新文豐，2015），頁168。

強調「六壬仙師即李淳風」；亦有部分傳教師認為六壬仙師為「先天之神」，如香港佐敦住宅區之六壬法館館主認為的「先天神宣化真君」。然而，若回顧諸六壬傳承之法本與神牌，並未有明確指出六壬仙師的真正身分，頂多只談到其具有「地理仙」的功能性，甚至談到六壬仙師具有「千變萬化身」的特點，似乎暗示六壬仙師並非獨一神祇。此外，六壬仙師是否為「先天之神」，若比較各派神牌，可以發現六壬仙師位列三清道祖與玉皇上帝之下，並與茅山李老君並列書寫。由此判斷，六壬仙師應屬於「後天之神」，但是否為單一神祇，還相當難說。

不過與法本、神牌同為紙本文獻的《六壬戒籙》，則明確指出六壬仙師唯獨一神祇，並指出祂的全稱為「虛無始祖東方自然神祕智聖六壬仙師」，即戰國時期思想家「鬼古先生」王詡，修行地點為雲夢山。《六壬戒籙》為江西省正一道普濟道院戴家所傳，是唯一明確表明六壬仙師的文獻，但因無法追蹤《六壬戒籙》的最初由來，而無法真正釐清是正一道影響民間而有六壬法派，或是民間六壬法派因故被正一道吸收，而有此經籙。故六壬仙師即「鬼谷先生」王詡，僅能夠視為江西省正一道或民間六壬的傳承一說。因此，六壬仙師的原型如何，至今仍無法完全確定，僅能透過此初步研究，說明各派對六壬仙師的認知。

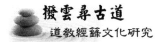
# 徵引書目

方海閱，〈六壬仙師及法門簡介〉（2006），香港淳道玄學總會（https://shunto.org.hk/desktophtml/about_1.html），最後瀏覽時間：2022年5月25日。

平山周，《中國秘密社會史》，香港：香港中和出版有限公司，2021。

朱耀光，〈臺灣民間祝由文化之符籙療法的探索：天和門法師公的符籙信仰與療法〉，花蓮：慈濟大學宗教與文化研究所，2018。

呂鵬志，〈贛西北流傳的正一籙〉，《道教儀式講座暨國家正一道與地方儀式工作坊論文集》（香港：香港中文大學，2016），頁26。

李豐楙，《從聖教到道教：馬華社會的節俗、信仰與文化》，臺北：國立臺灣大學出版中心，2018。

周樹佳，《香港諸神：起源、廟宇與崇拜》，香港：中華書局，2009。

易隱燕，《六壬法教祕密大公開》港臺版，廣州：易道文化傳播，2021。

詹石窗，《道教與中國養生智慧》，上海：東方出版社，2007。

諸葛綾、張櫻馨編著，《最新符咒大法典》，臺南：文國書局，2012。

黎誌添，《廣東地方道教研究：道觀、道士及科儀》，香港：香港中文大學，2007。

蕭登福，《后土地母信仰研究》（臺北：新文豐，2015），頁168。

戴宣道傳承，中華法籙道派蘇大道提供，《虛無始祖東方自然神祕智聖六壬戒籙》，臺南：中華法籙道派，2022年5月13日紀錄。

謝光明傳承，《高州六壬法本》（影本），時間不詳。

羅法聖傳承，余法宸提供，《三山六壬穿雲箭》，嘉義：臺灣法教學院，2022年提供。

蘇清六，《天師與經籙初探》，臺南：文國書局，2021，第二版。

# 第五章　道教經籙祕法之古今建構與傳承初探
## ——以《玄女籙》為例[175]

## 摘要

九天玄女，簡稱玄女、玄姥，是中國道教神話裡僅次於瑤池金母（西王母）較為大眾所知的女性神祇。就研究此經籙亦提前，筆者對九天玄女信仰多停留在靈修或靈乩階段，殊不知，這位神祇自上古傳說時代便有傳授祕法到人間，也就是後來形成的《玄女籙》（全稱「金闕昭凝九天洞仙妙道玄女保仙祕籙」）的開始。本研究首先針對從「玄女籙」（九天玄女傳授經籙）到《玄女籙》（文本）的九天玄女信仰與經典、經籙發展的演變探討之，再從其他歷史與經藏文獻中爬梳有關《玄女籙》的相關紀錄，其中包含領授此籙之資格，或是此籙與道士學法之關聯，同時亦分析《玄女籙》與道教其他經典之間的關係。最後在從經籙發展的角度，討論《玄女籙》在兩岸三地的傳承情形，同時兼論海峽兩岸各大到壇對於經籙發行的狀況。


**關鍵詞**：九天玄女、玄女籙、經籙、法籙、道教。

---

[175] 本文改寫自筆者舊文〈道教經籙祕法之古今建構與傳承初探——以《玄女籙》為例〉一篇。

# 壹、前言

　　道教最令人印象深刻的直接詞彙，便是「符籙」二字。人們對所謂的「符」多有印象，乃是與鬼神之間連結通達的書文，多仿效雲氣紋路書寫繪製而成；但最初「符」則是與軍事指揮有著密切關聯，之後才延伸成道教或民間宗教，如：法教、巫術、薩滿信仰等，對鬼神操控的連結。[176]「籙」就表面字義則有紀錄的意思，在道教內則是某山門、某師門等宗派相關之經典、術法或祕法的傳承文獻，而且道教信仰者相信，這些「籙」當中亦有天兵神將或相關神祇駐守其中。[177] 然而，在「籙」傳承當中，並不單只限於所謂道教的框架之中，誠如筆者此次探討之《玄女籙》，若從其「概念」而言，最初可以追溯至道教成立以前的先秦時代，甚至更加久遠。

　　有關《玄女籙》的研究，就目前爬梳之資料可謂鮮有，主要多談及九天玄女傳授軒轅黃帝符籙與兵法祕術，以及《玄女籙》作為道法傳承上「合授」使用之經籙配件作為簡單陳述而已。如，李志鴻教授在其著作《道教天心正法研究》內引用道經（應為《太上天壇玉格・下》）敘述，修練行持「六丁法」者，需要配受《玄女籙》（原文作「九天玄女籙」），其餘相關研究均為如此，並無真正探討到該籙的傳承、演進與相關內文敘述或比較。[178] 基於此，本研究希望透過《玄女籙》的歷史淵源與傳承狀況，嘗試瞭解道教經籙從無至有的發展過程。儘管有關《玄女籙》的文獻，筆者僅能掌握的直接相關資料，唯有當代中華道教

---

[176] 李顯光，《混元仙派研究》（北京：中國社會科學院，2007），頁33。

[177] 蘇清六編著，《天師與經籙初探：臺灣道教百年百人首次晉品登梯閱籙》（臺南：文國書局，2022），頁5。

[178] 李志鴻，《道教天心正法研究》（北京：社會科學文獻出版社，2011），頁271。

經籙教育學會（筆者按：即蘇清六的中華法籙道派）內有關《玄女籙》的珍藏本與《道藏》中對《玄女籙》的若干經卷收錄，其餘皆是歷史文獻中對該籙的說明而已。故，本研究嘗試從三個方面進行討論。分別是：

第一部分，有關《玄女籙》經卷中的「主尊神祇」（核心引領修行的祖師或祀神）——九天玄女的神格演進過程，以及在歷史與神話中該神與《玄女籙》的建構雛型至之後在中國發展之間的關聯；第二部分，則探討在道教形成之後，有關《玄女籙》與道教各大宗派之間扮演何種角色，以瞭解其在教內各派的影響輕重；第三部分則探討，所謂《玄女籙》發展至今，在道教各派內，如正一道祖庭龍虎山（筆者按：張金濤主持之正一道場）、修水戴家普濟道院（筆者按：戴宣道之家傳道壇）、臺南的中華道教經籙文化教育學會與臺中的中國九天玄女祖庭道教會（筆者按：朱淼炎主持之道會）等相關宣稱掌握經籙傳承之宗派，對《玄女籙》傳承的狀況與理解說明之。

# 貳、《玄女籙》的神話由來

《玄女籙》本有兩種意義，筆者淺見，一者為來自九天玄女傳承的祕法，二者則是道教與九天玄女相關的經籙。依照道教的經籙傳承，最初通常都是人間的道士透過「神授」（某位神仙傳授）或「天授」（通過神祕現象展現）的方式將這些經籙或祕法帶到人間，如：東漢時期被尊為「祖天師」的張道陵便自太上老君領受《太上三五正一盟威經籙》；魏晉南北朝時期相傳太極徐真人在天臺山將《古靈寶經》傳承給葛玄；北宋時期的饒洞天則是在「山頂放光異象」而掘出《上清天心正

法》等。[179] 上述祕法傳承慣例在道教各宗壇、法派多是如此，即自「神」或「天」領受法要之後，再從這些祕法通過人間師父的「師承」，而逐漸發展為經籙、法籙的呈現方式。那麼《玄女籙》的由來是否有類似的情形？就筆者認知為有，主要先從「神授」祕法部分先談起，再根據史籍上對《玄女籙》本身的紀錄，或相關傳承形式作說明。

有關九天玄女之神的由來，至今仍沒有定論，一說其即《詩經‧商頌‧玄鳥》所稱的「玄鳥」（殷商的祖靈）演變成的神祇，也有一說即是與「西王母」一樣階是上古崇拜「玄鳥」圖騰的部族。[180] 不過九天玄女最為人所知的印象，也是其最早以神仙形象出現的樣貌，即是其將祕法傳授到人間的情形，這也是有關九天玄女與「傳祕法」的最初記載，也就是中國傳說歷史中發生在華北地區的涿鹿之戰——黃帝軒轅氏與九黎蚩尤氏的戰爭。根據漢代著名緯書[181]《龍魚河圖》記載：

> 黃帝時，有蚩尤，兄弟八十一人，並獸身人語，銅頭鐵額，食沙石子，造立兵杖，刀戟大弩，威振天下，誅殺無道，不仁慈，萬民欲令黃帝行天下事，黃帝仁義，不能禁蚩尤，黃帝仰天而嘆，<u>天遣玄女下，授黃帝兵信神符，制伏蚩尤</u>，帝因使之主兵，以制八

---

[179] 張君房（北宋）編，李永晟點校，《雲笈七籤》，第1冊（北京：中華書局，2003），頁52。鄧有功（南宋），〈《上清天心正法》序〉，收自鄧有功（南宋）編纂，《上清天心正法》，轉錄自《上清天心正法》，收自中國道教協會、中國社會科學院道家道教研究中心、華夏出版社編修，《中華道藏》，第30冊（北京：華夏出版社，2004），頁245。鄭素春，《道教信仰：神仙與儀式》（臺北：臺灣商務印書館，2002），頁130。

[180] 謝奇峰，《圖解臺灣行業神明圖鑑：臺南體傳統工藝》（臺中：晨星出版社，2002），頁182。林雪鈴，〈青女神話之流傳異變與原始面貌探論〉，《興大人文學報》，第40期（臺中，2008），頁106。

[181] 緯書：是依附儒家經典而建構出來的文獻，多假託聖賢先哲的言詞來建構神話或天命觀點，通常都與鞏固當朝政權，或是做為另立政權的相關依據。詳見：卓國浚，《文心雕龍精讀》（臺北：五南書局，2007），頁48。

方，蚩尤沒後，天下復擾亂，黃帝遂畫蚩尤形像，以威天下，天下咸謂蚩尤不死，八方萬邦，皆為弭伏。[182]

從《龍魚河圖》文中可見：「天譴玄女下，授黃帝兵信神符，制服蚩尤。」之紀錄，這不僅是通過此部緯書的天命觀建構出軒轅氏為上天所欽定的統治者，同時為了鞏固軒轅氏的統治，上天還特別派遣「玄女」傳授掌兵之相關印信、神器與祕法。然而，這則故事中的「玄女」，便在道教內逐漸被建構為九天玄女之神。按中央研究院宗教院士李豐楙教授的研究——〈從玄女到九天玄女：一位上古女仙的本相與變相〉，在道教在魏晉以後逐漸形成的《龍虎經》、《靈寶六丁祕法》等經書當中，都是脫胎自《龍魚河圖》的神話記述，並加以建構而成的新神話敘事。[183] 這種故事建構，在宋真宗時期道士張君房整理的道教經藏合集——《雲笈七籤》（1017~1021）內，便可見其神話影響，甚至當中亦有記載到九天玄女「神授祕籙」的場景。

根據《雲笈七籤》第100卷〈紀傳部〉之〈軒轅本紀〉收錄一則相當完整的九天玄女與軒轅氏之間的神話故事：

黃帝即與蚩尤大戰於涿鹿之野地在上谷郡，南有涿鹿城……。<u>帝乃戰，未勝……</u>。帝依以設壇，稽首再拜，果得符，廣三寸，長一尺，青色，以血為文，即佩之。<u>仰天嘆所未捷，以精思之，感天大霧，冥冥三日三夜</u>。天降一婦人，人首鳥身，帝見稽首，再拜而伏。婦人曰：「吾玄女也，有疑問之。」帝曰：「蚩尤暴人殘物，

---

182　《龍魚河圖》，諸子百家中國哲學書電子化計劃（https://ctext.org/text.pl?node=541667&filter=453805&searchmode=showall&if=gb#result），最後瀏覽時間：2023年5月28日。

183　李豐楙，〈從玄女到九天玄女：一位上古女仙的本相與變相〉，《興大中文學報》，第27期特刊（臺中，2010），頁23。

小子欲萬戰萬勝也。」玄女教帝《三宮祕略五音權謀陰陽之術》兵法謂《玄女戰術》也。衛公李靖用九天玄女法是也。又神符，黃帝之符也。《陰陽術》即《六壬太一遁甲運式法》也。玄女傳《陰符經》三百言，帝觀之十旬，討伏蚩尤。授帝《靈寶五符真文》及《兵信符》，帝服佩之，滅蚩尤……。奉事太一元君，受要記修養生之法。於玄女、素女受房中術，能御三百女……。玄女授帝《如意神方》，即藏崆峒山……。黃帝得玄女授《陰符經義》，能內合天機，外合人事。[184]

〈軒轅本紀〉的記載，描述九天玄女的外表特徵，乃是「人首鳥身」的婦人形象。尤其，當中描述出筆者定義之授籙場景，即軒轅氏在與蚩尤氏戰敗後，向天祝禱並常嘆自身陣營戰敗，誠而感天，使上天派遣九天玄女協助軒轅氏陣營，並給予相關兵法與術書。由此可見，九天玄女與軒轅氏的互動，即與「神授」之授籙行為一致，根據〈軒轅本紀〉所言傳承的「祕籙」內容，也就是《三宮祕略五音權謀陰陽之術》（即《玄女戰術》）、《六壬太一遁甲運式法》（即《陰陽術》）、《陰符經》三百言、《靈寶五符真文》及《兵信符》等文獻。戰勝蚩尤後，軒轅氏先後從太一元君、九天玄女與素女等神祇學習養生之法與房中術，並有從九天玄女領受《陰符經義》，使軒轅氏能夠有通達天、人之能。[185]

同樣在《雲笈七籤》，在第114卷〈經傳部〉之〈九天玄女傳〉亦

---

[184] 張君房（北宋）編，李永晟點校，《雲笈七籤》，第5冊（北京：中華書局，2003），頁2170~2171、2183。

[185] 元代道士趙道一在著作《歷世真仙體道通鑑》則有比較不同的記載：「黃帝合符瑞於釜山，得不死之道。奉事太一元君，受要記修道養生之法，於玄女、素女受還精補腦之術。」將傳授九天玄女與素女傳授房中術之事改成「還精補腦之術」。詳見：鄭素春，《道教信仰：神仙與儀式》，頁162。

有相關記載，能如同基督宗教諸多《福音書》一般，與〈軒轅本紀〉對觀之。該傳記載：

> 帝師不勝，蚩尤作大霧三日，內外皆迷……。帝用憂憤，齋於太山之下……。玄女降焉，乘丹鳳，御景雲，服九色彩翠之衣，集於帝前。帝再拜受命，玄女曰：吾以太上之教，有疑可問也。帝稽首曰：蚩尤暴橫，毒害蒸黎，四海嗷嗷，莫保性命。欲萬戰萬勝之術，與人除害，可乎？玄女即授帝六甲、六壬兵信之符，《靈寶五符》策使鬼神之書，制襖、通靈五明之印，五陰、五陽遁甲之式，太一、十精、四神勝負握機之圖，五岳、河圖策精之訣，九光、玉節、十絕、靈幡命魔之劍，霞冠火珮，龍戟霓旗，翠輦綠綍，虯驂虎騎，千花之蓋，八鸞之輿，羽翕、玄竿、虹旌、玉鉞神仙之物，五龍之印，九明之珠。九天之節以為兵信，五色之幡以辨五方。帝遂復率諸侯再戰。蚩尤驅魑魅雜襖以為陣，雨師風伯以為衛，應龍蓄水以攻於帝。帝盡制之，遂滅蚩尤於絕轡之野、中冀之鄉，塚分其四肢以葬之……。皆由玄女之所授符策圖局也。[186]

〈九天玄女傳〉的記載，軒轅氏因大霧關係與其兵法列陣不敵蚩尤氏的軍隊，與〈軒轅本紀〉的內容一樣，軒轅氏因此向上蒼發洩憂憤，之後進入齋戒祭祀的狀態，使上天派遣九天玄女降於凡間。軒轅氏一樣向九天玄女抱怨蚩尤氏的殘暴，而向其求援。但與〈軒轅本紀〉較為不同的是，〈九天玄女傳〉內講述九天玄女「神授」軒轅氏的法寶內容記述相當多且與〈軒轅本紀〉不一樣，分別有「六甲、六壬兵信之符」、「《靈寶五符》策使鬼神之書」、「通靈五明之印」、「五陰、五陽遁

---

[186] 張君房（北宋）編，李永晟點校，《雲笈七籤》，第 5 冊，頁 2538~2540。

甲之式」、「太一、十精、四神勝負握機之圖」、「五岳、河圖策精之訣」、「九光、玉節、十絕、靈幡命魔之劍」、「霞冠火珮」、「龍戟霓旗」等等。

這些有關九天玄女「神授」軒轅氏的紀錄,筆者認為此為《玄女籙》相關紀錄的「最初記載」或為「原型」。這也奠定九天玄女在道教的形象與彰顯其功能性,如兵法戰術、符咒、奇門遁甲之術、斬妖除魔等等。然而,這些特徵不僅影響到道教各派對九天玄女之神的定位,更加影響到之後發展出來的《玄女籙》對該神祇的形塑,亦成為該經籙本身具備的神聖能力。

## 參、《玄女籙》與道教玄女經典的關係

前文談及「玄女籙」之詞彙是指九天玄女在經籍文獻中「神授」祕籙、兵法給軒轅氏的過程,但所謂針對經籙本身的「玄女籙」一詞,最初出現則相對九天玄女神話要晚,而且這也與《玄女籙》跟道教各教派的地位有著密切關係。然而,目前本研究所收錄之《玄女籙》,乃是以臺南的中華道教經籙文化教育學會版本為主(簡稱學會本),全稱為「金闕昭凝九天洞仙妙道玄女保仙祕籙」。[187] 就筆者考察,包含臺中的中國九天玄女祖庭道教會內傳承的經籙版本,亦是以學會本為其文本根基。因此,本章節先是探討「玄女籙」一詞最早定義的時間及道教對《玄女籙》的定義與使用方式;接著再探討筆者所能掌握之《玄女籙》學會本內與道教其他有關九天玄女經典之間的關係。

---

187　蘇清六編著,《天師與經籙初探:臺灣道教百年百人首次晉品登梯閱籙》,頁246~252。

## 一、道教對《玄女籙》的認知

就目前爬梳的文獻資料而言，有關「玄女籙」之詞最早出現於明代編纂之及合宋、元、明三代的道教文獻集——《道法會元》，該文集第250卷收錄的《太上天壇玉格·下》（規範道教道官、法官、道士的律法與制度儀文）有關於傳授道士《玄女籙》的相關記載：

> <u>受籙之士但欲職高而金寶效信，受上品法籙，殊不知經中分明稱載，法一與籙相背，則不靈。</u>如行天心法，合受《三五都功籙》，行雷法合受《高上神霄籙》，行靈寶法合受《紫虛陽光籙》及《靈寶中盟籙》，行天蓬法合受《北帝伏魔籙》，<u>行六丁法合受《九天玄女籙》</u>，受玄靈式合受《北斗籙》，行天樞法合受《上清迴車畢道籙》，趙侯南法合受《趙侯籙》，行出神入夢法合受《盟威籙》，行三官法合受《三官籙》。已上諸階，皆以本籙為職。法籙相違，社廟切笑。[188]

從《太上天壇玉格·下》的記載得知，明代道士受籙相當規範，尤其針對各個道派的不同修行法要，則需要配合相關的經籙、法籙修持之，否則道士行法會靈驗程度會受到影響。其中，若有道士修行「六丁法」者，就必須領受《九天玄女籙》（即《玄女籙》）。

明代道教會有所謂的經籙規範出現，這很可能與宋、元、明三代朝廷與道教之間推展之三山四壇——龍虎山正一道（天師道）的「正一玄壇」、閣皂山靈寶派的「靈寶宗壇」、茅山的上清派的「上清宗壇」與

---

[188] 《道法會元》，卷250，《太上天壇玉格·下》，諸子百家中國哲學書電子化計劃（https://ctext.org/wiki.pl?if=gb&chapter=673367），最後瀏覽時間：2023年5月31日。

西山淨明宗的「淨明法壇」等宗派的經籙整合有關。[189] 最初，北宋時期，宋徽宗（1082~1135）曾一度想透過茅山上清宗道士黃澄（又稱「混式祖師」，生卒年不詳）整合這些宗派經籙，即所謂「三山混一籙式」。[190] 南宋時期，宋理宗（1205~1264）便透過政治力保障當時正一道第三十五代嗣教天師張可大（1209~1263），並將其道視為「正教門」（朝廷核准的正道宗教），並逐漸限定只有正一道天師才能夠授予經籙，之後第三十六代嗣教天師張宗演（1244~1292）更被元世祖（1215~1294）授權「掌江南（原南宋疆域）道教事」，使正一道在朝廷保護下成為漢地道教的總代表，更在明太祖（1328~1398）時期逐漸形成全權掌握經籙與授籙權柄之「萬法宗壇」，正一道天師在朝廷庇護下完全掌握全中國道教事務。[191]

是故，全中國的道教經籙發授都是以龍虎山「正一玄壇」為首的「萬法宗壇」作授證核心，於此同時，各宗派雖以正一道為尊，但民間各宗派亦開發出屬於自己的經籙、法籙。儘管明太祖以來，朝廷嚴禁並取締除「萬法宗壇」之外的經籙私造與私授的經籙，筆者推測民間宗門

---

[189] 鍾國發，《茅山道教上清宗》（臺北：東大，2003），頁156。

[190] 茅山道士黃澄，其被宋徽宗相當重視，並被皇帝授權掌握「玉堂高士左右街都道錄（籙）」，即在當時宋朝道籙院擔任高等官職，同時又監管宋朝境內的「教門公事」，很可能在宋徽宗的信任下，黃澄成為事實上的道教最高領袖，又或是上清茅山宗的宗師。再加上，宋徽宗還賜與黃澄「太素大夫」與「沖素靜一先生」之崇高尊號。詳見：毛帝勝，〈從《混式法籙》見北宋道教諸山整合到《萬法宗壇》的形成初探〉，馬力編，《歷史、藝術與台灣人文論叢（23）：《西遊記》研究特稿》（新北：博揚文化，2023），頁223~243。

[191] 王見川，〈龍虎山張天師的興起與其在宋代的發展〉，《光武通識學報》（臺北，2004），頁281。毛帝勝，〈從《混式法籙》見北宋道教諸山整合到《萬法宗壇》的形成初探〉，頁223~243。張〇將主編，張天師府法籙局校註，《歷代天師傳》，下冊（臺北：正一嗣漢張天師府道教總會，2022，第二版），頁2~8。宋濂（明）等，《元史》，卷202，中國哲學書電子化計劃（https://ctext.org/library.pl?if=gb&file=138506&page=215#box(534,612.800 0030517578,2,4)），最後瀏覽時間：2022年7月8日。

可能為了使自身教派經籙合理化，選擇與正一道嗣教天師合作，或是以「加盟」的方式成為「合法經籙」。[192] 尤其到了清初，清帝國仍舊維持明代制度，讓正一道嗣教天師（彼時稱「正一真人」）掌握授籙權柄。斯時，第五十四代嗣教天師張繼宗於其著作《崆峒問答》的「第33問」與「第34問」內提及所謂正一道承認的「三十三品經籙」，分別是

> 都功、盟威、五雷、大洞、中盟、三洞、預修、拔亡、延生、伏魔、文昌、祈嗣、保童、血湖、三官、北斗、真武、玄壇、趙侯、<u>玄女</u>、華蓋、咒詛、九牛、二十八宿、紫微、自然、神霄諸籙。[193]

由此可知，清代以正一道為首的中國道教承認的諸多經籙中，其中也包含了以九天玄女作為本尊的《玄女籙》為道教的合法經籙之一。儘管目前爬梳之資料尚不清楚作為實質經籙文本的《玄女籙》是何時形成，但很可能是在宋、元、明三代時逐漸形成的經籙。再加上明代整理而成的《道法會元》內曾提及「九天玄女流派」的存在，並未多說該派之歷史緣由，但很有可能所謂的《玄女籙》是從該流派而來的文獻產物。但彼時《玄女籙》的內文為何，具體不得而知，但若以前文談及「神授」而來的「玄女籙」，應為建構九天玄女神格的相關經典文獻。

## 二、《玄女籙》與九天玄女經典的關係

由於目前沒有具體宋、元、明三代的《玄女籙》古本文獻可以參考，僅有手邊的學會本得以參考。就學會本〈金闕昭凝九天洞仙妙道玄女保仙祕籙請法詞〉書寫的經、籍、度「三師」分別為第六十一代、第

---

192  《明實錄‧太祖》，卷290，洪武24年6月，頁3110，明實錄、朝鮮王朝實錄、清實錄資料庫（ http://hanchi.ihp.sinica.edu.tw/mql/login.html ），最後瀏覽時間：2023年5月31日。
193  張繼宗（明），《崆峒問答》。

六十二代與第六十三代嗣教天師的職位全銜，其中「度師」往往是以當代嗣教天師為主，因此這分經籙刻板應該是第六十三代嗣教天師張恩溥（1895~1969）在中國大陸期間製作的，也就是民國初年之時，而刻本應是承襲清代江西省龍虎山法籙局或是負責製籙的修水普濟道院版本傳承。[194] 然而，目前學會本的《玄女籙》內的經典內容為：

> 金昭凝九天洞仙妙道玄女保仙祕籙、金闕昭凝九天洞仙妙道玄女祕籙請法詞、祕藏通玄變化六陰洞微遁甲真籙卷上、祕藏通玄變化六陰洞微遁甲真籙卷中、祕藏通玄變化六陰洞微遁甲真籙卷下、太上玄靈北斗延生本命寶籙上品玅經卷、太上西斗紀名護身延生真經、太上東斗註算護命真經全卷、太上說中斗大魁保命真經全卷、南斗六司益算延壽玅經卷、正一道祖延壽金章、玄女敕賜打邪金印、玄女敕賜收妖胡蘆、玄女敕賜神光金髻、玄女敕賜斬妖神劍、玄女敕賜無字天書、玄女敕賜縛魔彩帶。[195]

就學會本的《玄女籙》的內文的「經題」（名稱）而言，並無見得北宋時期集結而成的《雲笈七籤》內有關九天玄女傳授給軒轅氏的相關經典記述；但若就經卷內文的「性質」或「意義」而言，則是可以找到雷同之處，甚至很可能是從兩者之一或兩者之外的某一「原典」（包含文本與傳說）發展而來的。以學會本的重要經典——《祕藏通玄變化六陰洞微遁甲真籙》上、中、下三卷，與明代編纂之《道藏》內收錄《祕藏通玄變化六陰洞微遁甲真經》上、中、下三卷基本上內文一致。若依照《祕藏通玄變化六陰洞微遁甲真籙》上卷的序言，此籙是九天玄女傳

---

194 〈金闕昭凝九天洞仙妙道玄女保仙祕籙請法詞〉，中華道教經籙文化教育學會提供。

195 《金闕昭凝九天洞仙妙道玄女保仙祕籙》全宗內文，中華道教經籙文化教育學會提供。

授給軒轅氏的祕法。[196] 依照蕭登福教授的研究，這幾分經籙應該成書於北宋年間，也就是與《雲笈七籤》集結同時；再者，蕭教授亦研究出《祕藏通玄變化六陰洞微遁甲真籙》與同樣宣稱來自九天玄女祕傳給軒轅氏的《靈寶六丁祕法·祭醮六丁符法》、《黃帝太乙八門式訣》的內文相近，應該都是宋代以後逐漸建構出來的經典文獻。[197] 而且，這些經文的共同雷同處，都是談及「九天玄女神授軒轅氏」以及《陰符經》與「六丁六甲」相關元素，這亦反映出此類符號為九天玄女信仰與相關經卷、祕籙的重點。

至於有關九天玄女給予軒轅氏的祕密神器，就《雲笈七籤》的〈軒轅本紀〉與〈九天玄女傳〉的內文談到的法器與武器有「兵信符、黃帝之符（神符）、『九光、玉節、十絕、靈幡命魔之劍』、『五岳、河圖策精之訣』、通靈五明之印、五龍之印、『太一、十精、四神勝負握機之圖』、龍戟霓旗、虹旌……。」學會本收錄的經籙內文不僅沒有《雲笈七籤》提及的法器或武器，反而相關配件都是受到正一道（或龍虎山）影響之後而有的相關產物，如「正一道祖延壽金章、玄女敕賜打邪金印、玄女敕賜收妖胡蘆、玄女敕賜神光金髻、玄女敕賜斬妖神劍、玄女敕賜無字天書、玄女敕賜縛魔彩帶……。」[198] 其中「正一道祖延壽金章」是以龍虎山正一道為首的「萬法宗壇」授籙中必備的物件之一，再加上學會本內都是以正一道嗣教天師作為證盟者，很明顯正一色彩相當濃厚，也與北宋時期針對九天玄女而有的經典建構內容，有了相當的

---

196 《祕藏通玄變化六陰洞微遁甲真籙》上、中、下三卷，中華道教經籙文化教育學會提供。

197 蕭登福，《玄天上帝信仰研究》（臺北：新文豐出版股份有限公司，2013），頁422~423。《靈寶六丁秘法》，諸子百家中國哲學書電子化計劃（https://ctext.org/wiki.pl?if=gb&chapter=303753），最後瀏覽時間：2023年6月1日。

198 《金闕昭凝九天洞仙妙道玄女保仙祕籙》全宗內文，中華道教經籙文化教育學會提供。

差別。（見表1）這猶如李豐楙教授針對九天玄女研究所言：「發現其（筆者按：九天玄女）出現於緯書、兵書、術數、道經及民間傳說等，在『本相』上是天、人之間的訊息傳遞者，而後來的『變相』，則所傳遞的愈來愈多樣化，其文化功能大為增多……。」[199] 可以說，《玄女籙》雖為九天玄女信仰的「變相」（經籙化）發展與詮釋，而其「本相」（傳授方式與功能性）則是不變的。

# 肆、今日《玄女籙》的傳承狀況

明代成書的《道法會元》收錄之《太上天壇玉格·下》及清代張繼宗著述之《崆峒問答》內都有記載到《玄女籙》的存在，並被視為道教的正式經籙之一，由此可以見得，明、清時期道教便有傳授《玄女籙》給道士的傳授儀式。按前文所示，自明代以來負責經籙事務者，都是由龍虎山掌握「萬法宗壇」的正一道嗣教天師主持，一直到民國38年（1949）張恩溥流亡臺灣為止。張恩溥來臺灣發展道教，就筆者研究並無在臺灣傳授經籙，僅有「奏職」儀式，即頒發〈萬法宗壇〉職帖，儘管臺灣道教多以「授籙」名義稱之，但實際上並無經籙傳授儀式，儘管至其後繼者——張源先（1931~2008）、張美良，或是今日臺灣道教檯面上的「五大張天師」，多僅執行奏職儀式而已，惟張○將自稱以「祖父所傳的經籙資料」與學界某權威研究重新建構「萬法宗壇」職位經籙，並在民國104年（2015）7月3日（農曆5月18日）開始授籙，但其中並無《玄女籙》之類的其他經籙；[200] 另外一位自稱「張天師」的張○

---

199　李豐楙，〈從玄女到九天玄女：一位上古女仙的本相與變相〉，頁5。
200　中國嗣漢張天師府（張○將），〈道教大事：嗣漢天師府在台灣恢復授籙〉，《中國嗣漢張天師府年刊》，第3冊（彰化，2016），頁3~6。筆者，〈臺南大學通識課程：張○將天師府戶外課程之下元日

翔雖然未有傳授「萬法宗壇」相關經籙，但其卻有傳授《財神寶籙》，至於來源為何，則尚不清楚。[201] 反之，當張恩溥離開中國大陸後，儘管中共政權曾打壓各個宗教，但中國境內各道壇仍在暗中運作，尤其是曾為龍虎山嗣漢天師府（正一真人府）印製經籙的江西省九江市修水縣戴氏普濟道院，就目前所知，近二十年為戴宣道（本名戴祥柳）道長主持授籙，便透過江西清微派的家傳儀式在修水縣授與道士、信眾各式各樣的經籙，亦吸引許多臺灣道長前去領授，這些經籙當中則包含《玄女籙》在內。儘管目前由張金濤主持的嗣漢張天師府在民國99年（2010）以後恢復授籙儀式，但仍未有頒發《玄女籙》，至於中國大陸其他地方是否有頒授《玄女籙》，就目前而言可能僅有修水戴氏而已。[202]

臺灣方面的授籙儀式，最初是由臺北縣（今新北市）新莊無極慈母宮在民國99年（2010）9月7日開啟相關儀式，但其亦僅有頒布「萬法宗壇」職位經籙，亦無《玄女籙》或其他道教經籙在內。時至民國104年（2015）2月，蘇清六偕其弟子蔡化誠開設You Tube頻道推廣道教經籙文化，並針對每項經籙撰寫著作《天師與經籙初探》一書及相關經籙註解本。[203] 同年（2015）4月3日，蘇清六與臺南市協安壇的歐進斌一同主持南臺灣首次授籙儀式，由此之後至今每場授籙法會，蘇清六與其相關之配合道士團（如玄微道壇、吉慶壇）不僅有頒授「萬法宗壇」職位經籙，還頒發其他道教經籙：

---

道教奏職授籙紀錄〉，地點：彰化市中國嗣漢張天師府，時間：2022年11月6日。

[201] 筆者，〈張美良訪談紀錄〉，地點：桃園市南天壇玉京聖殿中華嗣漢大真人府，時間：2023年3月17日。筆者，〈張○翔訪談紀錄〉，地點：雲林縣嗣漢第六十五代張○翔天師府，時間：2023年4月22日。

[203] 蘇清六編著，《天師與經籙初探：臺灣道教百年百人首次晉品登梯閱籙》，頁64。

[203] 蘇清六編著，《天師與經籙初探：臺灣道教百年百人首次晉品登梯閱籙》。

財神經籙、文昌經籙、天醫經籙、延生經籙、三元經籙、六壬經籙、玉清經籙、上清經籙、太清經籙、七元經籙、王元帥經籙、王母經籙、<u>玄女經籙</u>、玉皇經籙、伏魔經籙、老子經籙、血湖經籙、呂祖經籙、東嶽經籙、酆都經籙、狐仙經籙、真武經籙、陞神經籙、童子經籙、觀音經籙、后土經籙、無上玄元靈寶自然淨明宗師玉符秘籙、太上靈寶淨明洞神上品秘籙、許真君經籙、太上老君授徐甲延生保命籙、靈寶中盟籙。[204]

諸多經籙其中便有《玄女經籙》在內，也就是本研究內文引用之學會本。除了依照臺灣在地之正一、閭山與南部靈寶（並非道教靈寶宗）的道長團隊協助授籙儀式的實行，使蘇清六主持之授籙活動多了道教不同教派儀式特色，不過在傳授經籙的部分，則與蘇清六早年在中國大陸學習經籙時的儀式一致。尤其，蘇清六更在民國110年（2021）3月，在臺南市鹿耳門聖母廟廟埕主持百人「登梯閱籙」儀式，首次將臺灣南部道士奏職儀式所需的元素——刀梯運用在此次授籙儀式中，不過主要針對有領受閭山、徐甲相關的法教經籙。[205] 民國111年（2022）12月在臺南市天壇舉辦授籙儀式，更透過在地信士林信宇的協助與鶯藝歌劇團合作，並首次在臺灣使用中國大陸法派的「報城隍」儀式，由演員扮演文、武判官及通令官，讓授籙道士透過此儀式與其家中的境主、城隍稟報，轄區內有新科籙士之事，需要城隍好生提攜、照顧之。[206] 除此之外，蘇清六亦特別針對每則經籙製作You Tube影片個別介紹經籙，其中

---

[204] 〈中華法籙道派授籙海報〉（2010~2022），中華道教經籙教育文化學會提供。

[205] 蘇清六編著，《天師與經籙初探：臺灣道教百年百人首次晉品登梯閱籙》，頁10。

[206] 化真，〈臺灣道教首次公開！「報城隍」之科儀〉（2022年12月27日），愛傳媒（https://www.i~media.tw/Article/Detail/28586），最後瀏覽時間：2023年6月1日，

在民國108年（2019）11月11日邀請彰化道長陳薇娜講解〈法籙道派：玄女經籙講解〉之影片講座，這也是世界上首次以《玄女籙》薇核心探討的道教教學影片。[207]

於此初步總結當代《玄女籙》的傳承，目前所能查閱的僅有中國大陸與臺灣兩地有在傳授此籙。中國大陸方面，主要是江西省普濟道院的戴宣道等人在傳授各種祖傳經籙，其中亦包含《玄女籙》。另外則是在臺灣的蘇清六，與其帶領的中華道教經籙文化教育學會自民國104年（2015）4月以來至今，都有傳成各式各樣的經籙授與儀式，這當中受《玄女籙》者甚多，因此蘇清六亦開設網路頻道傳播經籙，這也使該經籙在臺灣道士與信眾中開始流傳。然而，筆者於民國112年5月，至臺中市拜訪朱淼炎帶領的中國九天玄女祖庭道教會預計在當年農曆七月時舉辦首場針對九天玄女的經籙傳受儀式。就與朱淼炎的訪談得知，其所掌握之經籙，乃是透過中華道教經籙文化教育學會協助、合作而有的文本，因此朱淼炎的《玄女籙》基本上與蘇清六所藏之經籙應為一致。最後筆者有幸，於民國112年9月15至16日，參與由朱淼炎主辦，蘇清六、張峻隴協辦之全球九天玄女授籙法會，並以「九天玄女宗壇」名義頒發職牒、度牒與經籙。

## 伍、餘論

九天玄女是華人信仰中重要的神祇之一，尤其對臺灣諸多靈修者而言，更是精神上的依靠。時至近期，筆者才逐漸關注道教各大宗派的經

---

[207] 陳薇娜〈法籙道派：玄女經籙講解〉，蘇大道頻道（https://www.youtube.com/watch?v=xKo15IsEe1o），最後瀏覽時間：2023年6月1日。

籙傳成問題，也在因緣之下接觸到關於《玄女籙》的文本與該經籙傳受有關的授籙儀式，即民國111年（2022）12月，中華道教經籙文化教育學會在臺南市天壇舉辦授籙儀式。這也促使筆者開始針對《玄女籙》作探討，因為這是相對其他九天玄女信仰的詮釋而言，較為特別的存在。就本研究之探討，所謂道教的「授籙」儀式有兩種，分別是神祇直接傳授給道士的「神授」，以及因為天有異象或奇異現象而發掘到經籙之「天授」。其中，以九天玄女為主尊的《玄女籙》，其經卷內便表明該經籙是軒轅氏與蚩尤氏交戰之時，上天派遣九天玄女傳授祕法給予軒轅氏，這在本研究亦視為「玄女籙」儀式行為的開始，也就是九天玄女通過「神授」的方式將法要傳到人間。

從「玄女籙」到《玄女籙》的演進，就目前的推測而言，應該是在宋、元、明三代逐漸建構出與九天玄女相關的經典，如《雲笈七籤》收錄的〈軒轅本紀〉與〈九天玄女傳〉，以及道教經典——《祕藏通玄變化六陰洞微遁甲真經（籙）》上、中、下卷。隨著政局與道教演進，不僅朝廷希望整合道教各大山頭與之相關經典，再加上正一道的嗣教天師逐漸崛起，並先後獲得宋、元、明三朝廷的提拔，成為「掌天下道教事」與「萬法宗壇」的唯一製籙、授籙權柄。《玄女籙》很可能也是在這波精籙建構氛圍中，慢慢將原先的文獻轉換成經籙型態，但具體狀況為何，還需要更多資料佐證。時至民國38年（1949），神州山河變色，第六十三代嗣教天師張恩溥隨民國政府撤退來臺，但並未傳授經籙，更何況是《玄女籙》。但也因嗣教天師不在中國大陸，使中國個道壇完全擺脫帝制中國扶植的「道教最高權力代表」，授籙與製籙不再是天師府的專利，而成為各道壇都可以履行的儀式。其中，曾為天師府法籙局製籙的修水戴氏，變成了經籙保存、推廣與頒授的重要代表性角色。

臺灣授籙方面，最早是民國99年（2010）9月，新莊無極慈母宮舉

辦的授籙法會，之後在民國104年（2015）4月又有蘇清六與歐進斌在臺南市區舉行的授籙法會，以及張〇將、張〇翔等「張天師」頒授經籙。其中，蘇清六與其團隊舉辦的授籙法會，不僅有頒發「萬法宗壇」相關的道士職位經籙，還有包含《玄女籙》在內的各種經籙。此外，蘇清六亦透過網路媒體平臺與書籍出版推廣包含《玄女籙》在內的各種經籙文化。民國2023年5月，因訪談中國九天玄女祖庭道教會負責人朱淼炎，從而得知其將頒授學會本的《玄女籙》，相信這也能在該經籙發展史中記上一筆。

表1　古籍之九天玄女法寶與〈玄女籙〉主要內容的異同

| 經文、經籙 | 軒轅本紀 | 九天玄女傳 | 玄女籙（學會本） |
|---|---|---|---|
| 靈寶經卷、符文 | 靈寶五符真文 | 靈寶五符策使鬼神之書 | |
| 請神（玄女）感應 | 內文：「黃帝仰天而嘆，天遣玄女下，授黃帝兵信神符，制伏蚩尤。」 | 內文：「帝師不勝，蚩尤作大霧三日，內外皆迷……。帝用憂憤，齋於太山之下……。玄女降焉，乘丹鳳，御景雲，服九色彩翠之衣，集於帝前。」 | 請法詞、祕藏通玄變化六陰洞微遁甲真籙·上、中卷 |
| 戰術 | 六壬太一遁甲運式法、三宮祕略五音權謀陰陽之術、《陰符經》三百言、《陰符經義》 | 六甲六壬兵信之符、五陽遁甲之式 | 祕藏通玄變化六陰洞微遁甲真籙·上、下卷（含《遁甲符經》三卷、《陰符經》三卷） |
| 印 | | 通靈五明之印、五龍之印 | 真武印、玉女印、六丁印、六丁玉女之印、陰陽印 |

|  |  |  | （陽形印、陰形印）玄女敕賜打邪金印 |
|---|---|---|---|
| 圖 |  | 太一、十精、四神勝負握機之圖 |  |
| 法訣 |  | 五岳、河圖策精之訣 | 祕藏通玄變化六陰洞微遁甲真籙・下卷 |
| 劍 |  | 九光、玉節、十絕、靈幡命魔之劍 | 玄女敕賜斬妖神劍 |
| 頭飾與配件 | 兵信符、黃帝之符（神符） | 霞冠火珮、玉鉞、九明之珠、羽龠（樂器）、五色之幡 | 玄女敕賜無字天書、玄女敕賜縛魔彩帶 |
| 旗幟 |  | 龍戟霓旗、虹旌 | 六丁旗 |
| 養生法要 | 太一元君養生之法、玄女素女房中術 |  |  |

資料出處：張君房（北宋）編纂，《雲笈七籤》，中華道教經籙文化教育學會，《玄女籙》。

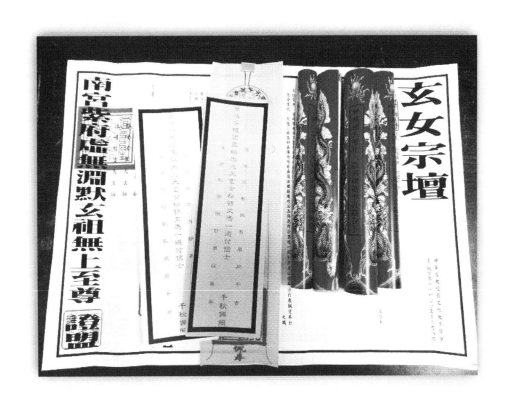

圖1：《玄女籙》學會本經卷與牒文合影，並以「玄女宗壇」為名號。
資料出處：中華道教經籙文化教育學會。

圖2：《玄女籙》學會本之《金昭凝九天洞仙妙道玄女保仙祕籙》部分。
資料出處：中華道教經籙文化教育學會。

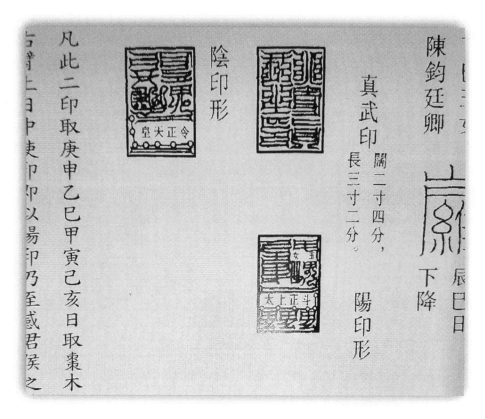

圖3：《玄女籙》學會本之玄女法門相關用印。
資料出處：中華道教經籙文化教育學會。

圖4：《玄女籙》學會本內的符文。
資料出處：中華道教經籙文化教育學會。

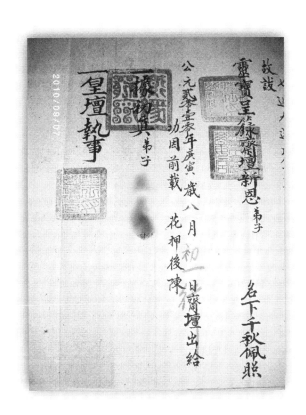

圖5：2010年農曆8月1日，新莊無極慈母宮頒發的經籙憑證，為目前所知臺灣最早受籙儀式。資料出處：不具名道長提供。

圖6：2015年4月3日，臺南首次授籙合影。
資料出處：蘇清六提供。

圖7：陳薇娜道長講解《玄女籙》。
資料出處：蘇大道頻道（https://www.youtube.com/watch?v=xKo15IsEe1o），
2019年11月11日上傳。

圖8：全球首屆九天玄女傳度受籙大法會主辦人朱淼炎道長（持麥克風者）。
資料出處：筆者拍攝。

圖9：全球首屆九天玄女大法會由臺中清水吉慶壇張峻隴道長（中者）主持宣戒。
資料出處：筆者拍攝。

圖10：全球首屆九天玄女大法會閱籙儀式。
資料出處：筆者拍攝。

137 第五章

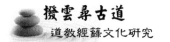

# 徵引書目

## ●史料

〈中華法籙道派授籙海報〉（2010~2022），中華道教經籙教育文化學會提供。

《金闕昭凝九天洞仙妙道玄女保仙祕籙》全宗內文，中華道教經籙文化教育學會提供。

《臺北縣新莊無極慈母宮》經籙相片，拍攝時間：2010年9月7日。

張君房（北宋）編，李永晟點校，《雲笈七籤》，第1冊，北京：中華書局，2003。

張君房（北宋）編，李永晟點校，《雲笈七籤》，第5冊，北京：中華書局，2003。

張繼宗（明），《崆峒問答》，無出版細目資料。

鄧有功（南宋），〈《上清天心正法》序〉，收自鄧有功（南宋）編纂，《上清天心正法》，轉錄自《上清天心正法》，收自中國道教協會、中國社會科學院道家道教研究中心、華夏出版社編修，《中華道藏》，第30冊，北京：華夏出版社，2004。

## ●專書

李志鴻，《道教天心正法研究》，北京：社會科學文獻出版社，2011。

李顯光，《混元仙派研究》，北京：中國社會科學院，2007。

卓國浚，《文心雕龍精讀》，臺北：五南書局，2007。

鄭素春，《道教信仰：神仙與儀式》，臺北：臺灣商務印書館，2002。

謝奇峰，《圖解臺灣行業神明圖鑑：臺南體傳統工藝》，臺中：晨星出版社，2002。

蘇清六，《天師與經籙初探：臺灣道教百年百人首次晉品登梯閱籙》，臺南：

文國書局，2022。

鍾國發，《茅山道教上清宗》，臺北：東大，2003。

張○將主編，張天師府法籙局校註，《歷代天師傳》，下冊，臺北：正一嗣漢
　　張天師府道教總會，2022，第二版。

蕭登福，《玄天上帝信仰研究》，臺北：新文豐出版股份有限公司，2013。


## ● 研究論文

中國嗣漢張天師府（張○將），〈道教大事：嗣漢天師府在臺灣恢復授籙〉，
　　《中國嗣漢張天師府年刊》，第3冊（彰化，2016），頁1~11。

毛帝勝，〈從《混弌法籙》見北宋道教諸山整合到《萬法宗壇》的形成初
　　探〉，王見川，《歷史、藝術與臺灣人文論叢（23）：《西遊記》研究特
　　稿》新北：博揚文化，2023，頁223~243。

王見川，〈龍虎山張天師的興起與其在宋代的發展〉，《光武通識學報》（臺
　　北，2004），頁243~282。

林雪鈴，〈青女神話之流傳異變與原始面貌探論〉，《興大人文學報》，第40
　　期，臺中，2008。


## ● 網路資料

《明實錄·太祖》，卷290，洪武24年6月，頁3110，明實錄、朝鮮王朝實錄、
　　清實錄資料庫（ http://hanchi.ihp.sinica.edu.tw/mql/login.html），最後瀏覽
　　時間：2023年5月31日。

《道法會元》，卷250，《太上天壇玉格·下》，諸子百家中國哲學書電子化計
　　劃（https://ctext.org/wiki.pl?if=gb&chapter=673367），最後瀏覽時間：2023
　　年5月31日。

《龍魚河圖》，諸子百家中國哲學書電子化計劃
　　（https://ctext.org/text.pl?node=541667&filter=453805&searchmode=showall&
　　if=gb#result），最後瀏覽時間：2023年5月28日。

《靈寶六丁秘法》，諸子百家中國哲學書電子化計劃
（https://ctext.org/wiki.pl?if=gb&chapter=303753），最後瀏覽時間：2023年
6月1日。

化真，〈臺灣道教首次公開！「報城隍」之科儀〉（2022年12月27日），愛傳
媒（https://www.i~media.tw/Article/Detail/28586），最後瀏覽時間：2023年
6月1日，

宋濂（明）等，《元史》，卷202，中國哲學書電子化計劃
（https://ctext.org/library.pl?if=gb&file=138506&page=215#box
（534,612.8000030517578,2,4），最後瀏覽時間：2022年7月8日。

李豐楙，〈從玄女到九天玄女：一位上古女仙的本相與變相〉，《興大中文學
報》，第27期特刊（臺中，2010），頁23。

陳薇娜，〈法籙道派：玄女經籙講解〉蘇大道頻道
（https://www.youtube.com/watch?v=xKo15IsEe1o），最後瀏覽時間：2023
年6月1日。

## ●口訪資料

筆者，〈臺南大學通識課程：張○將天師府戶外課程之下元日道教奏職授籙紀
錄〉，地點：彰化市中國嗣漢張天師府，時間：2022年11月6日。

筆者，〈張美良訪談紀錄〉，地點：桃園市南天壇玉京聖殿中華嗣漢大真人
府，時間：2023年3月17日。

筆者，〈張○翔訪談紀錄〉，地點：雲林縣嗣漢第六十五代張○翔天師府，時
間：2023年4月22日。

# 第六章　修水道教清微道宗天師科派的經籙《天醫寶籙》傳承與發展[208]

## 摘要

道教內有所謂的符、籙二宗，其中「籙」的部分又包含以經典為主體的經籙與以術法為核心的法籙，這一方面為傳統道教信仰中相當重視以「師徒」為媒介的傳承，另一方面從宋、元、明三代以來，均為龍虎山正一天師道的天師教主（通稱為「張天師」）會依照道士的能力而有所頒授經籙。然而，經籙當中，除了正一天師道的職位經籙之外，其實民間道派仍流傳許多經籙，且都具有相當特色。本文所探討之江西道教清微道宗天師科派的修水普濟道院傳承《藥王會上歷代聖師功效護身天醫寶籙》（以下簡稱「天醫寶籙」）便是其一。本文即是以《天醫寶籙》所屬道派傳承背景探究，並嘗試建構該經籙的形成原因，以及其在中國大陸、臺灣兩地的傳承狀況。

**關鍵詞**：藥王、天醫寶籙、經籙、清微道宗、道教。

---

208　本文修改自預備刊登：毛帝勝，〈修水道教清微道宗天師科派的經籙傳承與發展初探：以《天醫寶籙》為例〉，國立臺南大學人文學院，《人文學報》（臺南，2023），頁113~132。

# 壹、前言

目前臺灣學術界有關籙的研究不多，主要研究者，如謝聰輝教授的論著〈正一經籙初探——以臺灣與福建南安所見為主〉主要談及中國福建南安地區的正一天師道內的經籙傳承與文本比較，但並未說明除正一天師道以外的「其他籙」之發展；[209] 另外，謝教授近期論著〈道教「化士」的意涵、來源及其在明清授籙中的職能研究——兼論佛教的相關問題〉則是談及明、清時期經籙傳承中，「化士」（代表天師推廣經籙者）職位的形成與對中國境內各道壇內的作用，但其主要仍是環繞在以正一天師道為核心的「萬法宗壇」之中，仍未有提及道教其他派別傳承的經籙、法籙。[210] 除臺灣方面的道學研究之外，研究籙較多者，有中國大陸道教史學者劉仲宇教授在著作《道教授籙制度研究》，談到古今道教經籙之發展，以及當代中共政權與龍虎山對「籙之復興」舉措，但內文著重以正一天師道與龍虎山為核心。[211] 再者，宋學立教授在論著中〈金元全真教授籙史論〉便研究到宋、金、元幾代，道教全真派具有經籙、法籙之傳授活動，並受有《太上正一盟威法籙》、《三洞秘籙》、《都功法籙》、《神霄籙》、《上清籙》、《大洞法籙》、《紫虛法籙》、《上清三洞五雷法籙》與《六天如意天心法籙》等，可說是具突破性發現，但較為可惜的是，宋教授雖有說明這些籙是在宋代以後

---

209　謝聰輝，〈正一經籙初探——以臺灣與福建南安所見為主〉，《道教研究學報：宗教、歷史與社會》，第 5 期（香港，2013），頁 143~189。

210　謝聰輝，〈道教「化士」的意涵、來源及其在明清授籙中的職能研究——兼論佛教的相關問題〉，《道教研究學報：宗教、歷史與社會》（香港，2022），頁 37~82。

211　劉仲宇，《道教授籙制度研究》（北京：中國社會科學出版社，2014）。

全真派道士從各大道門山頭領受而來，但文中並未對各籙深究之。[212]
再者，香港的呂鵬志教授更曾到中國江西省九江市修水縣普濟道院親自
考察，自文革後，中國大陸境內相對保留完整的籙，並在民國105年
（2016）5月6日至8日香港中文大學舉辦之「道教儀式講座暨國家正一
道與地方儀式工作坊」發表其考察研究論著——〈贛西北流傳的正一
籙〉。[213] 呂教授論文內雖有初步探討修水普濟道院內所藏之經籙與修
水戴氏展演之經籙填寫與傳授儀式，相當可貴。不過，呂教授將修水戴
氏所收之籙統一稱為「正一籙」，先不說修水戴氏本屬江西道教之清微
道宗天師科派之背景，就其所收有之經籙而言，便包含道教諸山各派，
更包含全真經籙在內，以「正一籙」含括，就筆者淺認而言，實為不
妥。[214] 非學術研究者，民間人士對道教籙具研究主要是臺灣中華法籙
道派之蘇清六為首之諸位道長，其編著有《天師與經籙初探》（包含增
訂版）與《天師經籙與儀式》二冊，儘管其具有修水戴氏之師承，前主
多為純粹田野紀錄與經籙說明，以及該道派近幾年在臺灣舉辦的傳籙儀
式；後者主要是針對中國大陸與臺灣兩地對「授籙儀式」的儀式展現紀
錄，此乃目前道教有關授籙說明最完詳之「儀式指南」。然而，蘇清六
著作內文並無完善之學術分類，以致內容相較破碎之。[215] 是故，筆者
認為，首要說明何謂道教之籙，再者談及本研究核心聚焦核心——《天
醫寶籙》之動機。

---

212　宋學立，〈金元全真教授籙史論〉（北京，2021），金元全真教宗教
　　　認同的建構研究（項目編號：14CZJ023），頁106~117。
213　呂鵬志，〈贛西北流傳的正一籙〉，《道教儀式講座暨國家正一道與
　　　地方儀式工作坊會刊》（香港：香港中文大學，2021），頁23~53。
214　有關修水普濟道院與戴氏之傳承，可詳見：修水普濟道院，《靈寶各
　　　籙品秩一宗》（九江：修水普濟道院，1976），無頁碼。
215　蘇清六編著，《天師與經籙初探：臺灣道教百年百人首次晉品登梯閱
　　　籙》（臺南：文國書局，2022增版）。蘇清六等編著，《天師經籙與
　　　儀式》（臺南：文國書局，2020）。

籙，乃是道教內的專有名詞，有以術法記錄為主「法籙」與乘載道教經典內文的「經籙」之分，由於籙中都有著領受者（道教稱為「籙生」，下文均以此稱之）的生辰八字與神祕符號，可以將之視為「連結天、地、人三界之間，道教經籍、術法的紀錄集合契約。」籙中包含道門修行人的神職憑證，以及相關經典與修道要領。其中最為人所知者，乃是江西省廣信府龍虎山為信仰根基之正一天師道傳承的經籙，即《太上三五都功經籙》、《太上正一盟威經籙》、《上清三洞五雷經籙》與《上清大洞經籙》等，從明代以來，正一天師道的神職憑證都會以「萬法宗壇」之名印製。[216] 此外，民間道教家族或是法派的傳承中亦有許多經籙傳承，並受民俗文化影響而演變出相對多元的經籙呈現，也就是在明、清時期，一度被中國朝廷所忌諱的「私籙」，即未被朝廷的道教代理者——「正一天師」掌握的籙，換言之，此時的籙乃是朝廷在宗教內展現權威的器物之一。其中前文所提及之修水縣的普濟道院戴氏家族傳承的龐大經籙體系內，不僅有正一天師道的核心經籙外，還有在經籙體制影響下形成的民間經籙，即當時明、清朝廷所定位為「私籙」。對民間經籙的發展，即所謂「私籙」的態度，當時的朝廷對此相當反彈，其中最具代表者乃明太祖朱元璋（1328~1398）在明洪武24年（1391）曾針對民間道士自行頒授「私籙」之舉發表旨意：「假張真人名私造符籙者，皆治以重罪。」[217] 但這些「民間私授經籙」情況並未因朝廷的嚴令而停止傳籙行動，甚至這些掌握經籙的家族也與在地的道教、佛教、民間信仰相互交流，而孕育出新興經籙。其中修水普濟道院所藏之

---

[216] *Luk Yuping, The Empress and the Heavenly Masters: A Study of the Ordination Scroll of Empress Zhang* (1493) (Hong Kong: The Chinese University of Hong Kong Press, 2016), 142~144.

[217] 《明實錄・太祖》，卷290，洪武24年6月，頁3110，明實錄、朝鮮王朝實錄、清實錄資料庫（http://hanchi.ihp.sinica.edu.tw/mql/login.html），最後瀏覽時間：2023年5月31日。

諸多經籙內，最具佛、道色彩較為濃厚的重要經籙，除了幾乎以佛教元素詮釋之《南無大悲觀世音祕籙》外，就筆者爬梳具有道、佛兩者特色在其中的經籙，乃被視為護身使用的《藥王會上歷代聖師功效護身天醫寶籙》，簡稱《天醫寶籙》（下文均以此稱之）。[218] 由於地利現實的關係，筆者無法親赴並長期至修水普濟道院調查並取得該籙，是故，筆者透過中華法籙道派協助，取得修水普濟道院之《天醫寶籙》，並根據其結構與性質，瞭解民間道教與各教派元素交流，兼論該經籙在疾病消災方面的處理應對與經籙傳承現況。

## 貳、《天醫寶籙》之背後宗教元素

《天醫寶籙》雖然出自江西省修水縣道士家族——普濟道院戴家內傳承的道教經籙，修水戴氏若從道教的傳承而言，雖屬江西清微道宗天師科派，但從該經籙的主尊神祇本身與內藏文獻觀之，內部並非具有純粹的道教元素而已，反而有佛教與民間教門的色彩在其中。為了瞭解《天醫寶籙》在江西省修水縣的清微道宗的完整傳承，不能忽視這分經籙中有相當明顯的佛教的色彩。最明顯者，即該經籙內有收錄《太上正一演說藥師琉璃光如來本願功德妙經》，遍具有大乘佛教藥師法門的元素在內。因此，這裡得從戴氏所屬之江西清微道宗傳承談起，在探討江西修水地區的清微道宗與江西藥王會、佛教之間的關係，以嘗試理解經籙形成之歷史背景。

---

218　修水普濟道院，《南無大悲觀世音祕籙》，臺南：中華法籙道派藏。修水普濟道院，《藥王會上歷代聖師功效護身天醫寶籙》，臺南：中華法籙道派藏。

## 一、江西清微道宗天師科派的緣起

清微道宗，又稱為清微派，是南宋理宗時期（1224~1264）脫胎自茅山上清宗的道教新興道派，宗派創始人為福州道士黃舜申（1224~？），其尊奉上清宗啓教太師魏華存元君（魏元君，251~334）為「清微教主」，亦即將魏元君追尊為宗門開立者；而且，亦遵奉上清宗的主祀神——元始上帝（元始天尊）與玉晨道君（靈寶天尊）為至高神。[219] 清微道宗傳入江西地區的時間點，主要是在宋末元初之時。就中國大陸道教學者孔令宏、韓松濤等教授研究，宋、元時期江西地區乃至中國南方地區因飽受戰亂，對宗教信仰的依賴性大宗，尤其江西龍虎山的正一天師道因蒙元朝廷的支持逐漸成為大宗，其餘如清微、神霄、淨明、閣皂（靈寶）、全真（金丹派南宗）、天心等教派均受該道影響，也可以說在這個時期相互影響。[220] 甚至到了明代，明太祖更將經籙掌握權限定在正一天師道，並由正一真人（張天師後人）為全國道教代表。[221] 就筆者認為，當地的清微道宗雖有原先上清宗的元素，但在師承上因龍虎山正一天師道的政治實質影響，也逐漸將自己歸入正一天師道的體制內。這也可以從目前修水普濟道院與臺灣中華法籙道派內部的祖師牌位都有記載第一代正一真人名號——「祖師三天護教天師真人」，與這些道派頒發的「受籙憑證」（陰、陽憑）均會以「祖天師」張道陵作為整廠授籙儀式的證盟者。[222]

---

[219] 李志鴻，《道教天心正法研究》（北京：社會科學文獻出版社，2011），頁189。黃舜申、陳採，《清微仙譜》，諸子百家中國哲學書電子化計劃（https://ctext.org/wiki.pl?if=gb&chapter=508651&remap=gb），最後瀏覽時間：2023年6月15日。

[220] 孔令宏、韓松濤，《江西道教史》（北京：中華書局，2014再版），頁191。

[221] 《明實錄‧太祖》，卷290，洪武24年6月，頁3110。

[222] 修水普濟道院，〈陰陽憑〉，臺南：中華法籙道派藏。

從南宋以來，江西地區有所謂的多派混合的現象，這也體現在修水戴氏傳承的清微道宗一派上。從修水戴氏傳承的「清微　上真大道帝聖師雷玄元香火列職寶座」之歷代祖師神主牌位便列出十六位祖師；臺灣方面的傳承則列十七位祖師，乃紀念北宋末年曾建言宋徽宗「三山混一」（即統合道教各派經籙）的茅山道士——黃澄。[223] 於此，以修水普濟道院為核心，這十六位清微道宗天師科派承襲的各派祖師乃是：

> 祖師清微啟教魏祖元君、祖師三天護教天師真人、祖師先天啟教薩翁真人、祖師普天福主許仙真君、祖師東吳太極徐真人、祖師太玄上相三省真君、祖師茅山七十二位仙師、祖師萬法教主玄天上帝、祖師東華上相葛翁真人、祖師金門羽客王林真人、祖師地祇啟教孫翁真人、祖師茅山啟教三茅真人、祖師靈安白洞汪老真人、祖師武當太平九宮仙師、祖師少林七十二位仙師、祖師三界藥王天醫大聖。[224]

這當中除了清微道宗認知的「教主」——即上清宗的魏元君，還有正一天師道始祖張道陵、先天道派（西河道派）的薩守堅、淨明宗祖師

---

223 茅山上清宗道士黃澄：其被宋徽宗相當重視，並被皇帝授權掌握「玉堂高士左右街都道錄（籙）」，即在當時宋朝道籙院擔任高等官職，同時又監管宋朝境內的「教門公事」，很可能在宋徽宗的信任下，黃澄成為事實上的道教最高領袖，又或是上清茅山宗的宗師。再加上，宋徽宗還賜與黃澄「太素大夫」與「沖素靜一先生」之崇高尊號。詳見：毛帝勝，〈從《混弌法籙》見北宋道教諸山整合到《萬法宗壇》的形成初探〉，馬力編，《歷史、藝術與台灣人文論叢（23）：《西遊記》研究特稿》（新北：博揚文化，2023），頁223~243。修水普濟道院，「清微　上真大道帝聖師雷玄元香火列職寶座」；中華法籙道派，「清微　上真大道帝聖師雷玄元香火列職寶座」（增加黃澄），臺南：中華法籙道派藏。

224 修水普濟道院，「清微　上真大道帝聖師雷玄元香火列職寶座」；中華法籙道派，「清微　上真大道帝聖師雷玄元香火列職寶座」（增加黃澄），臺南：中華法籙道派藏。

許遜以及諸多傳說仙人、民間法教（民間茅山、少林）、民間佛教的祖師傳承。基本上，修水普濟道院戴氏是以清微道宗、正一天師道、先天道派與淨明宗為核心，而開衍出與其他傳承不同的新興清為派系。然而，這個「新興」的時間點，根據清微道宗天師科派第十二代傳人戴宣道（本名戴祥柳）提供之《江西修水天壇玉格》內記載屬於該道派的開宗緣由，以及字輩傳承。

依照《江西修水天壇玉格》記載，清微道宗天師科派，又稱為「開元派」，相傳可以追溯至成立於南宋初期的薩守堅開創的先天道派（西河道派），並在南宋紹興14年（1145），由當時正一真人張守真天師（？~1176），號召龍虎山附近各道派，並聯合成以龍虎山正一天師（即「張天師」）為核心的新興道派同盟，故稱此盟為天師科派。天師科派不僅在正一，還分布至清微、靈寶、神霄等派，如清微道宗天師科派、靈寶天師科派等等。再者，作為跨宗派群體的新道派，天師科派也有別於各派原先字譜，創立屬於自身的新字輩傳承。又根據《江西修水天壇玉格》，彼時張守真天師乃是以「祖天師」張道陵在東漢末年將其統領的四川地區畫分為24個行政區——即「二十四治」，並以「二十四」作為聯通先天、後天祖師之真炁，而創設出「二十四字」譜系。而且，張守真天師亦強調，此天師科派字譜雖僅有24字，但傳承方面則是相當特別，也就是傳承到最後一個字，再傳承道靈寶派的字譜。儘管筆者無收錄江西靈寶派字譜，但有關天師科派的字譜為：「道法玄元一本。洞明沖悟宏宣。成化應真達聖。傳和教演昭然。」[225]

再按「清微　上真大道帝聖師雷玄元香火列職寶座」神位，最早記載修水普濟道院的「始祖」乃是天師科派第4代傳人——戴元鎮與戴元

---

[225] 戴宣道傳承，蘇清六整理，《江西修水天壇玉格》（臺南：中華法籙道派，年代不詳），無頁碼。

亨，就筆者猜測，此二人可能是同輩或親兄弟關係，但較為可惜的是，臺灣中華法籙道派僅提供神位拍攝，但無詳細資料可佐證年代。就連《江西修水天壇玉格》的宗派傳承說明亦無詳列戴元鎮、戴元亨等人的年代紀錄，因此無法進一步斷定完整傳承狀況，這亦是筆者未來所要完善之處。然而，就目前所能掌握者，僅能透過字輩推斷普濟道院所屬之天師科派的師門傳承關係，於下筆者依照字輩列出該派主要祖師（可辨別字跡）與目前在世傳人名諱示之：

「道」字輩：無記載，很可能是第三十二代正一真人張守真天師。

「法」字輩：無記載。

「玄」字輩：無記載。

「元」字輩：戴元鎮、戴元亨。

「一」字輩：戴一簡、戴一所、戴一升。

「本」字輩：戴本真、戴本元、戴本泰、傅本衡、傅本忠。

「洞」字輩：戴洞太、戴洞元、陳洞達、徐洞真、陳洞恩。

「明」字輩：戴明安、戴明惠、傅明太、傅明清。

「沖」字輩：戴沖保、陳沖玄。

「悟」字輩：陳悟隆、陳悟遠、戴悟達、戴悟通。

「宏」字輩：戴宏滋、戴宏浥、戴宏清。

「宣」字輩：戴宣道（即戴祥柳）。

「成」字輩：蘇成宗（即臺灣蘇清六）、陳昇宏（成字輩）、王成法。

「化」字輩：蔡化誠、毛化真、李化玄。（臺灣蘇清六弟子）[226]

---

226 修水普濟道院，「清微　上真大道帝聖師雷玄元香火列職寶座」；中華法籙道派，「清微　上真大道帝聖師雷玄元香火列職寶座」（增加黃澄），臺南：中華法籙道派藏。

由此可見「清微　上真大道帝聖師雷玄元香火列職寶座」所列祖師，以及臺灣蘇清六方面的傳承，這可以知曉至少在民國以前的清微道宗天師科派普濟道院的傳承，雖以戴家為大宗，但也有其他姓氏的弟子傳承於此，可以理解普濟道院雖為戴氏掌握，但其道派傳承則不限於自家。這也可以理解，戴宣道何以能在民國102年（2013）6月23至24日，將修水內藏經籙授予蘇清六，甚至給予頒授修水內藏經籙的一切權力，並強調蘇清六為天師科派在臺灣的首位傳承者。戴宣道奉昊天金闕玉皇大天尊名義頒授的師成證明寫著：

> 泰玄都省行壇臣　戴宣道欽奉　道旨頒降　昊天金闕玉皇大帝　聖旨敕封　臺灣省首屆　天師門下　大洞經籙弟子　蘇大道（筆者按：蘇清六），為大陸、國外、臺灣等地道教各門各派，包括全真龍門等派，皆為傳度受籙引進大師之職。[227]

然而這些經籙授權之中，其中也包含修水普濟道院獨有的特殊經籙，筆者因緣際會下，所能接觸的為修水戴氏特別傳承的經籙——《天醫寶籙》。這部經籙是以修水普濟道院遵奉的祖師神——祖師三界藥王天醫大聖為核心而有的經籙，至於此經籙在其他道派尚未見得，僅在修水普濟道院有之。那麼，是什麼機緣而有這部經籙的產生，這得從相關背景談起，於下筆者會繼續探討之。

## 二、醫藥執業人員與佛教對經籙的影響

從經籙經題到內文，《天醫寶籙》各經卷多有提及歷代祖師——「藥王會上歷代聖師」的名號，除了《太上正一演說藥師琉璃光如來本

---

[227] 戴宣道，〈昊天金闕玉皇上帝聖旨敕封蘇大道〉（修水：普濟道院，2013），蘇清六提供。

願功德妙經》是以「藥師會上諸佛菩薩」稱之。就中國傳統漢醫或是與漢藥相關的行會等相關執業人員（如藥商）都會供奉藥王為祖師爺，並以紅紙書寫「藥王會上十三代名醫先師神位」供奉之，至今中國境內仍有地區保有此傳統，再加上民間流傳的藥冊亦會列上「藥王會上十三名醫」的名諱。[228] 再加上，修水普濟道院所在的江西地區，是中國著名的漢藥集散地，尤其樟樹縣更被視為「藥都」，因此在此省域會有供奉歷代藥王、名醫，亦不足為奇。[229] 然而，前文談及在江西地區曾有流行所謂名為〈藥王十三代歌〉或〈十三代名醫歌〉等偈子，裏頭均有提及「藥王會」字樣，故很可能這種信仰與偈子結合的組織，很可能就是由藥商構成的「藥王會」所傳。[230] 就當時在中國境內，藥商常常會遊歷各方，如江西的樟樹藥商、浙江的寧波藥商等等，而且各個藥商本身又有屬於自己的祖師譜系，或是類似〈藥王十三代歌〉的相關歌謠，不過內容基本上脫離不了幾位藥王名醫，如伏羲氏、神農氏、黃帝、扁鵲、華陀、張仲景、王淑和、王惟一、李時珍、葉天士、皇甫謐、葛玄、孫思邈等等神祇，有關此部分詳情於下文說明之。[231] 再加上，回歸修水普濟道院的歷代祖師中，又有記載「祖師三界藥王天醫大聖」，這可能意謂著修水戴氏祖上或是某位祖師可能有人傳承醫術，甚至有「道醫」的傳承，因此與藥商或是醫藥從業人員一樣，將藥王視為祖師。因此，修水普濟道院具有特殊傳承的《天醫寶籙》建構，筆者推測，很可能是出於江西地區的漢藥行業或藥商背景，而修水普濟道院歷

---

[228] 〈關於自貢民俗集〉，華新要聞（https://newmediamax.com/article/1iqnm8fhy6dy9.html），文章上傳時間：2023年2月28日，最後瀏覽時間：2023年6月17日。

[229] 中國民間文學集成全國編輯委員會、中國民間文學集成江西卷總編輯委員會編纂，《中國民間故事集成：江西卷》（北京：中國民間文學集成全國編輯委員會，2002），頁45。

[230] 陳厥祥、盧美芬、陳梓濤，《藥商視閾下的寧波幫研究》，頁49。

[231] 陳厥祥、盧美芬、陳梓濤，《藥商視閾下的寧波幫研究》，頁49。

代祖師之中，很可能有從事漢藥工作者，並有藥冊傳承，之後結合其家傳道教清微道宗事業，而逐漸建構出具有宗教性質的經籙，內容不僅談到號脈、佩藥，還有相關靈性醫療方面的經卷。[232]

然而，江西地區除了是道教與藥商的重要活動據點，更是佛教昌盛之地。根據梅中生與修水縣志編輯委員會編的《修水縣志》記載：

> 宋黃庭堅《分寧雲巖禪院記》中追記唐時修水佛教盛況時稱「江西多古尊宿道場，居洪州境者以百數，而洪州境內席居分寧縣者以十數」，馬祖道一、百丈懷海等禪師先在本縣進行過弘法活動。五代時期，因戰亂頻繁，修水佛一度落。宋代，修水佛陀獲得空前發展。[233]

由此可知，江西修水地區自唐代起便是佛教的重要傳揚地區，而且許多得道高僧都有長居於此。儘管在五代十國時期因為唐末以來的長期戰亂而有衰弱一陣子，不過在宋代佛教獲得空前發展。此外，修水亦是禪宗的重要聖地，除了《修水縣志》談及之馬祖道一、百丈懷海等禪師，如禪宗臨濟正宗的分支黃龍派，便是以修水作祖庭，這也促成修水成為江西乃至全中國的佛教重心之一。[234] 可以合理推測，佛教文化會藉此流入民間，甚至影響道教。尤其自魏、晉以來，佛教與道教常常相互競爭與相互涵化，因此可以合理推斷，佛教的經卷或相關儀式，亦有可能被修水在地的道教吸收，這便可在修水普濟到院諸經籙中都可見到佛教元素的經典參雜其中。如本研究談及之《天醫寶籙》內，便有收錄

---

232 修水普濟道院，《太上正一上古醫王丹方妙劑神咒真經》，臺南：中華法籙道派藏。

233 梅中生、修水縣志編輯委員會編，《修水縣志》（九江：修水縣志編輯委員會，1991），頁559。

234 黃聰穎，《中國禪修文化常識問答》（新北：水星文化事業出版社，2017），頁15。

《太上正一演說藥師琉璃光如來本願功德妙經》，該經明顯是脫胎自佛教的藥師琉璃光王佛信仰。另外，修水普濟道院具有著「燒經」的傳統。「燒經」具體發源何處，筆者目前尚無爬梳道相關資料，但曾在江西省發揚的天德聖教亦有此「燒經」儀規（僅有江西傳承有此習俗），江西的天德聖教信仰者會透過焚燒特有的〈廿字真言〉，作為超度亡者往生的媒介。不論是何種綜教，此類儀式在江西，基本上就是透過焚燒經文來為亡者祈福，其中，這部被佛教影響而有的《太上正一演說藥師琉璃光如來本願功德妙經》及佛教本身的《藥師琉璃光如來本願功德經》正是在地人經常作為「燒經」的重要經卷之一。

在此初步總結，修水普濟道院與之傳承的清微道宗天師科派因歷史地理關係，當地本身是藥商、從藥人員與佛教信仰者往來之地，因此許多與漢藥、佛教相關的元素也逐漸影響到修水普濟道院或是修水戴氏族人的宗教認知，進而將來自藥商或相關從業人員而來的藥冊或是相關藥王信仰，以及與作為身體健康與平安喜樂相關的佛教特有的藥師琉璃光王佛信仰逐漸綜攝，進而成為修水普濟道院特殊的傳承法門，甚至建構出《天醫寶籙》。

圖2-1：中華法籙道派供奉之「清微　上真大道帝聖師雷玄元香火列職寶座」。
資料出處：筆者拍攝，中華法籙道派、中華道教經籙文化教育學會提供。

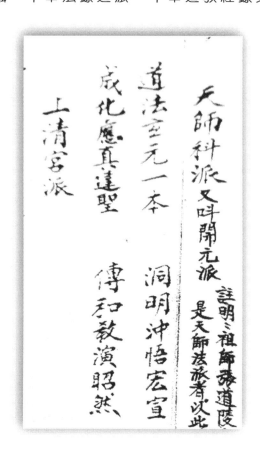

圖2-2：中華法籙道派傳承之《江西修水天壇玉格》之「宗脈傳承」。
資料出處：筆者拍攝，中華法籙道派、中華道教經籙文化教育學會提供。

圖2~3：修水地區「燒經」使用的《藥師經》。
資料出處：蘇清六提供

# 參、《天醫寶籙》的內容結構分析

　　修水普濟道院目前典藏的《天醫寶籙》，就目前中華法籙道派提供的經籙目錄有《藥王會上歷代聖師功效護身天醫寶籙》（主籙／核心經籙）、《混元六天妙道一炁如意大法》、《混元一炁八卦洞神天醫五雷大法》、《太上正一演說藥師琉璃光如來本願功德妙經》、《太上正一上古醫王丹方妙劑神咒真經》與《藥王會上歷代聖師功效護身天醫寶籙請法詞》等。[235] 從結構來看，除了所有經籙都有的「請法詞」，其他的經卷內容主要是該經籙相關的歷代祖師、神祇之祕法、祕諱與這個經籙所屬派別的經典與術法。於此，逐一珍貴上述經籙內容說明之。

---

235　修水普濟道院，《藥王會上歷代聖師功效護身天醫寶籙》，臺南：中華法籙道派藏。

# 一、藥王會上歷代聖師功效護身天醫寶籙請法詞

「請法詞」是屬於要領授經籙者——籙生在向某一師門、道派的師父、宗主請求領受道法、道經，乃至經籙的祈求宣言，若用當代的概念來說，類似拜師帖與請求受籙申請表。以此《天醫寶籙》而言，其「請法詞」乃是以經籙本身名稱——《藥王會上歷代聖師功效護身天醫寶籙》命名，內容架構主要有：籙生生辰八字、龍虎山天師教主（即「張天師」）證盟、《天醫寶籙》具有的功能性、經籙護法神列表與藥王天醫相關之歷代祖師聖諱等。[236] 從這分「請法詞」來看，不難看出明、清以來因政治力而提高世居龍虎山正一天師道宗師「張天師」的作為「道教教主」與「朝廷道教代理人」之地位呈現。[237] 此部分，「請法詞」記載：

恭叩

福地龍虎山

天師大教主真人門下拜受

藥王會上歷代聖師功效護身天醫寶籙[238]

從此紀錄來看，《天醫寶籙》雖非明代崇尚道教的藩王——寧獻王朱權（1378~1448）認定的正一天師道「三十四階」之一經籙，亦非道教龍虎山「萬法宗壇」與正一天師道承認的「三十三階品」收錄的經籙，但由於政治現實與可能想擺脫「私籙」的標籤，製作此經籙的道院

---

236　修水普濟道院，《藥王會上歷代聖師功效護身天醫寶籙請法詞》，臺南：中華法籙道派藏。

237　《明實錄・太祖》，卷290，洪武24年6月，頁3110。修水普濟道院，《藥王會上歷代聖師功效護身天醫寶籙請法詞》，臺南：中華法籙道派藏。

238　修水普濟道院，《藥王會上歷代聖師功效護身天醫寶籙請法詞》，臺南：中華法籙道派藏。

而特別在「請法詞」內強調傳授者自身與該經籙的「正統性」。[239] 除了彰顯領受經籙者乃是以龍虎山「張天師」為正宗法傳之外，這份「請法詞」亦談及其本身的作用與功能性，也就是除了是祈請受籙的申請資料外，更是領受經籙後可作為整分經籙的代表單據，甚至可以作為與歷代共十三位「聖師醫王」（該經籙內文又作「藥王會上歷代聖師」）、相應的重要依據。[240] 可以說，領受完經籙的道士，不需要將經籙隨身攜帶，僅須有此分「請法詞」在身，便如同有領受整套經籙的憑證。

「請法詞」的其他內容則是強調領受《天醫寶籙》者，不僅能夠在靈性上與龍虎山正一天師道祖師證盟，還與此藥王會上的歷代聖師醫王締約、相應，還特別強調肉身五臟六腑的改變，也就是強調靈性（心理）影響肉身（物理）的狀態，並強調有醫制婦女疾病的功曹（醫王的御官）、神祇與童子會進入肉身，可以作為此《天醫寶籙》不僅可以頒授給生理男性的道士，亦可頒授給生理女性者。

---

239 朱權在其著作《天皇至道太清玉冊》收錄之〈正一諸品法籙〉記載，主要有：「太上正一盟威修真延生祕籙、太上三武都功版券職籙、太上中天北斗七元祕籙、太上璇天真武無上將軍祕籙、太上延伸保命護身祕籙、太上正一童子將軍護身祕籙、太上北帝伏魔神咒殺鬼祕籙、太上洞玄靈寶預修九真妙戒祕籙、太上洞玄靈寶金籙度命生身受度十宮東嶽預修黃籙、上清大洞迴車畢道祕籙、上清三洞混一成真飛魔演化飛仙上陽五雷祕籙……。」均未見得《天醫寶籙》；正一天師道第五十四代天師張繼宗大真人在《崆峒問答》內曾言「三十三階品」經籙為：「都功盟威、五雷、大洞、中盟、三洞、預修、祓亡、誕生、伏魔、文昌、祈嗣、保童、血湖、三宮、北門、真武、玄壇、趙侯、玄女、華蓋、咒詛、九牛、二十八宿、紫微、自然、神霄諸籙。」詳見：呂鵬志，〈贛西北流傳的正一籙〉，頁50。

240 修水普濟道院，《藥王會上歷代聖師功效護身天醫寶籙請法詞》，臺南：中華法籙道派藏。

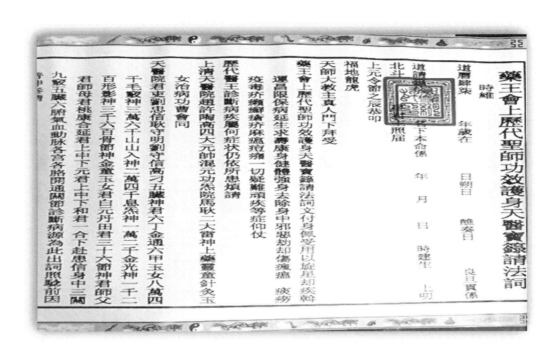

圖3-1：《天醫寶籙》之《藥王會上歷代聖師功效護身天醫寶籙請法詞》局部。
資料出處：中華法籙道派、中華道教經籙文化教育學會。

## 二、主籙：《藥王會上歷代聖師功效護身天醫寶籙》

《藥王會上歷代聖師功效護身天醫寶籙》被中國修水普濟道院與臺灣中華法籙道派傳承者視為《天醫寶籙》的「主籙」，也就是這整部經籙的核心文獻。就呂鵬志教授在修水縣的調查，可以知道所謂修水普濟道院蒐藏之經籙「主籙」的呈現方式有著許多不同樣態，但以「歷代祖師」作為「主籙」者，應該只有少部分如《天醫寶籙》、《觀音祕籙》等有此呈現，至於原因為何，還有待考查。[241] 諸如正一天師道最初階之《太上三五都功職籙》內的「主籙」即是《祭酒真經》，其他部分則包含「歷代祖師」證盟之《虛無自然金符籙祖》，也就是自東漢祖天師張道陵至民國以後之歷代「張天師」（修水縣普濟道院記載至第六十三代天師張恩溥大真人；臺灣中華法籙道派版本則是增至第六十四代天師

---

[241] 呂鵬志，〈贛西北流傳的正一籙〉，頁47~48。

張源先大真人）。[242] 然而，《天醫寶籙》內所列的歷代祖師與讚辭，則是將之列為「主籙」，內容方面如同《虛無自然金符籙祖》一般地呈現，主要集中在前文談及之「聖師醫王」（「主籙」部分則是稱為「歷代名醫」）的聖諱（尊號）與讚辭，籙中分別記載：

> 第一代名醫伏羲皇帝、第二代名醫神農皇帝、第三代軒轅皇帝、第四代太乙雷公大真人、第五代名醫皇甫士安晏溢仙翁大真人、第六代名醫祖師內經素問虛靖張真人、第七代名醫叔和王真人、第八代神醫漢大醫王仲景張真人、第九代名醫漢天泰蒼公淳於大真人、第十代名醫東晉仙姑巢氏夫人、第十一代名醫秦神魔王扁鵲盧真人、第十二代名醫魏國良醫華陀大真人、第十三代名醫唐朝顯化思邈孫真人。[243]

《天醫寶籙》對於歷代祖師的建構，目前從歷代《道藏》或相關道教文獻內並未見有類似建構。先就歷代名醫轉譯為歷史上較為熟悉的名諱，分別是伏羲氏、神農氏（炎帝）、軒轅氏（黃帝）、皇甫謐、天師岐伯／虛靖天師（三十代張天師）、王叔和、張仲景、太倉公淳于意、仙姑巢氏夫人、扁鵲盧真人、華陀與孫思邈等。由此可知，在歷代祖師傳承方面，《天醫寶籙》的代數順序安排並非完成按時間排序，而且人神穿插，內容相當混雜。（見表3~1） 這種混雜狀態，在道教其他經典可能會有「人、神」方面的傳承穿插，但往往都是該宗派的「始祖」自身的神祕經驗為多，如祖天師張道陵與太上老君之間的傳承關係最為典型。然而，《天醫寶籙》的組師傳承之呈現方式，可以知曉這幾位祖師

---

[242] 呂鵬志，〈贛西北流傳的正一籙〉，頁52。
[243] 修水普濟道院，《藥王會上歷代聖師功效護身天醫寶籙請法詞》，臺南：中華法籙道派藏。

之間並未有實質的傳承關係，而且傳承時代混亂，可以知道當時製造此經籙的人或群體，很可能為平民布衣，而非高知識人士，或是有受過完整道教相關歷史訓練者。

除此之外，《天醫寶籙》「主籙」列出的名醫傳承序列，還有另一個可能，即製籙者直接引用華南地區流行的〈藥王十三代歌〉有關。根據陳厥祥、盧美芬、陳梓濤等學者的研究，〈藥王十三代歌〉具有許多版本，而會在華南地區流傳主要與當時遊方的藥商有關。尤其，當時作為中國藥材集散地的浙江與江西地區，當地人受藥商影響而相當流行這些偈子，其中陳厥祥等學者列舉最典型的版本為江西樟樹地區口頭傳唱的〈藥王十三代歌〉：

> 伏羲居首二神農，三代軒轅黃帝宗。扁鵲神醫居第四，五名華陀妙醫功。仲景居六七叔和。惟一先生八代中。第九時珍天士十，十一位是皇甫公。太極仙翁居十二，孫思邈坐十三宮。[244]

這版本的〈藥王十三代歌〉流傳於江西樟樹，其可能與同省域修水對藥王（名醫）理解相互影響，而在除了經籙傳承外的口述偈子中的內容相似。儘管〈藥王十三代歌〉與《天醫寶籙》的歷代名醫有著落差——如遵奉的藥王名單略有差異，不過〈藥王十三代歌〉亦與《天醫寶籙》一樣沒有按照歷代藥王或名醫的生平時間順序排列代數。由此，筆者推測，《天醫寶籙》內對聖師、藥王祖師或歷代名醫的理解，很可能是從未受到周詳教育的民間歌謠、偈子，再影響到地方道院的認知。因就道教本身而言，文化知識載體必定高過帝制中國時期的民間道院與布衣百姓，而地方道院對道經的理解，往往可能開宗者會有扎實的知識掌

---

[244] 陳厥祥、盧美芬、陳梓濤，《藥商視閾下的寧波幫研究》，頁49。

握，但其後繼者便存在著變數，亦很可能「依樣畫葫蘆」地效仿，或是因實際需求而建構至原先傳承的經籙中。或有可能，這是不同地域藥商之間的作為辨別彼此身分的「密碼」。但究竟真實情況如何，還有待商榷，於此筆者不敢妄斷。

除了歷代祖師的呈現外，作為「主籙」的《天醫寶籙》內仍有籙生與歷代祖師地訂合約的盟契，並有可與歷代祖師相應的「總召天醫速至符」，符文為雲篆書寫之「太上敕令天醫藥王治瘟功曹符使速至罡」。此外，「主籙」內文亦有繪製作為籙生的「元神」（元嬰→元命真人）圖像者，四周環繞四靈——青龍、白虎、朱雀、玄武，意謂著籙生透過授籙儀式而能「超凡入聖」，即不再受地府管轄，改由上界三官（三元／三官大帝）考校。[245] 此部分有許多空白處，則需要透過籙師（製籙者或相關經籙道士）填寫的祕文，以及領受該經籙的功效說明與祕諱文字，如「豐」字。（見圖3~3）這些符號的表徵，也就是一種類似驅動密碼，讓領受經籙的人，獲得靈性「轉換」的過程。由於，中華法籙道派表示，此為師門內密法訣，故無法對外提供研究，故不能得知填寫過程與具體呈現方式。

表3-1：《天醫寶籙》之歷代名醫

| 名醫代數 | 《天醫寶籙》名號 | 歷史原型 | 所屬朝代 |
|---|---|---|---|
| 第一代 | 伏羲皇帝 | 伏羲氏、太昊 | 神話傳說時代 |
| 第二代 | 神農皇帝 | 神農氏、炎帝 | 神話傳說時代 |
| 第三代 | 軒轅皇帝 | 軒轅氏、黃帝 | 神話傳說時代 |

---

[245] 蘇清六編著，《天師與經籙初探：臺灣道教百年百人首次晉品登梯閱籙》，頁7~17。林信宇，〈從《武曌金簡》窺見三官信仰〉（研討會論文，不具頁數），2023政大宗教研究生論壇，臺北：政治大學宗教研究所、華人宗教研究中心，2023年6月12日。

| 第四代 | 太乙雷公大真人 | 太乙雷公（神祇） | 神話傳說時代 |
|---|---|---|---|
| 第五代 | 皇甫士安晏溢仙翁大真人 | 皇甫謐 | 西晉 |
| 第六代 | 祖師內經素問虛靖張真人 | 天師岐伯／虛靖天師 | 神話傳說時代／北宋 |
| 第七代 | 叔和王真人 | 王叔和 | 西晉 |
| 第八代 | 漢大醫王仲景張真人 | 張仲景 | 東漢 |
| 第九代 | 漢天泰蒼公淳於大真人 | 太倉公淳于意 | 西漢 |
| 第十代 | 東晉仙姑巢氏夫人 | 不詳 | 東晉 |
| 第十一代 | 秦神魔王扁鵲盧真人 | 扁鵲盧醫 | 東周 |
| 第十二代 | 魏國良醫華陀大真人 | 華陀 | 東漢魏國 |
| 第十三代 | 唐朝顯化思邈孫真人 | 孫思邈 | 唐 |

資料出處：本研究整理

圖3-2：《天醫寶籙》之「主籙」歷代名醫的聖號與讚辭。
資料出處：中華法籙道派、中華道教經籙文化教育學會。

162

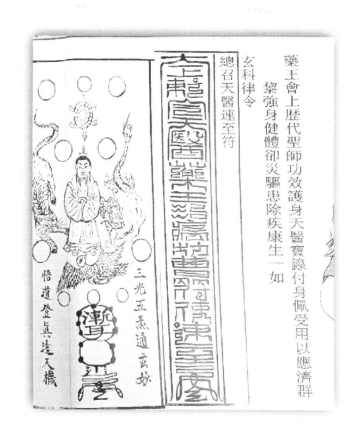

圖3-3：《天醫寶籙》之「總召天醫速至符」與元神超昇、四靈併列的圖像。
資料出處：中華法籙道派、中華道教經籙文化教育學會。

## 三、祕經：《太上正一演說藥師琉璃光如來本願功德妙經》、
《太上正一上古醫王丹方妙劑神咒眞經》

　　《天醫寶籙》除了前者談及，具有祖師傳承與護身功能的「主籙」外，還有該經籙最重要的兩大部分，也就是關於祕密傳承的術法與經典。其中，術法傳承部分，《天醫寶籙》主要為《混元六天妙道一炁如意大法》與《混元一炁八卦洞神天醫五雷大法》，但這兩部術法必須領受《天醫寶籙》者，或是清微道宗天師科派師門傳承者才能夠瞭解，基於其教門引師而未公開給筆者，故在此無法探討。然而，可以公開探討者則有經典部分——《太上正一演說藥師琉璃光如來本願功德妙經》與《太上正一上古醫王丹方妙劑神咒真經》二者。前者明顯是借用大乘佛

教 藥 師 法 門 的 本 尊 —— 藥 師 琉 璃 光 王 佛
（Bhaiṣajya~guru~vaiḍūrya~prabhā~rāja），後者則是以此經籙包含「上
古醫王」（伏羲、神農炎帝、軒轅黃帝）在內的十三代名醫為共同本尊
所建構的祕咒式經典。

《太上正一演說藥師琉璃光如來本願功德妙經》就內文而言，僅有
單一經文記述，且內文明顯是將佛教的《藥師琉璃光如來本願功德經》
（下文均以「藥師經」稱之）內文改寫而成，但較為不同的是，該經內
容少於《藥師經》，可以說是《藥師經》的略本，並將部分元素道教化
呈現。（相關比較可見表3~2）以《太上正一演說藥師琉璃光如來本願
功德妙經》的開篇而言，就有濃厚的道教記載：

> 爾時。太上老君在大羅宮中召各道。佛演說。醫世之術。有諸藥師
> 妙與琉璃光王八大菩薩普降吉祥。諸仸（筆者按：此字在民間宗教
> 同「佛」字）戶壇場。日月威光減罪免災殃。南無藥師會上眾仸菩
> 薩。[246]

從經文內的宇宙觀而言，主要是太上老君在大羅天宮內向道教與佛
教兩宗教所屬的諸位仙卿與菩薩們，宣說來自釋迦牟尼佛的《藥師
經》，換言之，就是太上老君曾在釋迦牟尼佛處聽聞此經，並在此以釋
迦牟尼宣說法要，再次宣說一次。[247] 該經與佛教版本的差異在於，並
未附上具有密教性質的祕密神咒——「藥師琉璃灌頂真言」。該經就性
質而言，僅單純附會上道教色彩精要本，太上老君的宣說橋段，也僅是
合理化該經作為「道教經典」的地位。當中並無額外的道教教義在當中

---

[246] 修水普濟道院，《太上正一演說藥師琉璃光如來本願功德妙經》，臺南：中華法籙道派藏。
[247] 修水普濟道院，《太上正一演說藥師琉璃光如來本願功德妙經》，臺南：中華法籙道派藏。

說明，最多僅談及「藥師會上眾佛菩薩」部分，可能要與《天醫寶籙》主尊之「藥王會上歷代聖師」做呼應。

另一部祕經——《太上正一上古醫王丹方妙劑神咒真經》（下文均以《神咒真經》稱之）則是以藥王孫思邈作為主尊，並託其名號傳授此《神咒真經》。依據該經格式安排較《太上正一演說藥師琉璃光如來本願功德妙經》完整，而非僅有單一經文而已，還有如「請法詞」一般的締約締盟條文，以及說明此《神咒真經》的功能性。就常理所知，經籙需要透過對經文的理解與修練操作，才能夠真正發揮相關功能。但此《神咒真經》內確實明文強調受此經卷的好處，以及所藥持守的基本戒律：

> 《太一正一上古王丹方玅劑神咒真經》一階。皈身佩受用以醫治百癥。藥到病除。大闡醫王之威。丕顯丹方之妙。廣濟難民之苦。彰教神農之風。利樂道信之仁。以仁為本。以義得誠。以禮待賓。以智宏名。以信得愛不可貪財誤命。始勤終怠。如違盟言。甘受　玄憲一如　元教律令。[248]

由此可知，《神咒真經》與「請法詞」、「主籙」等經卷具有一樣的神祕力量，也就是佩受在身即可獲得神效。再加上，《神咒真經》亦強調誦持此經卷百遍、千遍、萬遍、千萬遍，可以滅除一切惡疾。[249] 若從《天醫寶籙》的經卷邏輯而言，細究原因，很可能是《神咒真經》內收錄的「藥王咒」，將藥王會上歷代藥王聖師的名號稱誦一次，當中部分咒語為：「奉請藥師十三王。上古伏羲太上皇。百醫宗主神農帝。

---

248 修水普濟道院，《太上正一上古醫王丹方妙劑神咒真經》，臺南：中華法籙道派藏。
249 修水普濟道院，《太上正一上古醫王丹方妙劑神咒真經》，臺南：中華法籙道派藏。

軒轅流傳妙藥方……。」[250] 很可能意謂著，《天醫寶籙》得以護身與取得感應者，遍是這些身為藥王會上祖師神的列為名醫、聖師與藥王。除此之外，《神咒真經》的「藥王咒」在列名歷代祖師外，還有談及如何號脈、判斷疾病狀況，還有分析心肺狀況及身體遭遇疾病所遇反應情況，並列出相關漢藥作為醫治之方。可以說，《神咒真經》的內文不僅說明以神祕能量來闡述咒語的功能性，這咒語終本身又有傳達如何醫治疾病的方法，可以說，是從靈性與物質兩者層面，來解決道內信士或「被醫治者」的痼疾。

表3-2：《太上正一演說藥師琉璃光如來本願功德妙經》與佛教《藥師經》比較

| 經本 | 太上正一演說藥師琉璃光如來本願功德妙經 | 藥師琉璃光如來本願功德經 |
|---|---|---|
| 宗教 | 道教清微道宗天師科派 | 大乘佛教藥師淨土法門 |
| 說法主尊 | 太上老君 | 釋迦牟尼佛 |
| 經文本尊 | 藥師琉璃光王如來 | |
| 宣法地點 | 大羅天宮 | 廣嚴城 |
| 本願 | 十二大願 | |
| 祈請說法者 | 太上老君主動轉述佛法 | 曼殊室利童子（文殊師利菩薩） |
| 演說對象 | 道教各路仙卿與佛教菩薩 | 釋迦佛的僧眾與天龍八部 |

資料出處：本研究整理

---

[250] 修水普濟道院，《太上正一上古醫王丹方妙劑神咒真經》，臺南：中華法籙道派藏。

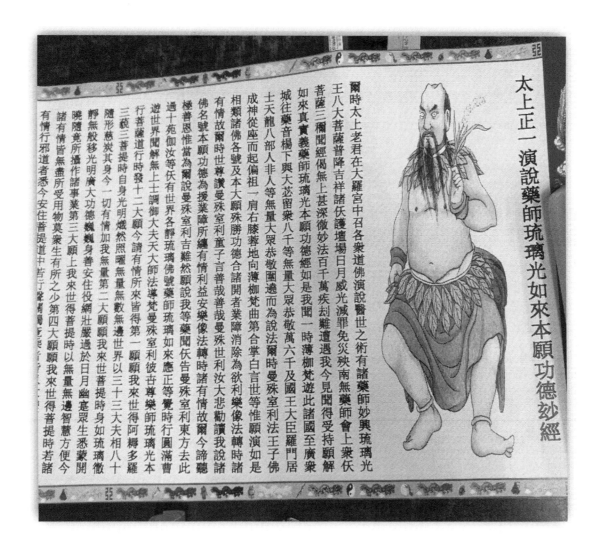

圖3-4：《天醫寶籙》之《太上正一演說藥師琉璃光如來本願功德妙經》局部。
資料出處：中華法籙道派、中華道教經籙文化教育學會。

## 肆、餘論：目前《天醫寶籙》的發展狀況

本研究就修水普濟道院所屬之清微道宗天師科派的緣由與該道派自江西至臺灣的傳承關係，先從道教在明清兩代所承認的經籙中，不見有《天醫寶籙》，而開始追蹤該經籙的成因與歷史淵源。故筆者從宗教傳播與藥商動線等諸多地緣關係，瞭解到《天醫寶籙》的建構可能是受到來自從藥人員的藥王會上歷代名醫信仰以及佛教藥師法門影響而有的特

殊經籙。像是《天醫寶籙》的「請法詞」便因地緣關係與明、清兩代朝廷培植龍虎山正一天師道獨大之係，而在證盟誓詞中強調監盟對象為「龍虎山天師教主」，可以證明該道對道教各派曾具有權威與統領之性質，時至目前為主，修水普濟道院的任何授籙儀式內的文疏仍都有天師教主在其中證盟的詞彙。再者，《天醫寶籙》之「主籙」內記載著「藥王會上歷代聖師」，也就是該經籙內認定的十三代名醫。從「主籙」可見，歷代祖師名諱、贊詞與江西地區藥商流傳的〈藥王十三代歌〉相當類似，再加上「主籙」內呈現的祖師派續並非按照年代，而是雜亂混套。這很可能是因為修水地區屬於偏鄉地帶，該地道院的文化水平可能不及於大城，而無依照年代排序歷代祖師；但筆者亦覺得，這很可能是因為各地藥商都有屬於自己的藥冊與歷代祖師的呈現方式，就連各藥商的〈藥王十三代歌〉內的祖師名諱雖多一致，但排序均有不同，很可能是類似「密碼」方式呈現，以辨別藥商或從藥傳承之差異。

就目前所知，《天醫寶籙》的傳承主要在江西省的修水普濟道院與臺灣的中華法籙道派，比較特殊的是龍虎山嗣漢天師府亦有奏授《天醫寶籙》，不過該經籙仍然初自修水普濟道院，乃是民國99年（2010）戴宣道將經籙「回贈」給天師府住持張金濤，簡言之《天醫寶籙》目前主要掌握在清微道宗天師科派的師門內部而已。因此，除了普濟道院、嗣漢天師府與中華法籙道派，其餘地方並未見有以「藥王會上歷代聖師功效護身天醫寶籙」為名的《天醫寶籙》傳授。時至近年，網路上亦開始出現不同的傳承的《天醫寶籙》，全稱為《太乙混元自然天醫寶籙》。就筆者考察，最初有此經籙者乃是Facebook粉絲專頁「道教法器流通處」在民國107年（2018）6月20日張貼此經籙相關照片，以該專頁電話找尋乃是出自馬來西亞聯邦吉隆坡的道觀——靈一守玄壇道法研究中

心。[251]然而，有關發行此經籙的靈一守玄壇道法研究中心，在其相關網站並未有特別說明《太乙混元自然天醫寶籙》的師承來源。筆者就該研究中心釋出的有限照片資料判斷，該經籙證盟對象並非「龍虎山天師教主」，而是「普天福主功妙濟許仙真君」，而且該經籙的道壇宮闕則稱「靈寶淨明玄都宮」，意謂著此經籙可能與道教淨明忠孝道（淨明宗）相關。但其他部分因靈一守玄壇道法研究中心未有公開，故不得而知此經籙全貌。時至民國112年（2023）6月5日，中華玉線玄門真宗總壇玄門山舉辦「2023宗教學術闡門會議」，其中道教代表為中華道教學院講師張文政道長，在其講述「靈修法會科儀程序簡述」時展示出《天醫寶籙》，就筆者查看此即《太乙混元自然天醫寶籙》「主籙」的部分，可以說是首次在跨宗教學術場合首次講述《天醫寶籙》者。只是可惜的是，有關該《天醫寶籙》的傳承與法源，張道長並未細說，實在可惜，期待未來有機會將本研究談及之《天醫寶籙》（即《藥王會上歷代聖師功效護身天醫寶籙》）與這來自馬來西亞的《天醫寶籙》（即《太乙混元自然天醫寶籙》）進行比較。

---

251 　靈一守玄壇道法研究中心，「道教法器流通處」，Facebook粉絲專頁（ https://www.facebook.com/photo?fbid=230900424382358&set=pcb.230900607715673 ），貼文上傳時間：2018年6月20日，最後瀏覽時間：2023年6月17日。

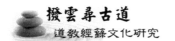

# 徵引書目

## ● 史料

中華法籙道派，「清微　上真大道帝聖師雷玄元香火列職寶座」（增加黃澄），臺南：中華法籙道派藏。

修水普濟道院，〈陰陽憑〉，臺南：中華法籙道派藏。

修水普濟道院，《南無大悲觀世音祕籙》，臺南：中華法籙道派藏。

修水普濟道院，《藥王會上歷代聖師功效護身天醫寶籙》（全宗），臺南：中華法籙道派藏。

修水普濟道院，《靈寶各籙品秩一宗》，九江：修水普濟道院，1976年。

修水普濟道院，「清微　上真大道帝聖師雷玄元香火列職寶座」，臺南：中華法籙道派藏。

戴宣道，〈昊天金闕玉皇上帝聖旨敕封蘇大道〉，修水：普濟道院，2013年，蘇清六提供。

戴宣道傳承，蘇清六整理，《江西修水天壇玉格》，臺南：中華法籙道派，年代不詳。

## ● 專書

Yuping, Luk. *The Empress and the Heavenly Masters: A Study of the Ordination Scroll of Empress Zhang（1493）*（Hong Kong: The Chinese University of Hong Kong Press, 2016），142~144.

中國民間文學集成全國編輯委員會、中國民間文學集成江西卷總編輯委員會編纂，《中國民間故事集成：江西卷》，北京：中國民間文學集成全國編輯委員會，2002年。

孔令宏、韓松濤，《江西道教史》，北京：中華書局，2014年再版。

李志鴻，《道教天心正法研究》，北京：社會科學文獻出版社，2011年。

梅中生、修水縣志編輯委員會編，《修水縣志》，九江：修水縣志編輯委員會，1991年。

黃聰穎，《中國禪修文化常識問答》，新北：水星文化事業出版社，2017年。

劉仲宇，《道教授籙制度研究》，北京：中國社會科學出版社，2014年。

蘇清六等編著，《天師經籙與儀式》，臺南：文國書局，2020年。

蘇清六編著，《天師與經籙初探：臺灣道教百年百人首次晉品登梯閱籙》，臺南：文國書局，2022年增版。


● 論文

毛帝勝，〈從《混弌法籙》見北宋道教諸山整合到《萬法宗壇》的形成初探〉，王見川，《歷史、藝術與臺灣人文論叢（23）：《西遊記》研究特稿》，新北：博揚文化，2023年，頁223~243。

呂鵬志，〈贛西北流傳的正一籙〉，《道教儀式講座暨國家正一道與地方儀式工作坊會刊》，香港：香港中文大學，2021年，頁23~53。

宋學立，〈金元全真教授籙史論〉，北京，2021年，金元全真教宗教認同的建構研究，項目編號：14CZJ023，頁106~117。

林信宇，〈從《武曌金簡》窺見三官信仰〉（研討會論文，不具頁數），2023政大宗教研究生論壇，臺北：政治大學宗教研究所、華人宗教研究中心，2023年6月12日。

謝聰輝，〈正一經籙初探——以臺灣與福建南安所見為主〉，《道教研究學報：宗教、歷史與社會》，第5期，香港：香港中文大學道教文化研究中心 & 中文大學出版社，2013年，頁143~189。

謝聰輝，〈道教「化士」的意涵、來源及其在明清授籙中的職能研究——兼論佛教的相關問題〉，《道教研究學報：宗教、歷史與社會》，第14期，香港：香港中文大學道教文化研究中心 & 中文大學出版社，頁37~82。


● 網路資料

〈關於自貢民俗集〉，華新要聞
（https://newmediamax.com/article/1iqnm8fhy6dy9.html），文章上傳時間：2023年2月28日，最後瀏覽時間：2023年6月17日。

《明實錄‧太祖》，卷290，洪武24年6月，頁3110，明實錄、朝鮮王朝實錄、清實錄資料庫（http://hanchi.ihp.sinica.edu.tw/mql/login.html），最後瀏覽時間：2023年5月31日。

黃舜申、陳採，《清微仙譜》，諸子百家中國哲學書電子化計劃（https://ctext.org/wiki.pl?if=gb&chapter=508651&remap=gb），最後瀏覽時間：2023年6月15日。

靈一守玄壇道法研究中心，「道教法器流通處」，Facebook粉絲專頁（https://www.facebook.com/photo?fbid=230900424382358&set=pcb.230900607715673），貼文上傳時間：2018年6月20日，最後瀏覽時間：2023年6月17日。

# 第七章　《天靈伏魔籙》研究

## 摘要

《伏魔經（籙）》是魏晉南北朝時道教內逐漸形成，以「北帝」（北方天帝）作為主導的經籙系統，甚至由此衍伸出唐代道教新興宗派——北帝派。如今，臺灣的中華法籙道派亦有一部「伏魔經籙」（以下均稱「天靈伏魔籙」），目前由該道派宗師蘇清六道長所傳承，乃是天師清微派傳承的特殊經籙。然而，過去的《伏魔經（籙）》與蘇清六提供的《天靈伏魔籙》之間是否有關係？《天靈伏魔籙》內的「北帝」認知是否與魏晉南北朝以來至唐代的觀念相同，以及該經籙內的法要背後的道教信仰文化與傳承歷史都是過去尚未研究的課題。基於此，筆者團隊先從「北帝」與該信仰的演變並兼論《伏魔經（籙）》的形成，進而探討《天靈伏魔籙》的歷史宗教意涵。

**關鍵詞**：道教、北帝派、伏魔籙、天師清微派、中華法籙道派。

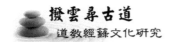
# 壹、前言

　　道教乃是濟生度死之教，同時亦有「降妖伏魔」之責任。相關典故，可以追溯到東漢年間，「祖天師」張道陵（34~156）在蜀地與妖魔、巫師交戰、鬥法、降伏，並與鬼神締結盟威的過程。[252] 道教內有許多降妖伏魔的神奇事蹟，經典內亦不乏有相關記述。其中，以「伏魔」最為代表者，乃是南北朝至唐代形成的北帝派傳承下的《伏魔經（籙）》最具代表性。然而，北帝派的傳承基本上和與之相關的酆都派一樣，在元、明以後便逐漸失傳，僅留下相關的經卷文獻，或是轉型為以修行「雷法」為主的相關法要、道派，如「天心正法」。其中，經由具清微道宗天師科派（簡稱「天師清微派」）傳承的江西省修水縣普濟道院亦有收錄所謂的《伏魔經（籙）》，即《天靈伏魔籙》。

　　有關《伏魔經（籙）》與「北帝」、北帝信仰與北帝派的研究，目前最為完整的研究為蕭登福教授的《玄天上帝研究》一書，當中不僅探討到「北帝」的性質在歷朝歷代的演變，以及「北帝」與玄天上帝之間的複雜關係。此外，蕭教授亦將北帝信仰到北帝派的發展及《伏魔經（籙）》與「北帝」相關經典皆做完整說明。可惜，《天靈伏魔籙》的內容並不如蕭教授過去的研究，因為該《伏魔經（籙）》是江西省天師清微派重新整的新興經籙，故需要重新解讀該經籙內文與之性質。這也是本文所要探討之初衷，即將中華法籙道派蘇清六道長提供的《天靈伏魔籙》，就筆者團隊所能閱讀的內容進行解讀，以瞭解此經籙與過去北帝信仰、北帝派的關係；《天靈伏魔籙》內「北帝」與玄天上帝的關係；以及該經籙的內容與信仰文化的演變與修煉方法，進行初步探究與

---

[252] 謝路軍，《道教概論》（北京：中央民族大學出版社，2006），頁316。

說明。

## 貳、北帝、北帝派與《伏魔籙》

有關此中華法籙道派藏版的《天靈伏魔籙》，乃秉持天師清微派傳承，但就其起源而言尚未盡知，僅能從當中重要的幾則經卷談起，分別是《太上正一天靈伏魔斬邪祕籙》、《太上正一天靈伏魔神咒妙經》、《北帝四聖伏魔祕法寶籙》、《北帝御前小四聖祕法寶籙》、《混元斗罡四聖伏魔大法祕籙》、《上清天蓬伏魔大法祕籙》、《太上九天延祥滌厄四聖妙經》、《玄帝通天百解符牒》與《混元飛捉四聖伏魔大法祕籙》等，這9部經的內容於本研究下文會依序談到，若從歷史脈絡檢視之，這經卷與在南北朝至唐代間形成的道教北帝派有著緊密的關係。[253] 就該教派名字來看，不難理解這是一以「北帝」作為修行本尊的道教宗派，那麼該派別的起源為何呢？在談宗派起源前，當先瞭解何謂「北帝」，因就本研究的經籙文本（即中華法籙道派本）而言，當中「北帝」的形象是以北極真武玄天上帝（以下簡稱玄天上帝）的法相繪製。[254] 儘管玄天上帝是古代對北方星宿之「玄武神」的崇拜演化而成的，但目前所能理解的玄天上帝神祇定位其實是在宋代以後逐漸建構而成的，在唐代並無此神祇本尊，只能理解為「前身」或「相關神祇」而已，蕭登福對此提出研究觀點：

> 唐代有北帝信仰，有天蓬信仰，而無人格神的玄武信仰；玄武在唐
> 代，僅是四靈（青龍、白虎、朱雀、玄武）之一，不是北方神將的

---

253　李志鴻，《道教天心正法研究》，頁1。
254　中華法籙道派提供。

真武。唐及唐前的史料並無觀廟中供祀真武神將之記載。[255]

因此，所謂「北帝」當是更遠古便存在的神祇，與目前結合玄武神或真武神將而成的「北帝」或玄天上帝其實概念不同。只是中華法籙道派本乃出自江西天師清微派修水普濟道院內的經籙，故經籙內呈現的圖樣可能是以宋代以後的信仰認知，而將「北帝」與玄天上帝結合，故繪製玄天上帝版畫於經籙內，至於這種將玄天上帝與「北帝」整合並流行的現象，就詮釋方式，有所謂「玄天上帝乃北帝化身」、「玄天上帝即北帝」或「玄天上帝乃北帝之一」等說。長久行之，亦反映在《天靈伏魔籙》上，即將玄天上帝基本上變成「北帝」最為著名的代表者，同時又是「北帝」麾下的真武神將。

就中國信仰史而言，「北帝」始源自商代，彼時中國人都會向五方進行祭拜，時至周代以後逐漸形成祭祀「五方天帝」（或稱為「五方上帝」）的傳統，乃是僅次於昊天上帝的神祇，其中「北帝」即是「北方天帝」。然而，根據蕭登福的研究，「北方天帝」信仰在魏晉南北朝時隨著道教經典的建構逐漸演變為北方黑帝——五靈玄老，並增加了殺鬼伏魔的功能性在其中。[256] 這種現象一直到唐代，中國對北極星與北方天界主宰的信仰對象逐漸定位為一體，即紫微大帝、北陰酆都大帝與北方黑帝（五靈玄老）等三尊併為一神，按蕭登福的話而言：

> 唐代北帝，⋯⋯一方面是北方天界的管轄者，另一方面也是酆都六天魔界及鬼界的統治者。更由於北帝紫微大帝所轄的南北斗星君，主司人間生死禍福，所以舉凡伏魔殺鬼，延生治病、消災祈福，皆

---

[255] 蕭登福，《玄天上帝研究》，頁68~69。
[256] 蕭登福，《玄天上帝研究》，頁126。

和北帝有關。[257]

　　從唐代起對北帝的信仰認知，也同時影響到其建立的道教宗派——北帝派。然而，這個特殊的宗派的興起，乃直接促成本研究所談及之《天靈伏魔籙》的建立。

　　從道教發展史的角度來看，北帝派的建立可以視為北帝信仰宗派化與之建立起經籙的重要階段。關於北帝派的起源，乃是唐玄宗年間的道士鄧紫陽（唐玄宗尊封「鄧天師」，？~739）所創。北帝派的核心據點為鄧紫陽的修行地，即江西地區的撫州南城縣麻姑山。較為特色者在於，北帝派屬於鄧氏家族內部世襲，並兼傳給外姓弟子之教團。[258] 就目前的研究而言，北帝派可能脫胎自正一天師道與上清宗兩大派，或受兩者影響而成。[259] 根據李遠國就唐人李邕（678~747）題寫之《鄧天師偈》及宋人陳葆光撰寫之《三洞群仙籙》的研究考證，鄧紫陽因在麻姑山修行期間持誦〈天蓬神咒〉，[260] 而與北帝的使者金甲神人相應，另一說是感動「北帝」，並因此領受「北帝」的真形符籙。[261] 這些來自「北帝」的特殊符號，之後被鄧紫陽有所推廣，即「北帝大法」，也就

---

257　蕭登福，《玄天上帝研究》，頁127。

258　王卡，《道教史話》，頁61~62。田曉膺，《隋唐五代道教詩歌的審美管窺》（成都：巴蜀書社，2008），頁53。

259　王卡，《道教史話》，頁62。李志鴻，《道教天心正法言就》（北京：社會科學文獻出版社，2011），頁109。

260　〈天蓬神咒〉：「天蓬天蓬，九元煞童。五丁都司，高習北翁。七政八靈，太上酷兒。長顧巨獸，手把帝鐘。素泉三神，嚴駕夔龍。威劍神王，斬邪滅蹤。紫燕乘天。丹霞赫衝。吞魔食鬼，橫身飲風。蒼舌綠齒，四目老翁。天丁力士，威南禦兒。天鵬激民，威北衛風。三十萬兵，衛我九重。劈屍千里，驅卻不祥。敢有小鬼，欲來見狀。蹲天大斧，斬鬼五形。炎帝裂血，北斗然骨。四盟破骸，天獻滅類。神刀一下，萬鬼自潰。急急如北極天蓬元帥蒼天上帝律令。」轉引自：蕭登福，《玄天上帝信仰研究》，頁285。

261　李遠國，〈唐宋北帝派的歷史考辨〉，《正一道教研究》，第1輯（北京，2012），頁93。

是北帝派相關經籙的起源。之後北帝派，即有修習鄧紫陽傳承之「北帝大法」者，皆自稱「上清北帝太玄弟子」，他們這派均有傳承相關經籙——《天蓬經（籙）》、《伏魔經（籙）》、《北帝籙》、《北帝禁咒經》、《北帝雷公法》、《北帝三部符》、《酆都要籙》等重要經籙。[262] 這些經籙當中，便有存在，這應該是《天靈伏魔籙》的可能構成元素，或相關前身之一。其中，自魏晉南北朝時建構有的《伏魔經（籙）》，全稱為「太上元始天尊說北帝伏魔神咒妙經」，乃是唐末宋初（可能是五代後梁）的道士歐陽雯受（職銜：上清三洞經籙碧霄洞華太乙吏）蒐集北帝派傳承的經籙，重新編纂而成的《伏魔經（籙）》整理全集，總共10卷，即目前《道藏》所收錄之《伏魔經（籙）》版本。同個期間，歐陽雯受亦有重新將《天蓬籙》整理成目前《道藏》所收之《太上洞淵北帝天蓬護命消災神咒妙經》，此亦是北帝派的重要經籙。[263]

然而，唐代以來北帝派或以此抄錄傳承的《伏魔經（籙）》，與中華法籙道派的《天靈伏魔籙》具明顯有差異者，則是這兩種經籙雖有同名之實，然而所謂主尊之「北帝」實則內涵完全不同。尤其，中華法籙道派所尊的「北帝」，並非鄧紫陽或歐陽雯受傳承經籙所尊的「北方天帝」；而是前文所述，包含「北方天帝」在內，由玄武信仰轉變而成的「玄天大聖真武無上將軍」，也就是今日道教與民間信仰主流以玄天上帝作為認知的「北帝」，或是將玄天上帝視為「北帝化身」。[264] 儘管

262　李志鴻，《道教天心正法研究》（北京：社會科學文獻出版社，2011），頁1。

263　蕭登福，《玄天上帝研究》，頁127、138。Fabrizio Pregadio編，《中華道藏書目總錄》，第29冊（山景城：Golden Elixir Press，2009），頁42~43。

264　有關玄天上帝是「北帝化身」的解讀：道教的「北帝」，即「北方天帝」，屬於五靈玄老之一。在《伏魔經》內講述，六天魔王在人間發腥穢之氣，而使元始天尊指示「北帝」掃蕩六天魔王。此後，「北帝」皆領30萬天兵神降，常常巡視人間，追捕鬼怪瘟疫。不過到宋代以後，真武信仰興起，在真武諸經中，將「北帝伏模事蹟」調整成玄

目前無法完全得知彼時以「北方天帝」為主尊之《伏魔經（籙）》完整內容為何，然而從主尊的不同即可初步瞭解兩者內容應不一致；就其功能性而言，《天靈伏魔籙》是否與《伏魔經（籙）》相同，至少在「伏魔」的方向上是一致的，但內容中的異同而言，則還有需要再探究。基於此，筆者列出中華法籙道派藏之《天靈伏魔籙》與目前《道藏》內收錄的唐代北帝派傳之《伏魔經（籙）》進行列表比較，儘管無法確知其各自是否為完整經籙，但在初步比較上仍有其進行之必要性。（見【表1】）

表1：《天靈伏魔籙》與《伏魔經（籙）》之比較

| | 《天靈伏魔籙》 | 《伏魔經（籙）》 |
|---|---|---|
| 宗派傳承 | 中華法籙道派（系出天師清微派） | 唐代北帝派 |
| 成籙時代 | 南北朝～明清建構 | 南北朝～唐代 |
| 北帝主尊 | 北方天帝、玄天上帝（北帝化身） | 北方天帝 |
| 核心咒經 | 《太上正一天靈伏魔神咒妙經》、《太上九天延祥滌厄四聖妙經》 | 《太上元始天尊說北帝伏魔神咒妙經》（簡稱「伏魔經」） |
| 核心祕籙 | 《太上正一天靈伏魔斬邪祕籙》、《混元斗罡四聖伏魔大法祕籙》、《上清天蓬伏魔大法祕籙》、《混元飛捉四聖伏魔大法祕籙》 | 《太上北極伏魔神咒殺鬼籙》 |

天上帝到人間掃蕩六天魔王，儼然取代「北帝」。若從宗教的角度來看，倘若兩本經書都是屬於天上降下聖文，那麼可以理解為，此下降人間掃蕩的「北帝」，應是玄天上帝，而其可能是作為「北方天帝」的化身。另詳見：蕭登福，《玄天上帝信仰研究》，頁395～396。

| 核心咒語 | 〈玄帝真君神咒〉、〈天蓬神咒〉 | 〈天蓬神咒〉 |
|---|---|---|
| 核心符經 | 《北帝四聖伏魔祕法寶籙》、《北帝御前小四聖祕法寶籙》、《玄帝通天百解符牒》 | 無 |
| 壇場儀軌 | 無 | 《北帝伏魔經法建壇儀》、《伏魔經壇謝恩醮儀》 |

資料出處：蕭登福，《玄天上帝研究》，頁138。Fabrizio Pregadio編，《中華道藏書目總錄》，第29冊，頁42-43。

## 參、《天靈伏魔籙》的內部結構與經考

就前文所言，《伏魔經（籙）》的名稱最早起源於魏晉南北朝至唐代，並由北帝派發揚光大，更在唐宋時期逐漸形成經卷文獻，保存於《道藏》內。然而，就筆者考察中華法籙道派所藏的《天靈伏魔籙》所收錄的經卷，與經內最為主尊的神奇，並非是北帝派或《伏魔經（籙）》的崇祀對象「北方天帝」，乃是同樣以「北帝」為名號的玄天上帝作為該《天靈伏魔籙》的主尊神祇，並從該神延伸出的經籙體系。就《天靈伏魔籙》的內容，除了有〈請法詞〉與作為配奉經籙的證明（〈陰牒〉與〈陽憑〉）外，主要是由《太上正一天靈伏魔神咒妙經》、《太上正一天靈伏魔斬邪祕籙》、《太上九天延祥滌厄四聖妙經》、《北帝四聖伏魔祕法寶籙》與《北帝御前小四聖祕法寶籙》等主要經籙構成，其餘經籙因中華法籙道派宗門內密之係而無法公開，是故本篇就此幾卷經籙分別說明與考證。

# 一、《太上正一天靈伏魔神咒妙經》：《元始天尊北方真武妙經》精要版

《天靈伏魔籙》之「經」，乃是《太上正一天靈伏魔神咒妙經》，內文表現主要是以正一天師道坐落在龍虎山的總壇——「正一元壇」（即正一玄壇）為經籙締約之證盟主壇，也就是受到明太祖朱元璋（1328~1398）以來，將三山經籙規範大權交給「正一元壇」宗主正一真人（即張天師）管轄，使之實質晉升為「萬法宗壇」。[265] 由於有朝廷對「正一元壇」的支持，使其他民間道派均受正一天師道影響，更有甚者，將正一真人視為「道教教主」，時至今日道教徒所謂「教主」會與「張天師」作為同義詞。由於，龍虎山正一真人即「道教教主」，儘管正一天師道內的經籙並未有此，但因正一真人因過去六百餘年的政治影響與宗教「傳統」的形成，而變成一種道教任何經籙均需要由正一真人證盟的現象，而此現象亦反映在此《天靈伏魔籙》上。以「正一元壇」與正一真人作為證盟對象後，《太上正一天靈伏魔神咒妙經》籙文內便要填寫籙生（受籙人）的生辰八字，之後再以正一真人的名義，授權籙生得以行使此經籙的修行與法要——即可以誦持《太上正一天靈伏魔神咒妙經》本經、祕咒，以及驅邪盪穢救世之法。[266]

---

265 王見川，〈龍虎山張天師的興起與其在宋代的發展〉，《光武通識學報》（臺北，2004），頁281。毛帝勝，〈從《混弌法籙》見北宋道教諸山整合到《萬法宗壇》的形成初探〉，頁223~243。張○將主編，張天師府法籙局校註，《歷代天師傳》，下冊（臺北：正一嗣漢張天師府道教總會，2022，第二版），頁2~8。宋濂（明）等，《元史》，卷202，中國哲學書電子化計劃（https://ctext.org/library.pl?if=gb&file=138506&page=215#box(534,612.80000305 17578,2,4)），最後瀏覽時間：2022年7月8日。

266 《太上正一天靈伏魔神咒妙經》，《天靈伏魔籙》，中華法籙道派提供。

然而，回歸此《太上正一天靈伏魔神咒妙經》在《道藏》內並未查詢此經，但筆者就經文內容判斷，此經與北宋時期玄武崇拜而產生的經典——《元始天尊北方真武妙經》有著高度重疊，但就內容而言，《太上正一天靈伏魔神咒妙經》的內容則較少。筆者解錄幾則驚聞，以相互比較，如下表所示【見表2】。依照筆者節錄兩部經卷可知，《太上正一天靈伏魔神咒妙經》的內文除了有經籙的相關證盟詞彙與符咒之外，內容基本上完全脫胎自《元始天尊北方真武妙經》的經文，甚至還從中減少。然而，此經文建構亦非中華法籙道派對經籙的內部變動，而是江西的天師清微派本身的籙板（雕刻本）便是如此呈現。[267]

表2：《太上正一天靈伏魔神咒妙經》與《元始天尊北方真武妙經》之比較
（畫底線為相異處）

| | 《太上正一天靈伏魔神咒妙經》 | 《元始天尊北方真武妙經》 |
|---|---|---|
| 啓仰咒 | 無。 | 仰啓玄天大聖者，北方壬癸至靈神。金闕真尊應化身，無上將軍號真武……。 |
| 符文 | 「太上元始天尊敕太上玄天真武靈應護世攝」與兩道未知符式，共3道符文。 | 無。 |
| 經文：「爾時元始天尊……。」 | 爾時元始天尊，於龍漢元年七月十五日，在八景天宮上元之殿，安祥五雲之座，<u>與三十六天帝君</u>，十極真人，<u>無量飛天大神王，金童玉女</u>，侍衛左右，一時同會。<u>鼓動法。吾天樂汝當複座，靜默守神，吾當宣說是經也。</u> | 爾時元始天尊，于龍漢元年七月十五日，於八景天宮上元之殿，安祥五雲之座，與<u>三十六天帝</u>，十極真人，<u>無量飛天大神，玉童玉女</u>，侍衛左右，一時同會。<u>鼓動法音，天樂自響。大眾欣然，咸聽天尊說無上至真妙法。是時，上元天宮東北</u> |

267 蘇清六編著，《天師與經籙初探：臺灣道教百年百人首次晉品登梯閱籙》，頁308~309。

| | | |
|---|---|---|
| | | 方，大震七聲，天門忽開。下觀世界，乃有黑毒血光穢雜之氣。幽幽冥冥，從人間東北方，直上衝天，盤結不散。大眾咸驚，默然不敢議問。 |
| 經文：「時會中有一真人……。」 | 無 | 時會中有一真人，名曰妙行，威德充備，諸天欽仰，越班而出，執簡長跪，上白天尊曰：況此境清靜太陽道境，何得有此黑毒之氣，盤結衝上，是何異因？唯願天尊至聖，為眾宣說，絕其疑慮。天尊告曰：汝等妙行，能為眾生發問是由。汝當復坐，靜默安神，吾當為說。 |
| 經文：「天尊曰：下元生人……。」 | 天尊曰：下元生人，皆稟清靜氤氳真一之形，悉備三萬六千神氣，扶衛其身。今已陰陽數盡，劫運將終。魔鬼流行，信從邪道。不省本源，詔求餘福，昏迷沉亂。不忠不孝，不義不仁。好樂邪神，禱祭魔鬼。柱聽傷害，或老或少，或男或女。未盡天年，橫被傷殺。本非死期，魂無可託。鬼毒流盛，死魂不散。怨怒上衝，盤結惡氣，汝當省知。於是妙行真人與諸大眾，聞是說已，心大驚怖。<u>歡請天尊威光，暫降下方</u>，收除魔鬼，救度眾生。拔濟幽魂，去離邪橫。<u>大眾咸疑未敢聞說，是已心大驚。</u> | 天尊曰：下元生人，皆稟清靜氤氳真一之形，悉備三萬六千神氣，扶衛其身。今已陰陽數盡，劫運將終。魔鬼流行，信從邪道。不省本源，詔求餘福，昏迷沉亂。不忠不孝，不義不仁。好樂邪神，禱祭魔法。今為六天魔鬼枉所傷害，或老或少，或男或女。未盡天年，橫被傷殺。本非死期，魂無可託。鬼毒流盛，死魂不散。怨怒上衝，盤結惡氣，汝當省知。於是妙行真人與諸大眾，聞是說已，心大驚怖。<u>欲請天尊威光</u>，暫降下方，收除魔鬼，救度眾生。拔濟幽魂，<u>去離邪橫</u>。<u>大眾懷疑未敢。</u> |
| 玄帝真君神咒（佑聖咒） | 太陰化生，水位之精。虛危上應，龜蛇 | 太陰化生，水位之精。虛危上應，龜蛇 |

| | 合形。周行六合，威攝萬靈。無幽不察，無願不成。劫終劫始，剪伐魔精。救護羣品，家國咸寧。數中末甲，妖氣流行。<u>上帝有敕，吾故降靈</u>。闡揚正法，蕩邪辟兵。化育黎兆，<u>協贊中興</u>。敢有小鬼，〔谷頁〕來現形。吾目一視，五嶽摧傾。急急如律令。 | 合形。周行六合，威攝萬靈。無幽不察，無願不成。劫終劫始，剪伐魔精。救護羣品，家國咸寧。數中末甲，妖氣流行。<u>上帝有勑，吾故降靈</u>。闡揚正法，蕩邪辟兵。化育黎兆，<u>協贊中興</u>。敢有小鬼，欲來現形。吾目一視，五嶽摧傾。急急如律令。 |
|---|---|---|

資料出處：蕭登福，《玄天上帝研究》，頁138。《太上正一天靈伏魔神咒妙經》，《北帝伏魔錄》，中華法籙道派提供。《元始天尊說北方真武妙經》，中國哲學書電子化計劃（https://ctext.org/wiki.pl?if=gb&chapter=528131），最後瀏覽時間：2023年7月20日。

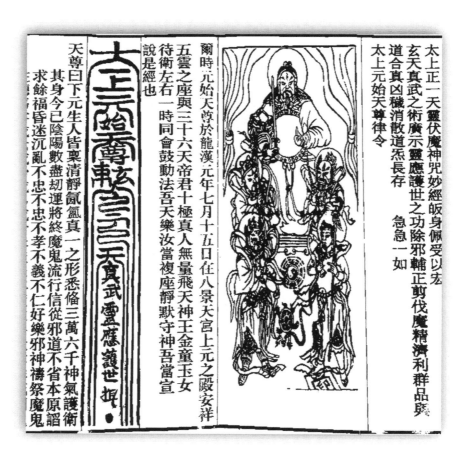

圖1：《天靈伏魔籙》之《太上正一天靈伏魔神咒妙經》局部經卷。
資料出處：中華法籙道派蘇清六道長提供。

## 二、《太上正一天靈伏魔斬邪祕籙》：「北帝」能量的授權書

《太上正一天靈伏魔斬邪祕籙》內文，開篇亦是要籙生在正一真人證盟下而得以使用該祕籙的法權。就該祕籙的內文強調，籙生領受與配戴此籙後，便能夠以道祖太上老君與玄天上帝的名義調遣「北帝」麾下神將，前去降妖伏魔，其中，該祕籙更針對「狐狸老精」、「千歲妖怪」、「百歲孽王」與其他偽造六天神祇的妖怪等。[268] 其中「六天神祇」，是指道教神系中位居六天以內的諸多鬼神，而所謂「六天」即是道教世界的北方羅酆山所屬六宮各神王管轄，而且這些「六天」鬼神都是由「北帝大魔王」所主宰的；這「北帝大魔王」亦即「北帝」的化身——酆都北陰大帝，又稱為北太帝君。[269] 這反映出《太上正一天靈伏魔斬邪祕籙》的神聖功能，係可以得到「北帝」的授權，代表其掃蕩擾亂人間的妖魔鬼怪，以及偽裝成「北帝」麾下部屬、幹部神祇的妖怪，使領受經籙者成為「北帝」在人間維護鬼魔秩序的代表人或代理者。

既然身為「北帝」在人間行使法權的代理者，也就是要讓籙生在領受經籙的同時，經過人間的籙師（負責根據生辰八字填寫經籙內文者）填寫經籙祕文與授籙法會高功道士演科刑法，而受到「北帝」統轄之北極驅邪院與諸雷上相府內的諸多真人、神將共同擔保。就目前的研究而言，「北帝」除了是「驅邪」、「伏魔」的代表神，同時也是道教發展史上作為「早期雷法」（或雷法思想雛形）的代表神與祕要行法。尤其，唐、宋以後的雷法代表宗派與法要，均是受到北帝派的影響而發展

---

268 《太上正一天靈伏魔斬邪祕籙》，《天靈伏魔籙》，中華法籙道派提供。
269 蕭登福，《玄天上帝研究》，頁150。

出來的，或是宋代以後北帝派或北帝信仰與雷法夾雜而產生新思維。[270]
故在宋代以後，既有驅邪又有雷法元素最有名者即「北帝符法、天心正
法、神霄雷法、酆嶽地祇法。」[271] 在宋代雷法大興之其，原先北帝派
或北帝信仰的神將，也逐漸轉換成使役雷法的雷將，如早期北帝派最為
推崇的天蓬元帥，在雷法中乃是統御雷將的大元帥。[272] 另外，作為雷
法具代表宗派——天心正法，其最高的神聖管轄機構與北帝派一樣都是
北極驅邪院。[273]

回歸此《太上正一天靈伏魔斬邪祕籙》，內有〈天靈伏魔真符〉，
乃是作為授籙者（籙生）與「北帝」與之轄管之北極區學院與諸雷上相
府相應的重要憑證。[274] 此〈天靈伏魔真符〉中，可見元命真人（籙生
之元神具象人物）在符文中央，該符內容除有書寫各種代表「北帝」與
之相關神祇的隱密諱字，同時也書有北極驅邪院與諸雷上相府之符文；
此外，內文亦強調能夠行使「伏魔斬邪」功能授權與穿著「絳服紅線」
與「綠披朱履」的權柄。[275] 然而，這道〈天靈伏魔真符〉的使用，如
筆者前文所言，需要依靠籙師的祕文填寫與高功行使法科，才能夠做到
與「北帝」麾下相應，而這些相應對象，分別是——「天靈白官伏魔斬
妖總督判官2人（護衛500人）、天靈白官伏魔斬邪陽神將軍2人（吏兵
50人）、天靈白官伏魔斬邪因神將軍2人（吏兵50人）、天靈白官保標
護身將軍2人（吏兵50人）；天靈白官保標擒伏將軍2人（吏兵50人）、

---

270　蕭登福，《玄天上帝研究》，頁271。
271　黎志添，〈道教地方科儀研究－香港道堂科儀及其歷史傳承〉，林富
　　　士編，《中國史新論－宗教史分冊》（臺北：聯經出版公司，
　　　2011），頁342。
272　蕭登福，《玄天上帝研究》，頁271。
273　李志鴻，《道教天心正法研究》，頁110。
274　《太上正一天靈伏魔斬邪祕籙》，《天靈伏魔籙》，中華法籙道派提
　　　供。
275　《太上正一天靈伏魔斬邪祕籙》，《天靈伏魔籙》，中華法籙道派提
　　　供。

天靈白官伏魔衛身將軍2人（吏兵50人）、天靈黑官伏魔監邪將吏2人（助手10人）、天靈黑官伏魔斬邪值符2人（助手10人）、天靈黑官伏魔斬邪使者2人（助手10人）、天靈黑官伏魔降邪將吏2人（助手10人）、天靈黑官伏魔斬邪御史2人（護衛50人）、天靈黃官伏魔斬邪刺奸2人（吏兵30人）、天靈黃官伏魔攝邪護身大神2人（吏兵30人）、天靈黃官伏魔斬邪擒奇使者2人（助手10人）、天靈黃官伏魔斬邪天醫治疾2人（助手10人）、天靈黃官伏魔斬邪仙官道人玉女各2人、天靈黃官伏魔青龍白虎朱雀玄武各2人」等。[276]

就上文列出之《太上正一天靈伏魔斬邪祕籙》與籙生共同立約的神將與真人而言，可以發現整部《天靈伏魔籙》的功能性，不僅保留北帝派的驅邪治病、監管鬼魔群妖、打擊奸邪人（俗稱小人）等，同時，這則《太上正一天靈伏魔斬邪祕籙》也扮演著如同《太上三五都功經籙》中的重要配件〈紅黑貢炁〉的功能——保命護身。通常保命護身的方法，都是以類似「藏魂」的方式行使，也就是將自己靈魂的一部份封印在某個物件上，而不受外邪入侵，類似的方法在世界各民族皆有類似法要——如同英國蘇格蘭人類學家James G. Frazer（1854~1941）在其著作《金枝：巫術與宗教之研究》曾講述到「民間習俗中靈魂寄存於體外的觀念」。[277] 回歸《太上正一天靈伏魔斬邪祕籙》部分，很可能因〈天靈伏魔真符〉內有需要填寫籙生的生辰八字與星斗聖諱，而能改變籙生命運外，更能夠讓籙生在人間行道之時，不受外邪侵擾，保護安身。[278]

---

[276] 《太上正一天靈伏魔斬邪祕籙》，《天靈伏魔籙》，中華法籙道派提供。

[277] James G. Frazer著，徐育新、汪培基、張澤石譯，《金枝：巫術與宗教之研究》，下冊（臺北：五南書局，2021），頁574。

[278] 《太上正一天靈伏魔斬邪祕籙》，《天靈伏魔籙》，中華法籙道派提供。

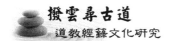
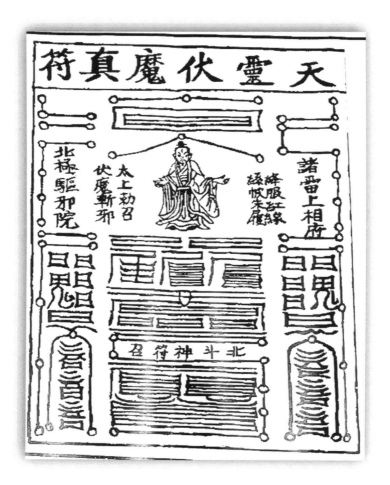

圖2：《天靈伏魔籙》之《太上正一天靈伏魔斬邪祕籙》的真符。
資料出處：中華法籙道派提供。

## 三、《太上九天延祥滌厄四聖妙經》：北極四聖的人間因緣

上述《太上正一天靈伏魔神咒妙經》與《太上正一天靈伏魔斬邪祕籙》都是以「北帝」與之化身玄天上帝作為主尊的經籙，再來談及以「北帝」四大部將——北極四聖〔天蓬、天猷、翊聖、真武（佑聖）〕為主尊的經典——《太上九天延祥滌厄四聖妙經》亦是驅動整部《天靈伏魔經籙》的重要經典之一。從歷史的角度看，《太上九天延祥滌厄四聖妙經》的成書時間應該是唐末宋初之時，正好是雷法興起的關鍵時刻，也是北帝派、北帝信仰與

就該經的內容而言，先有讚仰道教神祇的「啟請咒」（又作啟仰咒、請神咒）與贊仰諸神眾的寶誥，再來是類似佛教經典「開經偈」用

途的「開經玄蘊咒」，最後是《太上九天延祥滌厄四聖妙經》經文本文。[279] 就《太上九天延祥滌厄四聖妙經》內文，主要是講述西方白帝七炁天君基於感嘆世間人驕奢淫逸與以強凌弱，如同囚牢之狀，再加上世間人普遍遭受疾病之苦，不知使否有法可解，而祈請道教至高神元始天尊開示解方。元始天尊便說明，若要在這種紛亂的世間遠離一切苦厄，且又能夠消除疾病，需要奉請北極四聖鎮守，還要送持祂們的密咒，分別如下：

天蓬元帥之〈天篷神咒〉：

天蓬天蓬，九玄殺童。五丁都司，高刁北翁。七政八靈，太上皓兇。長顱巨獸，手把帝鐘。素梟三神，嚴駕夔龍。威劍神王，斬邪滅蹤。紫氣乘天，丹霞赫衝。吞魔食鬼，橫身飲風。蒼舌綠齒，四目老翁。天丁力士，威南禦凶。天騶激戾，威北銜鋒。三十萬兵，衛我九重。劈尸千里，袪卻不祥。敢有小鬼，欲來見狀。钁天大斧，斬鬼五形。炎帝烈血，北斗然骨。四明破骸，天猷滅類。神刀一下，萬鬼自潰。急急如律令。[280]

天猷元帥之〈天猷神咒〉：

天猷天猷，位列諸侯。上佐北帝，下臨九州。肩生四臂，項長三

---

279 《太上九天延祥滌厄四聖妙經》，《天靈伏魔籙》，中華法籙道派提供。洪百堅製作，《太上九天延祥滌厄四聖妙經》，正統道藏電子文字資料庫（ http://www.ctcwri.idv.tw/CTCW~CMTS/CMT01%E6%B4%9E%E7%9C%9F%E9%83%A8/CMT0101%E6%9C%AC%E6%96%87%E9%A1%9E/CMT0101ALL/CNDZ010126%E5%A4%AA%E4%B8%8A%E4%B9%9D%E5%A4%A9%E5%BB%B6%E7%A5%A5%E6%BB%8C%E5%8E%84%E5%9B%9B%E8%81%96%E5%A6%99%E7%B6%93.htm），最後瀏覽時間：2023年7月21日。
280 《太上九天延祥滌厄四聖妙經》，《天靈伏魔籙》，中華法籙道派提供。洪百堅製作，《太上九天延祥滌厄四聖妙經》，正統道藏電子文字資料庫。

頭。身披金甲，手執戈矛。雲隨步發，海逐身流。紅光杳杳，紫氣悠悠。雄風颼颼，猛霧颮颮。真氣宛轉，星斗回周。千神自朝，五嶽巡遊。金童鼓吹，玉女歌謳。名列金闕，位鎮酆都。蒼禽獅子，巨海蛟虬。三十萬兵，從我周遊。逢妖即斬，遇鬼皆收。人遭尤善，祟遇無休。降臨福氣，滌蕩無憂。無知小鬼，敢有遲留。吾目一視，永作泉囚。急急如律令。[281]

翊聖黑殺元帥之〈黑殺咒〉：

北方黑帝，太微六甲。五帝靈君，光華日月。威震乾坤，走符攝籙。絕斷鬼門，行神布氣。攝除五瘟，左右吏兵。三五將軍，雷公霹靂。電激風奔，刀劍如雨。隊仗如雲，手把帝鐘。頭戴崑崙，行遠天下。搜捉鬼神，九州社令。血食之兵，不許拒逆。敢有張鱗，鎮星縛手，北斗收魂。三臺七星，持劍斬身。罪不重考，殃及子孫。邪精魍魎，耳不得聞。聞吾呪者，頭破腦裂，碎如微塵。急急如律令。[282]

佑聖真武元帥（玄天上帝）之〈佑聖咒〉：

乾元有將，頂戴三臺。披髮圓象，真武威靈。助吾大道，龜蛇合形。身如山嶽，四氣朗清。金光赫赫，努目光明。牙如劍樹，手執七星。天魔外道，鬼魅妖精。見吾為血，化作紫塵。魁罡正氣，是吾本身。天符通現，大保乾坤。江河淮濟，五嶽之神。城隍社令，拱聽吾命。指揮綱紀，敢有攝停。上帝有勑，救護群生。敢有小

---

[281] 《太上九天延祥滌厄四聖妙經》，《天靈伏魔籙》，中華法籙道派提供。

[282] 《太上九天延祥滌厄四聖妙經》，《天靈伏魔籙》，中華法籙道派提供。

鬼，捉縛來呈。急急如律令。[283]

　　元始天尊說完密咒後，便開示北極四聖的專屬祕密符文與相關應用方式，最後西方白帝七炁天君再到各界向眾天仙宣說這部神聖經典。

## 四、北極四聖法：《北帝四聖伏魔祕法寶籙》與《北帝御前小四聖祕法寶籙》

　　暨《太上九天延祥滌厄四聖妙經》講述西方白帝七炁天君向元始天尊祈請，而開啟北極四聖隨「北帝」一同到世間拯救人類的因緣，該經內有初步談到有關北極四聖的基本神咒與符式。有關召請北極四聖與相關官將的符咒與祕法，在《天靈伏魔籙》內最為重要者乃是《北帝四聖伏魔祕法寶籙》與《北帝御前小四聖祕法寶籙》兩者。這兩分寶籙的源起，就經文說明而言，起源於「秦末漢初」之時，但卻無直接證據能夠佐證。但就此兩分寶籙應可追溯到南北朝至唐、宋時期北帝派或相關信仰，但具體成書時間不詳，但就目前可追之文獻僅有元末明初重新集結之《法海遺珠》，相關經典為《北帝四聖伏魔祕法》與《北帝御前小四聖祕法》。[284] 《天靈伏魔籙》與《法海遺珠》對此類經卷內容一致，很可能是《天靈伏魔籙》將《法海遺珠》內的經文直接採用，並轉型為經籙形式，並增加前文所言的證明資料，即自身生辰資料與正一真人證盟。[285]

---

283　《太上九天延祥滌厄四聖妙經》，《天靈伏魔籙》，中華法籙道派提供。
284　胡孚琛主編，《中華道教大辭典》（北京：中國社會科學出版社，1995），頁416。
285　《北帝四聖伏魔祕法寶籙》、《北帝御前小四聖祕法寶籙》，《天靈伏魔籙》，中華法籙道派提供。

就《北帝四聖伏魔祕法寶籙》與《北帝御前小四聖祕法寶籙》內文而言，北帝四聖又分別有「四聖」與「小四聖」兩種不同的部隊。就「四聖」的軍團組織，以天蓬元帥為北帝伏魔都主帥，都副帥為天猷元帥，而佐帥為黑煞翊聖元帥，輔帥玄武佑聖真君；「小四聖」則是以「祖師西蜀大洞張真人」（即「祖天師」張道陵）作為召請法派之祖師，即是以「祖天師」名義號召「小四聖」諸將，這些將帥分別為擔任專將護法廣靈威力宣化無面目大將軍北極都統的陳勝、通靈贊法闡道提頭瀝血大將軍吳廣、威雄金甲攄撲大將軍艮容（艮叔節）、顯應伏魔虎頭元神大將軍為耿溫（耿子澤）等四將，另有副將秦大椿元帥與溫贊元帥。[286]　最為有趣的是，「小四聖」之統兵大將——陳勝、吳廣、艮容與耿溫都是經籙所稱之歷史真實人物，前兩者為秦末民變的發難者與張楚政權（209 BCE）君主陳勝與吳廣，後者艮容為不清楚具體年代之人士，而耿溫為唐代北方人士，但筆者在史籍查無兩人相關原型。其中，《北帝御前小四聖祕法寶籙》特別強調：

> 此將乃玄帝化身，應世於秦末漢初，憤世虐刑，憂時荼毒，志在救民，領兵百萬，從其所使，天下雲合響應，威權有制，號令甚時，務在救濟生靈。功成行滿，在漢武帝朝，曾顯跡助闢有功，立廟食為將軍，燮理凡民。諸家法中，亦有無面目將軍。惟此將軍，乃大洞張君，知其去處，奏聞北極，領兵歸壇。凡有奏受之人，當敬之秘之，必彰感應，不可妄傳非人。其將軍上通北極，丸有禱祈，神應甚速。[287]

---

286　《北帝四聖伏魔祕法寶籙》、《北帝御前小四聖祕法寶籙》，《天靈伏魔籙》，中華法籙道派提供。
287　《北帝御前小四聖祕法寶籙》，《天靈伏魔籙》，中華法籙道派提供。

從此記述可知，陳勝被視為「北帝」或玄天上帝在人間的顯化，為解救「暴秦」所虐之天下萬民，陳勝死後，到漢武帝時被封神，庇佑信眾，感應迅速，之後由「祖天師」張道陵保舉為北極小四聖之首。[288] 其餘如吳廣等諸將，亦如陳勝一般，均是由「祖天師」張道陵舉薦成為「北帝」御前將領。由此可知，此《北帝御前小四聖祕法寶籙》有別於《天靈伏魔籙》內其他經籙，需要奉請「祖天師」才能夠得到召請官將的法權。

《北帝四聖伏魔祕法寶籙》與《北帝御前小四聖祕法寶籙》亦有個特色，即內部召請之各官將的咒語都會搭配著佛教梵文式漢字，如「唵吽吽」與「唵……娑訶」。[289] 有關道教的經法內具有佛教相關神祇或是佛教相關文字，這些都是與雷法有著緊密關係，通常都是成書於宋代以後。從這裡可以印證前文所述，宋代時，雷法興起，而道士使用雷法內煉與召將的元素多借用佛教密宗的概念，同樣的，這種雷法的思維與佛教密宗的影響，對北帝派或相關信仰有著進一步的整合，也可能在這時候，不僅北極四聖與「小四聖」都變成雷將，並使用梵文採炁與召將。[290] 以《北帝御前小四聖祕法寶籙》的陳元帥——陳勝為例，內有「陳元帥符」與「陳元帥真形符」（陳元帥策役符），並要搭配〈召請咒〉：「謹請北方大尊神，號曰無面目大將軍。手執鐵杖，拷鬼通名。烏都赤帝神，竭力不可聞。手持縛龍制鬼杖，拷鬼速通名。吾奉北極紫微大帝敕。」還有〈陳元帥祕咒〉（梵咒）：「唵。喏哪咭吒嚧咦蘇。娑訶。」以及與陳元帥「合炁」祕訣：「清清泠泠。無面大將軍。陳勝

---

288 《北帝御前小四聖祕法寶籙》，《天靈伏魔籙》，中華法籙道派提供。

289 《北帝四聖伏魔祕法寶籙》、《北帝御前小四聖祕法寶籙》，《天靈伏魔籙》，中華法籙道派提供。

290 謝世維，《大梵彌羅——中古時期道教經典當中的佛教》（臺北：臺灣商務印書館，2013），頁11~14。

第七章

疾。吾奉北帝敕火急捉鬼神。北帝威靈束縛來呈。敢有拒逆化作微塵。左手煞炁衝天。右手鐵杖拷邪。精入將〇〇〇（姓）在前手以敕字蓋之。以召咒裝身，次存將以腎炁猛布入【瓁】。」（指訣在此省略）如此方能真正能夠召請陳元帥其前來行法，其他官將的召請方式亦然。[291]

圖3：《天靈伏魔籙》之《北帝御前小四聖祕法寶籙》的陳元帥真形符。
資料出處：中華法籙道派提供。

<hr />

[291] 《北帝御前小四聖祕法寶籙》，《天靈伏魔籙》，中華法籙道派提供。《法海遺珠》，卷33，《北帝御前小四聖秘法》，中國哲學書電子化計劃（https://ctext.org/wiki.pl?if=gb&chapter=837506），最後瀏覽時間：2023年7月21日。

# 肆、結語：《伏魔經（籙）》至《天靈伏魔籙》演變

中華法籙道派傳承之《天靈伏魔籙》，就內容而言與南北朝以將形成的《伏魔經（籙）》與因這些經籙而形成的唐代北帝信仰與由鄧紫陽成宗立派的北帝派，具有著一定的落差。但從本質上，《伏魔經（籙）》與《天靈伏魔籙》都是以「北帝」作為主尊，並且都有降妖伏魔與驅邪治病的術法；但就內文而言，《天靈伏魔籙》累積自南北朝至明代有關「北帝」與玄天上帝相關的經卷，與宋代受到並由天師清微派另外集結而成的嶄新「伏魔籙。然而，這《天靈伏魔籙》內最為特色者，是以「北帝」的化身——玄天上帝作為經籙各術的執法主尊，但《天靈伏魔籙》的官將卻與傳統玄天上帝身邊的部將不同，而是承襲「北帝」的兩大官將——北極四聖與北極小四聖。其中，北極四聖內亦有玄天上帝（佑聖真君），因此可以理解《天靈伏魔籙》的主尊並非單指玄天上帝，而是「北帝」本尊與之化身。

經籙實踐方面，領受《天靈伏魔籙》者之生辰八字與星斗都與「北帝」締定了契約，而受到其轄管的北極驅邪院與諸雷上相府兩個單位轄管，這可以反映出，此經籙除有傳承過去北帝信仰的元素，更能見得其受雷法的影響。在籙生透過此經籙與「北帝」締約後，並有權可以奉「北帝」名義驅使北極四聖與諸官將，及奉「祖天師」的名號調遣北極小四聖等「北帝」御前部隊。此外，《天靈伏魔籙》內的祕法主要為召將使用的術法，透過指訣、符文與咒語來與北極驅邪院與諸雷上相府相應。其中，咒語的部分又有以梵文構成的祕咒，更難呼應宋代雷法對北帝信仰的影響，而彼時雷法又大量藉鑑佛教密宗的法科觀念。

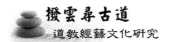
# 徵引書目

《太上九天延祥滌厄四聖妙經》，《天靈伏魔籙》，中華法籙道派提供。

《太上正一天靈伏魔斬邪祕籙》，《天靈伏魔籙》，中華法籙道派提供。

《北帝四聖伏魔祕法寶籙》，《天靈伏魔籙》，中華法籙道派提供。

《北帝御前小四聖祕法寶籙》，《天靈伏魔籙》，中華法籙道派提供。

《北帝御前小四聖祕法寶籙》，《天靈伏魔籙》，中華法籙道派提供。

《法海遺珠》，卷33，《北帝御前小四聖秘法》，中國哲學書電子化計劃（https://ctext.org/wiki.pl?if=gb&chapter=837506），最後瀏覽時間：2023年7月21日。

Fabrizio Pregadio編，《中華道藏書目總錄》，第29冊，山景城：Golden Elixir Press，2009。

James G. Frazer著，徐育新、汪培基、張澤石譯，《金枝：巫術與宗教之研究》，下冊（臺北：五南書局，2021），頁574。

毛帝勝，〈從《混弌法籙》見北宋道教諸山整合到《萬法宗壇》的形成初探〉，頁223~243。

王卡，《道教史話》，北京：社會科學文獻出版社，2012。

王見川，〈龍虎山張天師的興起與其在宋代的發展〉，《光武通識學報》（臺北，2004）。

田曉膺，《隋唐五代道教詩歌的審美管窺》，成都：巴蜀書社，2008。

宋濂（明）等，《元史》，卷202，中國哲學書電子化計劃（https://ctext.org/library.pl?if=gb&file=138506&page=215#box（534,612.8000030517578,2,4），最後瀏覽時間：2022年7月8日。

李志鴻，《道教天心正法言就》（北京：社會科學文獻出版社，2011。

李志鴻，《道教天心正法研究》，北京：社會科學文獻出版社，2011。

李遠國，〈唐宋北帝派的歷史考辨〉，《正一道教研究》，第1輯（北京，2012）。

洪百堅製作，《太上九天延祥滌厄四聖妙經》，正統道藏電子文字資料庫（http://www.ctcwri.idv.tw/CTCW~CMTS/CMT01%E6%B4%9E%E7%9C%9F%E9%83%A8/CMT0101%E6%9C%AC%E6%96%87%E9%A1%9E/CMT0101ALL/CNDZ010126%E5%A4%AA%E4%B8%8A%E4%B9%9D%E5%A4%A9%E5%BB%B6%E7%A5%A5%E6%BB%8C%E5%8E%84%E5%9B%9B%E8%81%96%E5%A6%99%E7%B6%93.htm），最後瀏覽時間：2023年7月21日。

胡孚琛主編，《中華道教大辭典》，北京：中國社會科學出版社，1995。

張○將主編，張天師府法籙局校註，《歷代天師傳》，下冊，臺北：正一嗣漢張天師府道教總會，2022，第二版。

黎志添，〈道教地方科儀研究——香港道堂科儀及其歷史傳承〉，林富士編，《中國史新論——宗教史分冊》（臺北：聯經出版公司，2011），頁342。

蕭登福，《玄天上帝研究》，臺北：新文豐出版股份有限公司，2013。

謝世維，《大梵彌羅——中古時期道教經典當中的佛教》，臺北：臺灣商務印書館，2013。

謝路軍，《道教概論》，北京：中央民族大學出版社，2006。

蘇清六編著，《天師與經籙初探：臺灣道教百年百人首次晉品登梯閱籙》，臺南：文國書局，2021，第二版。

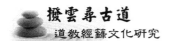

# 第八章 《真武籙》建構與在臺傳承

## 摘要

臺灣經籙傳承歷史，主要與張天師及《萬法宗壇》相關教派傳承有密切關係，但卻因蘇清六與其組織的中華法籙道派打破了這個傳統，即其引入非《萬法宗壇》體制下的經籙——《真武籙》，並首次在臺灣傳授。然而《真武籙》的起源為何？該籙的前身為真武諸經，是以玄天上帝作為主尊的經典，這些經典的問世，又與上古中國玄武信仰有關，該信仰到宋代又逐漸建構出真武無上將軍與玄天上帝的神格，而使朝野間風靡該神祇之信仰崇拜。時至明代，道教經籙傳承權柄被皇帝與朝廷限縮在龍虎山正一玄壇張天師手中，彼時明廷更指派張天師修纂《道藏》，張天師也在過程中將重要的神祇建構成獨特的經籙，其中便包含《真武籙》在內。


關鍵詞：真武籙、玄天上帝、經籙、中華法籙道派、道教。

# 壹、前言

臺灣是一具有多元信仰的地方，不僅包容各大宗教，各別宗教間亦各有特色存在。其中，臺灣人口目前（民國112年，西元2023年）以漢人為多數，而漢人所信仰的宗教，則是以儒、佛、道三教混合而有的民間信仰，而這些民間信仰者都常以「道教徒」自居。然而真正所謂「道教」，是一具有嚴謹制度之宗教，其最有特色處，在於使用「符籙」行使法科。所謂的「符」，較為人們所知，係以特殊的文字符號構成的一種傳達某意念至靈界的指令；「籙」則較不為人所知。道教正一道第五十四代嗣漢天師張繼宗（1666~1715）曾在《崆峒問答》第42問與第43問內曾談及，清初道教重要的三十三品階的寶籙（即經籙與法籙），分別有：

> 都功、盟威、五雷、大洞、中盟、三洞、預修、拔亡、延生、伏魔、文昌、祈嗣、保童、血湖、三官、北斗、真武、玄壇、趙侯、玄女、華蓋、咒詛、九牛、二十八宿、紫微、自然、神霄諸籙。[292]

尤其，張繼宗天師特別在《崆峒問答》第112問至第113問內特別提及北帝信仰的相關經籙——即《真武籙》（又稱「玄武籙」）與《北帝伏魔籙》，尤其，特別介紹到《真武籙》為「《真武籙》乃報恩教主受天大將軍，受之者報恩福生，濟物護身。」[293] 當中談及《真武籙》為道教寶籙中具有祈福護身之用的重要經籙，而該籙主尊乃是「報恩教主」與「天大將軍」，也就是北方真武玄天上帝（本文軍簡稱「玄天上帝」）。

---

292　張繼宗（清），《崆峒問答》，無頁碼。
293　張繼宗（清），《崆峒問答》，無頁碼。

　　《真武籙》，依照《道藏》與曾經負責嗣漢天師府法籙局制籙的江西省修水縣普濟道院記載，正式全稱乃是「太上玄天真武無上將軍籙」，俗稱「北極玄天真武經籙」。[294] 就目前《真武籙》研究不多，主要有民國80年（1991）中共國家圖書館前館長任繼愈（1916~2009）與道教學者鐘肇鵬一同著作之《道藏提要》，內容針對明正統與明萬曆版本之《道藏》作說明提要，其中講述《真武籙》的部分提到：「內有玄天大聖真武無上將軍像，有〈攝鬼神咒〉、〈祛鬼神咒〉、〈煞鬼神咒〉；有符圖及所代表之將軍，使者、力士和玉童玉女等；有受籙盟儀，請籙法詞等；有祖玄真三師玉諱，經籍度三師法諱等。後附正應天師和天師廣徵真人頌揚天師世家之歷史和受崇封等語。」[295] 就內容而言，乃目前中共學界對《真武籙》相對完整的學術性介紹文章；再者是民國103年（2014）長期道教研究專業的蕭登福整理與導讀的文獻彙編——《玄天上帝籍籙編》，蕭氏在該集冊中將《真武籙》內容以經籍解讀的方式呈現，主要說明各經典結構與成書年代，較為可惜的是，並未以經籙的結構概念對《真武籙》相關內容作解讀，諸如「請法詞」內容談及之經、籍、度三師，為何僅列特定幾位張天師而已？與《真武籙》與張天師的關係又為何？蕭氏另在其著作《玄天上帝信仰研究》中提出《真武籙》的建構很可能出自第四十三代嗣漢天師張宇初（1361~1410）。[296] 在中共學界與蕭登福外，就是具道教經籙傳承者身分的蘇清六（道名：蘇大道）與其教團——中華法籙道派，蘇氏本身具

---

[294] 蘇清六編著，《天師與經籙初探》（臺南：文國書局，2014年），頁266。

[295] 任繼愈主編，鐘肇鵬副主編，《道藏提要》（北京：中國社會科學院，1991年），頁957。

[296] 蕭登福主編，《玄天上帝籍籙編》（臺北：樓觀臺文化事業，2014年），頁19~69。蕭登福，《玄天上帝信仰研究》（臺北：新文豐出版社，2013年），頁407。

有修水普濟道院經籙傳承，其中即包含《真武籙》，其亦有在臺灣進行授籙儀式至今，並於民國104年（2015）出版專書《天師與經籙初探》，當中詳細解說該籙的功能與內容概述，較不同的是，談及《真武籙》的領受限制，蘇氏將之限制在乩士、法官（法門神職人員）與用來神祇裝臟等。[297] 然而，蘇清六編撰的專書，書中主要說明《北方真武妙經》經文與放置大量豐富的修水經籙照片，這些經籙也是蘇清六與他成立的中華法籙道派收藏文本，但並未特別著墨籙的結構分析，此為該著作可惜之處。[298]

　　綜觀前人整理有關《真武籙》的資訊，筆者有幸因工作地緣故而與蘇清六所在地區鄰近，方有機會接觸到中華法籙道派所傳承之《真武籙》文本（即修水普濟道院戴祥柳道長之傳承版）。因此，本研究將透過中華法籙道派提供的《真武籙》經卷，初步窺探《真武籙》在歷史上的文本起源可能性，再根據中華法籙道派本，解讀《真武籙》內容，以及說明該經籙如何經修水普濟道院到臺灣臺南蘇清六處，最後，再針對蘇清六在臺灣舉辦授籙法會的狀況與傳授、定位《真武籙》，試圖了解《真武籙》臺灣本土化的歷史進程。

## 貳、《真武籙》建構與傳承概述

　　中國歷史上的真武信仰，可追溯到遠古對北方星宿——玄武星的崇拜，先是演化成「四靈」方位崇拜，以「龜蛇交媾」式的玄武形象呈現。時至宋代，從官方到民間的玄武崇拜大興，彼時因宋真宗趙德昌（968~1022）建構並提升「祖先神」趙玄朗地位之故，而使眾神避趙玄

---

[297]　蘇清六編著，《天師與經籙初探》，頁266。
[298]　蘇清六編著，《天師與經籙初探》，頁268~369、270~272。

朗名諱，這使玄武神被迫改稱「真武」。[299] 亦在宋代，因玄武神格逐漸提升，而出現若干經典，據蕭登福研究，從南宋孝宗時期（1162~1189）的陳伀所著之《太上說玄天大聖真武本傳神咒妙經注》，引用之許多真武經典都大約是北宋時期建構完成，如《本生經》、《玄帝勸文》、《佑聖經》等。[300] 亦在此時，真武逐漸從玄武神晉升為鎮守北方的真武無上將軍，最後逐漸成為「北帝化身」之玄天上帝。儘管在宋代以後，逐漸出現以玄天上帝為主的經典，但所謂相關之「經籙」則不見於史籍記載。就目前歷史可考以「真武籙」為名的經籙，不論是本研究談及之《太上玄天真武無上將軍籙》，或是以「真武」、「玄武」相關之經籙、法籙，最初當溯自《伏魔籙》內之真武名目，但《伏魔籙》是以「北帝」為經籙本尊而非「真武」。確以「真武」或「玄武」為名之籙，最早可追溯到明永樂年間，即明成祖朱棣（1360~1424）宣揚玄天上帝時，此時期也是中國歷史上真武信仰巔峰，彼時方有法籙專此為名，即《真武法籙》，惟具體內容為何，目前尚不可盡知。[301]

明代（1368~1644 or 1683）現存文獻，有關《真武籙》紀錄之文字所在鮮有，然蕭登福在其著作中提及，明初的嗣漢天師張宇初基於經籙結構，而效仿「祖天師」張道陵傳下的《道籙》——《太上三五都功經籙》與《太上正一盟威經籙》的格式，將宋、元、明三代建構的玄天上帝相關經典，建構出《太上玄天真武無上將軍籙》，而張宇初建構經籙的時間點，正好是在明永樂年間（1403~1424），即明廷指示嗣漢天師

---

[299] 李志鴻，《道教天心正法研究》，（北京：社會科學文獻出版社，2011年1月），頁124。

[300] 蕭登福，《玄天上帝信仰研究》，頁415~416。

[301] 卿希泰，《中國道教史》，第3卷（成都：四川人民出版社，1988年），頁464。

（自明太祖以來正式稱號為「正一真人」）[302] 主持《道藏》纂修工作。因此，彼時的《真武法籙》或《真武籙》，應即此張宇初天師建構之《太上玄天真武無上將軍籙》。[303]

至於《真武籙》的性質與功能，就清康熙時期（1661~1722）的第五十四代天師張繼宗在《崆峒問答》中指出，玄天上帝本為「報恩教主」，領受此部經籙便能「報恩福生，濟物護身。」[304]《真武籙》既是依正一道「祖天師」張道陵的《道籙》格式製造，當具有「職位」之特色，因正一道本是東漢末年在漢中蜀地建構出的政教合一政權，劃分政權行政區為「治」，而行政首領稱為「治頭」（即都功）同時身兼宗教祭祀性質的「祭酒」職務。[305] 是故，自明以來，正一道張天師統領道教三山經籙，《萬法宗壇》（以龍虎山正一玄壇為核心）所頒布的基本經籙便是預表作為職位制度的《太上三五都功經籙》之職，每位道士的神職人員都是以「三五都功」作為職位根基。由此可知，過去的各派經籙與之後由張宇初天師建構的經籙，都在其統整經籙與制定《道藏》時，被進一步規範與制定。然而，包含《真武籙》在內，張繼宗天師在《崆峒問答》中乃強調其性質及功能，而非職位，因此將《真武籙》視為能力取向的「法籙」當較為合理。

---

302 明太祖朱元璋曾對張宇初天師質疑「天豈有師乎？」因此，明清時期，朝廷給予張天師的正式稱號都是「正一嗣教真人」，簡稱「正一真人」。但若從明弘治6年（1494）的《孝康敬皇后張氏受籙圖》（張皇后籙牒圖卷）籙卷來看，該籙中仍是以「嗣教嗣十七代天師臣張玄慶」作為時任天師張玄慶的宗教正式頭銜。可詳見：Luk Yuping, The Empress and the Heavenly Masters: A Study of the Ordination Scroll of Empress Zhang (1493) (Hong Kong: The Chinese University of Hong Kong Press, 2016).

303 蕭登福，《玄天上帝信仰研究》，頁407。

304 張繼宗（清），《崆峒問答》，無頁碼。

305 《三國志·張魯傳》記載：「受本道已信，號祭酒。各領部眾，多者為治頭大祭酒……。不置長吏，皆以祭酒為治，民夷便樂之。」陳壽（西晉），《三國志》，收錄許嘉璐主編，《二十四史全譯》（上海：漢語大辭典出版社，2004年），頁127。

所謂「法籙」，顧名思義即「道教術法」與「紀錄」（「籙」字本意），正一道第三十代嗣漢天師「虛靜先生」張繼先（1092~1127）曾言：

> 吾家法籙，上可以動天地，下可以撼山川；明可以役龍虎，幽可以攝鬼神；功可以超朽骸，修可以脫生死；大可以鎮邦家，小可以卻災禍。然得之在修，失之在墮。[306]

由此可知，以張天師為首的龍虎山正一道在「法籙」方面的知名度，自宋代以來，便因張天師家族擅於「五雷法」（此出自宋代大興的「雷法」）與「考召法」而連帶響徹民間與官方，甚至被賦予許多神話色彩，以強化虛靜先生與張天師領導的正一玄壇神聖性。[307] 這些正一法籙的權威性與特色，也充分反映在《真武籙》內，此部分會在下文持續說明，單就《真武籙》的核心主籙——即《太上玄天真武無上將軍籙》本卷，此處引用兩代張天師的話語，一窺該法籙的權威性是如何被強化。就《道藏》內收錄的《太上玄天真武無上將軍籙》本卷中第三十二代嗣漢天師「正應先生」張守真（？~1176）之言：

> 太上設教，流傳世學，由是歷代真師，對懸寶訓，汲引有緣，繩繩不絕。我以夙慶，世戴國恩，紹正一之師稱，振天目之宗緒。第法籙傳世寖遠，乃選良匠鋟木成書，以久其傳。若夫禁戒持守，惻隱慈悲，從古至人，莫不知是。登壇善信，各宜滌除玄覽，積行累

---

306　張澤洪，《道教神仙信仰與祭祀儀式》（臺北：文津出版社，2003年），頁314。

307　高振宏，〈虛靖天師傳說研究：筆記、小說與道經的綜合考察〉，《政大中文學報》，第23期（2015年6月），頁137。

功，庶幾有願皆符。自此超凡入妙，昭然盟載，可不慎歟。[308]

再引第三十八代嗣漢天師「廣微真人」張與材（？～1316）所言：

我家以太上符籙，濟度人天，保鎮國祚，千有五百餘歲矣。祖訓孔昭，奚庸贅贊。惟我先真君際遇聖朝混一區宇，首見尊崇，江南冠褐，咸隸管領。予襲教以來，三朝帝闕，疊被恩光，恭遇龍飛，特頒煥號。以精嚴比虛靖（筆者按：即「虛靜」），謂祇肅似沖和，加官徽例於唐朝，詐土進封於留國。做好事，傳法籙，俾紹先猷；祈福貺，禦民災。欽承聖訓。祈天永命，敢不祇勤，度籙傳符，益彰開化。上以對懇天子丕顯之命，下以敷錫庶民皇極之休。尚克時忱，以介景福。[309]

這些話語同第三十代嗣漢天師張繼先呼應，都是強化由張天師家族為核心統領之龍虎山正一玄壇或正一道傳承法籙的權威性，同時這些話語僅於《真武籙》內出現，可能在表示該籙本身的性質，當在幫助入道之眾，在領受經籙後可以獲得祈福與避災之效果，並從籙中獲得教化，成為道教的真正修行人（超凡入聖），同時也因當時帝制中國的環境權威因素而強調領受者需要成為當朝的順民。

從《太上玄天真武無上將軍籙》本卷的內容，尤其在「張天師寄語」部分顯然可見《真武籙》建構於明代的時空痕跡。從這些史料與資訊判斷，不僅可看出宋代以來真武信仰逐漸興起，乃至明代君主對玄天上帝推崇之下，而催化《真武籙》的誕生；同時《真武籙》內要求領受

---

308　《正統道藏》，正一部，《太上玄天真武無上將軍籙》，洪百堅，正統道藏電子文字資料庫（https://reurl.cc/4oMv0V），最後瀏覽時間：2023年7月25日。

309　《正統道藏》，正一部，《太上玄天真武無上將軍籙》，洪百堅，正統道藏電子文字資料庫。

者為「順民」之言語，筆者認為應是明代以來的皇帝與朝廷透過龍虎山張天師來節制可能成為帝制中國潛在威脅的民間道教勢力。有關張天師協助朝廷管控民間宗教的緣由，可追溯自東漢以來各種宗教道民或教民的諸多反抗朝廷事件，便如明朝本身也是承襲元末白蓮教首領（自稱孔雀明王與彌勒佛降世）韓山童（明王，1318~1351）與韓林兒（小明王，1340~1367）父子與其他教眾，為抗蒙元而建立的「宋」政權（又稱韓宋，1355~1366）。[310] 這一點，在明、清時期許多檔案皆可見得，尤其在清代（1616 or 1644~1912），皇帝經常將調查取締民間宗教之事指派予龍虎山張天師進行，如清嘉慶20年（1815）舊曆5月10日（新曆6月16日）軍機處與兩江總督都曾受嘉慶皇帝（1760~1820）的上諭，指示當時的張天師——張鈺（？~1872）管制遊方道士與逮捕「逆匪」（指白蓮教教眾與抗清道士）。[311]

再探討回《真武籙》本身，幾乎在明、清時期看不到相關的傳授紀錄，最多僅能從張繼宗天師的《崆峒問答》反映出清初還有《真武籙》的傳授。此外，目前筆者能找到的資料，還有在清代協助龍虎山嗣漢天師府法籙局的江西省修水縣天師清微派普濟道院，該道院世代以戴氏為掌門主持，傳承至清末、民國時期（1911~1949 or present），戴氏仍有保留法籙局之制籙工作與授籙儀式。其中，當前傳人戴祥柳道長便有保留該道院有關經籙記載的清代手抄本——《靈寶各籙品秩一宗》，該手抄本內有一章名為〈各籙品秩〉，當中述說修水普濟道院內將各個經籙

---

310 馬西沙、韓秉方，《中國民間宗教史》，上冊（北京：中國社會科學出版社，2004年），頁120。楊訥，《元代白蓮教研究》（上海：上海古籍出版社，2004年），頁176。

311 〈字寄兩江總督百齡等奉上諭拾獲不法字跡一案著即各飭所屬員弁並傳諭正一真人新鈺嚴密盤詰當地遊方道士并上緊緝捕祝現等犯〉，諭旨，宮中檔奏摺統一編號：故宮105070，清代檔案檢索系統（https://reurl.cc/DAQopR），最後瀏覽時間：2023年7月25日。

等級比照《萬法宗壇》各項職籙（如：《太上三五都功經籙》至《上清大洞經籙》）的官銜品級，其中《真武籙》亦被視為職位，並定為「正五品」官銜。[312] 因此筆者推測，在清代以後，不論是否有龍虎山正一玄壇、法籙局或張天師授權，至少在修水普濟道院的傳承中，最初作為術法傳承與祈福使用的《真武籙》於此乃具有官銜品秩的「職籙」（下稱「修水本」）。就筆者與中華法籙道派掌門宗師蘇清六訪談，其於民國102年（2013）6月至江西省修水縣與戴祥柳道長學習，除從其手上領受修水本《真武籙》外，亦獲得傳授經籙之權柄。蘇清六攜經籙返臺後，便組織中華法籙道派，並於隔年4月開始舉辦授籙儀式，開啟臺灣傳授《真武籙》濫觴。[313] 然而，蘇清六帶回的《真武籙》內容為何呢？本研究於下個章節會針對中華法籙道派允許公開的《真武籙》內容進行說明。

## 參、《真武籙》的經卷內容解讀

民國102年（2013）6月，蘇清六成為江西省修水縣天師清微派普濟道院門下第一位臺灣弟子，主持戴祥柳道長更承奉玉皇上帝名義頒布授權文疏，以作為其師承證明，內容談到：

泰玄都省行壇臣　戴宣道（筆者按：戴祥柳）欽奉　道旨頒降　昊天金闕玉皇大帝　聖旨敕封　臺灣省首屆　天師門下　大洞經籙弟子　蘇大道（筆者按：蘇清六），為大陸、國外、臺灣等地道教各

---

　　　　　　　　　　　　　　　　　　　　　　第八章

門各派，包括全真龍門等派，皆為傳度受籙引進大師之職。[314]

於此之後，蘇清六苦練於填籙、研籙工作，並協助安籙科儀。蘇清六首場道教授籙儀式，為民國104年（2015）4月3日與臺南市協安壇的歐進斌道長一同舉行授籙、閱籙與安籙儀式，可以說是臺灣首次頒布包含《真武籙》在內其他非《萬法宗壇》規範之經籙。然而，蘇清六與之中華法籙道派收藏之《真武籙》，除有修水普濟道院傳承的版卷與刻板外，蘇清六亦委派其弟子蔡忠翰進行美工優化，成為目前中華法籙道派頒布的經籙。就筆者見解而言，過去各宗教經典在傳抄過程中皆會有訛誤，而中華法籙道派將經籙「美工」的行為，無論有意無意皆可能有增減內容或相關版面更動情事，故筆者再再於本研究中強調所見之《真武籙》屬中華法籙道派版本（下稱「法籙道派本」）。

法籙道派本《真武籙》收有《太上玄天真武無上將軍祕籙請法詞》（請法詞）、《太上玄天真武無上將軍祕籙》、《太上元始天尊說真武靈應護世妙經》、《太上玄天真武豁落七元祕籙》、《玄天上帝說報父母恩重經》、《太上紫微神兵護國消魔祕籙》、《北陰酆都太玄制魔收攝邪巫法籙》、《太上玄天真武無上將軍祕籙陽牒》（陽憑）、《太上玄天真武無上將軍祕籙陰牒》（陰憑）與〈玄武宗壇〉（職牒）……等共55卷，筆者根據蘇清六願意對外公開的《真武籙》經卷，於下解讀《太上玄天真武無上將軍祕籙請法詞》與《太上玄天真武無上將軍祕籙》本卷。[315]

---

[314] 戴宣道，〈昊天金闕玉皇上帝聖旨敕封蘇大道〉（修水：普濟道院，2013年），蘇清六提供。

[315] 筆者，〈蘇清六道長訪談稿〉（未出版），地點：臺南市東區，訪談時間：2022年7月4日。

## 一、太上玄天眞武無上將軍祕籙請法詞

　　請法詞，為經籙領受時，籙生要在歷代祖師、當代張天師或三師座前立誓發願以及透過該詞表達出籙生渴望修行此法的表現等諸多事由之受籙證盟疏文。每一則經籙的請法詞內容均不同，而《真武籙》的請法詞，即此《太上玄天真武無上將軍祕籙請法詞》。該請法詞結構主要可分為前、後二段，前段有求籙時間、求籙者（籙生）生辰資料、張天師（「祖天師」或歷代天師）見證與祈請文等，各項都是屬於正一道管轄經籙之必備證盟文句。[316]

　　後段則與其他請法詞內容略有不同，在其他經籙中所不見者，即出現正一道「祖天師」張道陵與歷代特定幾位張天師，這當中筆者再細分為前、後兩部分。前部分內容為「祖、玄、真」三師，但在這裡卻出現缺漏問題，比較《道藏》正一部的《太上玄天真武無上將軍祕籙請法詞》版本（下文稱「道藏版請法詞」），《道藏版請法詞》點出「祖、玄、真」三師，分別為漢天師（祖天師／祖師）張道陵、嗣漢天師（二代天師／玄師）張衡、系漢天師（三代天師／真師）張魯等；[317] 然而，法籙道派版本的《請法詞》雖有羅列「祖、玄、真」三師，祖師的部分卻變成張衡天師，真師一樣是張魯天師，「祖天師」與玄師部分則直接消失，這是法籙道派本的「相對缺漏」處，究竟是修水本版卷的本身性缺失，或另有玄機，目前暫時無法考定。[318]

　　後段的後部分則是與《萬法宗壇》系列職籙《請法詞》與《陽

---

316　蘇清六、蔡忠翰重編，《太上玄天真武無上將軍祕籙‧太上玄天真武無上將軍祕籙請法詞》，中華法籙道派提供。
317　《正統道藏》，正一部，《太上玄天真武無上將軍籙》，洪百堅，正統道藏電子文字資料庫。
318　蘇清六、蔡忠翰重編，《太上玄天真武無上將軍祕籙‧太上玄天真武無上將軍祕籙請法詞》，中華法籙道派提供。

牒》、《陰牒》均有的「經、籍、度」三師大類，但較為特別的是，以筆者過去考察《萬法宗壇》的《太上三五都功經籙陽憑》而言，中華法籙道派版本是以張元旭天師（經師）、張恩溥天師（籍師）、張源先天師（度師）等作為「經、籍、度」三師；彰化縣芬園鄉的所謂「正一嗣漢張天師府」則是以張恩溥天師（經師）、張源先天師（籍師）、張○將「天師」（度師）作為「經、籍、度」三師；而修水普濟道院則是以張培源天師（經師）、張元旭天師（籍師）與張恩溥天師（度師）作為「經、籍、度」三師，因為中共當局不承認張恩溥以降的天師，故無列入中華民國承認的末代天師張源先。[319] 因此，筆者推測，所謂「經、籍、度」三師應包含當代張天師（或末代天師）在內回推的前兩位張天師。然而，中華法籙道派的《太上玄天真武無上將軍祕籙請法詞》有關「經、籍、度」三師部分，則與本節的後段前部分出現一樣的問題，即有「缺漏」現象。比較《道藏版請法詞》，當中以張正常天師（經師）、張宇初天師（文本作張守初／籍師）與張宇清天師（度師）作為三師，但中華法籙道派的版本則缺漏了編纂《道藏》的張宇初天師名諱與「度師」，僅保留張正常（經師）與張宇清（籍師）。[320] 此外，中華法籙道派亦將張正常天師誤植為「四十三代」（實際上為四十二代），至於張宇清天師的代數則無誤。[321]

回歸經籙本身，「祖、玄、真」三師乃是正一道的創教祖師，然而

[319] 蘇清六、蔡忠翰重編，《太上三五都功經籙陽憑》，中華法籙道派提供。修水普濟道院，《太上三五都功經籙陽憑》版卷，中華法籙道派提供。筆者，〈臺南大學「道教與生活」課程戶外教學〉，地點：彰化縣芬園鄉正一嗣漢張天師府（張○將），時間：2022年11月8日。
[320] 蘇清六、蔡忠翰重編，《太上玄天真武無上將軍祕籙‧太上玄天真武無上將軍祕籙請法詞》，中華法籙道派提供。
[321] 蘇清六、蔡忠翰重編，《太上玄天真武無上將軍祕籙‧太上玄天真武無上將軍祕籙請法詞》，中華法籙道派提供。吳宗慈，《張道陵天師世家》（南昌：江西省文獻委員會，1947），頁22。

《太上玄天真武無上將軍祕籙請法詞》內的「經、籍、度」三師，從歷史的角度來看，很可能與明初《道藏》編纂與包含《真武籙》在內正一道三十三品階經籙製作過程有著深刻關係，明朝開國之張天師乃是張正常，明太祖授權其統領道教三山四壇經籙，其子張宇初與張宇清兩位兄弟奉旨修纂《道藏》。從這當中，也可以發現《道藏》真正頒布的時間是在張宇清天師任內，筆者推測，也可能在《道藏》付梓後，張宇清舉行首次三十三品階經籙頒授，因此以其為核心，回推前兩代張天師，而成為目前《真武籙》所記載之「經、籍、度」三師之樣態。而後世道士很可能為紀念這3位張天師，或是因循《道藏》記載，而直接謄錄內文，並傳承至今。

表1：《太上玄天真武無上將軍祕籙請法詞》結構分類

| 結構分類 | 經籙內容 |
|---|---|
| 求籙時間與地址 | 時維道曆□□年歲在□□月□□日□□良旦貫係□□□□居住……。 |
| 求籙者（籙生）生辰資料 | 本命係□□年□□月□□日□時建生上叨北斗□□星君主照……。 |
| 教主張天師見證 | 福地龍虎山　正一元（玄）壇<br>嗣漢天師大教主真人門下拜受<br>太上玄天真武無上將軍祕籙一階敬奉修行　伏以<br>聖威不武感而遂通道化難諶叩之必應叩拜九清之帝命統三界之神兵位鎮北方功高九地有佐天輔國宣化施仁……。 |
| 歷代張天師證盟 | 太上玄天真武無上將軍祕籙　儀式<br>正一修真旨要節目<br>祖　玄　真三師玉諱<br>祖師　嗣師太清演教妙道真君張衡<br>真師　系師太清昭化廣德真君張魯 |

| | 經籍度三法諱 |
| --- | --- |
| | 經師上都大洞經籙南曹真臺府上 |
| | 鄉都天大法主 |
| | 嗣漢四十三代天師張正常 |
| | 籍師上清三洞經籙太極執法真宰 |
| | 靈寶領教真人都天大法主 |
| | 嗣漢四十四代天師張宇清臨 |
| | 壇 法 師 |
| | 證 盟 師 |
| | 監 度 師 |
| | 保 舉 師 |

資料出處：蘇清六、蔡忠翰重編，《太上玄天真武無上將軍祕籙·太上玄天真武無上將軍祕籙請法詞》，中華法籙道派提供。

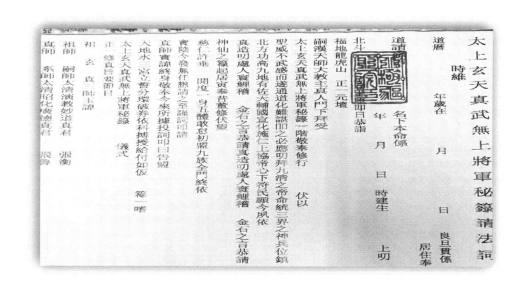

圖1：《真武籙請法詞》局部籙卷。
資料出處：蘇清六、蔡忠翰重編，《太上玄天真武無上將軍祕籙·太上玄天真武無上將軍祕籙請法詞》，中華法籙道派提供。

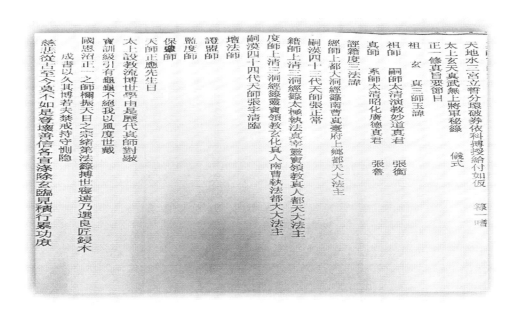

圖2：《真武籙請法詞》有關「祖、玄、真」與「經、籍、度」之「缺漏部分」。
資料出處：蘇清六、蔡忠翰重編，《太上玄天真武無上將軍祕籙・太上玄天真武無上
將軍祕籙請法詞》，中華法籙道派提供。

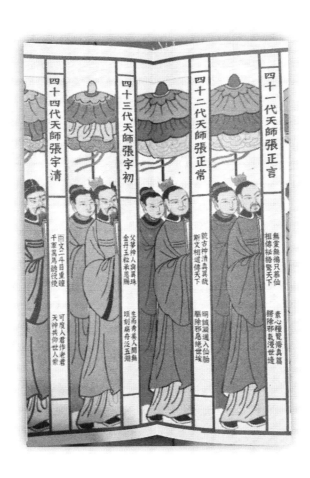

圖3：《三五都功經籙・經符籙主》的歷代天師，提及張正常至張宇清等天師順位。
資料出處：中華法籙道派提供。

第八章

## 二、太上玄天眞武無上將軍祕籙本卷

《太上玄天真武無上將軍祕籙》本卷（以下簡稱「真武籙本卷」），不僅與《真武籙》整套經籙同名，更是此經籙的核心。就結構而言，《真武籙本卷》內容架構有五大部分，分別是證盟、天皇霹靂號令符文、寶誥、神像與神咒等構成。[322] 就證盟部分，如同前文《請法詞》研究部分所言，乃是籙生與經籙本尊——玄天上帝簽署盟約的盟約，應可以理解為《請法詞》是透過正一道「祖、玄、真」三師與「經、籍、度」三師等歷代天師的祈請，而正式拜入玄天上帝駕前，正式領受《真武籙本卷》，再與玄天上帝本尊直接證盟，成為真正的真武門內弟子。天皇霹靂號令符文則是以「三眼人首蛇身」的勾陳天皇大帝形象搭配文字「天皇咖哪霹靂攝」與北斗七星，這很可能是反映中國古代勾陳天皇大帝的信仰與玄天上帝的原型——玄武神與如同「龜蛇交媾」形象的北斗七星形象都是出自上古中國人對北方星宿的信仰崇拜，而將兩者連結。[323] 但就勾陳天皇大帝具有「人手蛇身」，自然會聯想到中國上古神祇與帝王均為此形象構成，但有關勾陳天皇大帝的「三眼」形象與「天皇咖哪」字樣，則會聯想到可能與宋代道教雷法形成及具有玄武崇拜的北帝派、北帝信仰人士亦納入雷法修行有關。[324]

就唐、宋道教發展，由於佛教密宗（唐密）與南方瑜珈教的廣泛影響，以致許多道士借鑒、引入這些教派的梵文密咒與明王、神將，並將之「道教化」，這也導致道教與民間道教、法教之間都有流傳非漢語認

---

[322] 蘇清六、蔡忠翰重編，《太上玄天真武無上將軍祕籙》本卷，中華法籙道派提供。

[323] 蕭登福，《玄天上帝信仰研究》，頁185。

[324] 黎志添，〈道教地方科儀研究——香港道堂科儀及歷史傳承〉，林富士主編，《中國史新論：宗教史分冊》（臺北：聯經出版公司，2011年），頁342。

知的相關文字，如同「天皇咖哪」一詞，就筆者認知「咖哪」二字可能是經流傳而文字顛倒，原型可能是「哪咖」，應是出自梵文的「nāgā」（字義：龍、蛇）。[325] 然而「三眼」形象的神祇，多為來自印度的佛教密宗、婆羅門教之類的火神、雷神，而在中國流傳教廣者即前文談及唐密與瑜珈教，並在宋代時，因道教雷法借鑒這些印度系宗教的元素，而合理地將「三眼」神祇與道教神祇結合，甚至直接將印度神祇直接轉換成道教神將，最具代表者即唐密穢跡金剛（Vajra Ucchuṣma，又作火首金剛、烏芻瑟摩明王）轉換包裝成道教雷法重要神將——華光大帝（靈官馬元帥）。[326] 另外，根據東海大學中國文學系碩士黃湄娟研究，「三眼」神祇在北宋以前並不見於中國任何文學資料與宗教文獻，時至北宋末年與雷法有直接相關的經典即道教神霄派的《高上神霄玉樞斬戡五雷大法》有出現「三眼」神祇記載，而中央研究院道教院士李豐楙亦在其論著《許遜與薩守堅：鄧志謨道教小說研究》直接地認定，道教「三眼」神祇乃是受到唐密的直接影響。[327] 再者，《真武籙本卷》內緊接天皇霹靂號令符文，便是〈雷祖寶誥〉（九天應元雷聲普化天尊聖誥）及繪製「三眼玄天上帝與雷部三眼神將」，可以說，《真武籙本卷》與整部籙是承襲北宋末年雷法對道教的影響，而將原先道教固有的玄天上帝與印度「三眼」神祇結合，而成為新的玄天上帝形象，並將其納入雷部神將與成為驅使雷法的神祇之一。[328]

[325] 郁龍餘，《中印文學關係源流》（長沙：湖南文藝出版社，1987年），頁374。

[326] 黃湄娟，《中國三眼神靈傳說之研究》（臺中：東海大學中國文學系碩士學位論文，2014年），頁7。

[327] 黃湄娟，《中國三眼神靈傳說之研究》，頁5~7。李豐楙，《許遜與薩守堅：鄧志謨道教小說研究》（臺北：臺灣學生書局，1997年），頁265，轉引自黃湄娟，《中國三眼神靈傳說之研究》，頁5。

[328] 蕭登福，《玄天上帝信仰研究》，頁271。李志鴻，《道教天心正法研究》，頁123。

　　《真武籙本卷》前半部除了證盟文之外，基本上都是與道教雷部或雷法相關的神祇、符文與聖誥，表現出經籙本尊玄天上帝與雷部之間的緊密關聯。再者，便是以道教傳統的北方信仰認知投射到玄天上帝身上，也就是北方酆都或北帝信仰中最重要的降妖伏魔、收攝鬼魂之類的元素，故在前半部尾聲留有〈玄天真武祖師誥〉、〈攝鬼神咒〉、〈怯鬼神咒〉與〈煞鬼神咒〉等神咒。〈玄天真武祖師誥〉表示出玄天上帝的身分，即太上老君第八十一化身、傳法教主、金闕（玉皇上帝）化身與蕩魔天尊等等；剩下三則神咒，則是以玄天上帝為主尊，召請降妖伏魔的咒語。[329] 然而，要透過神咒與玄天上帝的官將連結與驅動其行動，則需要《真武籙本卷》後半部的〈太上敕賜護命天盤要訣〉，不僅要透過籙師（負責填寫經籙內容的道士）將籙生的本命生辰與星斗祕訣填寫在該要訣的天盤圖示內。之後，經由授籙法會後，籙生才可以透過此經籙召請玄天上帝麾下神將——太上十方玄天五狄真武精兵八千三百萬眾、北方玄天掌真武大將軍三百六十萬眾與各流年神將等。[330] 從這些玄天上帝神將來看，可以看到民間法教召請的神兵「五方猖兵」（簡稱「五猖」），也就是以古代中原視角理解少數民族或是妖精鬼怪，而稱之為「猖」。[331] 不過在此部分，乃是以古代中原「華夷之別」（夷夏之辨）對「四夷」（東夷、西戎、南蠻與北狄）的理解，將坐鎮北方的玄天上帝統領的兵將以五方蠻夷的視角，將北方的「狄」人，附會於統領北方的神靈玄天上帝的麾下神將，而有所謂「玄天五狄真武精兵」

[329] 蘇清六、蔡忠翰重編，《太上玄天真武無上將軍祕籙》本卷，中華法籙道派提供。

[330] 蘇清六、蔡忠翰重編，《太上玄天真武無上將軍祕籙》本卷，中華法籙道派提供。

[331] 張澤洪，《文化傳播與儀式象徵：中國西南少數民族宗教與道教祭祀儀式比較研究》（成都：巴蜀書社，2008年），頁187。

的建構。[332] 回到〈太上敕賜護命天盤要訣〉的核心，其不僅具有召請玄天上帝神將的功能以配合籙生、授籙道士日後行科演法，由於要透過《真武籙》的力量與靈界鬼神邪魔有「交戰」行為，仍在人間的籙生或是受籙道士因為掌握此〈太上敕賜護命天盤要訣〉，具有藏魂護身的功能，以能夠在行法同時保住性命。[333] 這個概念如同上個世紀蘇格蘭人類學家James G. Frazer（1854~1941）在其著作《金枝：巫術與宗教之研究》（*The Golden Bough: a Study in Magic and Religion*）曾講述到「民間習俗中靈魂寄存於體外的觀念」，世界各大民族中都有透過「藏匿靈魂於某物」的方式，來作為預防外來邪術攻擊的防護措施。[334] 或鑒於此，張繼宗天師才會稱《真武籙》具有保命護身的功效。

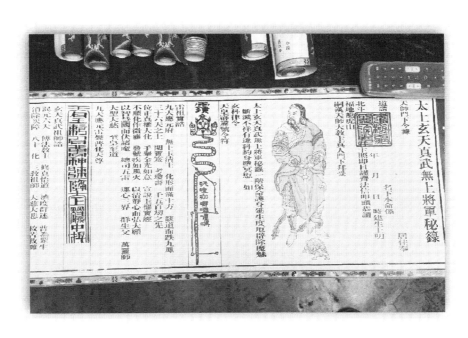

圖4：《真武籙》本卷有紀錄「天皇霹靂號令」符文與〈雷祖寶誥〉。
資料出處：蘇清六、蔡忠翰重編，《太上玄天真武無上將軍祕錄》本卷，
中華法籙道派提供。

---

[332] 李隆獻，《晉文公復國定霸考》（臺北：國立臺灣大學出版委員會，1988年），頁318。

[333] 蘇清六、蔡忠翰重編，《太上玄天真武無上將軍祕錄》本卷，中華法籙道派提供。

[334] James G. Frazer著，徐育新、汪培基、張澤石譯，《金枝：巫術與宗教之研究》，下冊（臺北：五南書局，2021年），頁574。

第八章

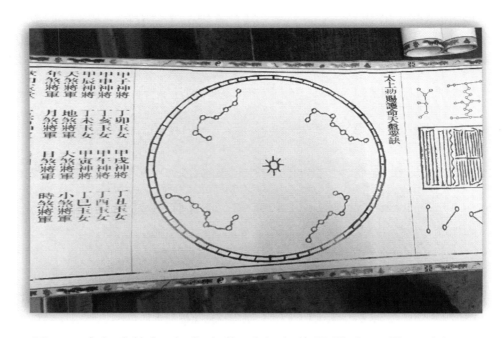

圖5：《真武籙》本卷內的〈太上敕賜護命天盤要訣〉。
資料出處：蘇清六、蔡忠翰重編，《太上玄天真武無上將軍祕籙》本卷，
中華法籙道派提供。

## 肆、中華法籙道派與《真武籙》在臺灣的傳承與發展

　　前文討論《真武籙》的發展歷史與核心內容，本段將關注於《真武籙》東渡臺灣後的發展史，首先當由中華法籙道派於民國104年（2015）4月3日與臺南市協安壇一同辦理首次授籙、安籙法會起筆。所謂的「授籙」，乃是將師門祕籙傳授給求法弟子——即籙生；「安籙」則是過去曾在其他管道受籙的籙生或道長，由於所得之經卷內文未經專業籙師填寫祕文，因此冀望透過法會儀式重新「安奉經籙」，使籙生能夠在儀式完整化後，在信仰的主觀感受中，真正開啟並使役經籙的力量。

　　自民國104年（2015）起，蘇清六便開始針對《萬法宗壇》系列職

籙與其他經籙、法籙進行頒授儀式。[335] 最初蘇清六將經籙帶回臺灣，乃是以臺灣南部靈寶道士的儀式傳統進行授籙儀式；隔年（2016）起，則與道法二門的中部正一道士協辦，最先由郭羅清道長主法；但自民國107年（2018）迄今（2023）則多與彰化縣永靖鄉的陳羅薇道長、花蓮縣壽豐鄉的曾羅賢道長以及臺中市清水區的張峻隴道長等人合作。[336] 蘇清六與中華法籙道派所舉辦的授籙法會皆取名為「太上飛閱授籙晉品祈福法會」，並冠以年分稱之，辦理地點集中在臺南市首廟天壇與鹿耳門聖母廟。

除了舉辦授籙法會，蘇清六還有辦理相關的講座活動，如民國109年（2020），蘇清六開始與臺灣島內具有湖北省武當山（相傳為真武聖地）法傳的弟子聯絡，並協助由武當山弟子舉辦經籙說明會。儘管筆者考察，《真武籙》本身與武當山的各宮觀道派無歷史上的傳承關係，但蘇清六表示，武當山與玄天上帝的緊密連結乃道教公認，發揚《真武籙》勢必需與武當山法脈合作，此論點筆者予以尊重。[337] 是故，民國109年（2020）9月28日，蘇清六先號召中華法籙道派的演法道長曾羅賢一同到中華武當山太和宮在臺弟子盧柏宏道長創立之「中華武當玄天上帝文化傳承協會」舉辦「說明會」，以介紹《真武籙》之經卷結構；[338] 另亦與武當山紫霄宮在臺弟子盧國隆道長合作，以〈真武籙之護命天盤〉為核心議題拍攝學術節目，說明《真武籙》的法脈傳承與目前網路

---

335　筆者，〈蘇清六道長訪談稿〉（未出版），地點：臺南市東區，訪談時間：2022年7月4日。

336　筆者，〈蘇清六道長訪談稿〉（未出版），地點：臺南市東區，訪談時間：2022年7月4日。

337　筆者，〈蘇清六道長訪談稿〉（未出版），地點：臺南市東區，訪談時間：2022年7月4日。

338　蘇清六、曾羅賢講解，《中華武當玄天上帝文化傳承協會《真武寶籙》說明會》，影片資料，地點：中華武當玄天上帝文化傳承協會，拍攝時間：2020年9月28日。

上販售之所謂《真武籙》的真偽差異。[339] 最後則是筆者團隊，在去年
（2022）7月4日到中華法籙道派與蘇清六相約進行有關修水經籙傳承與
《真武籙》疑問，並於去年底參與授籙法會全程，而促成本研究之開
展。

　　有關蘇清六與中華法籙道派《真武籙》在臺灣的授籙狀況，本研究
主要羅列二者，即蘇清六舉辦之「太上飛閱授籙晉品祈福法會」的《真
武籙》頒授情形，以及其於民國109年（2020）12月27日於臺中市協助
武當山紫霄宮在臺弟子盧國隆舉辦《真武籙》傳授儀式。於此，筆者先
說明中華法籙道派授籙儀式的操作過程，再說明該道派與盧國隆道長合
作下，頒布《真武籙》的狀況。

圖6：盧國隆道長與蘇清六宗師介紹《真武籙》之〈護命天盤要訣〉。
資料出處：蘇清六提供。

---

[339] 盧國隆、蘇清六講解，《特邀盧宗師講解《真武籙》之護命天盤介
紹》，影片資料，地點：中華法籙道派，拍攝時間：2020年12月15
日。

## 一、中華法籙道派授籙儀式舉行過程

中華法籙道派目前的授籙方式，筆者於民國111年（2022）12月25日在臺南市天壇舉辦的「太上飛閱授籙晉品祈福法會」有全程參與並有紀錄，故本部分主要根據筆者親自參與之經驗紀錄與蘇清六自身出版之《天師經籙與儀式》一書參照，以完整表示該道派授籙儀式的舉行過程。[340] 本部分會先說明授籙儀式之前置作業、搭壇與授籙儀式之過程。

前置作業通常距離法會提前半年準備，分別有報名與基本資料填寫兩程序。就筆者觀察，這段時間內，蘇清六的弟子蔡忠翰會設計海報，並在臉書網站（Facebook）與該道派有接洽的宮壇廟宇共同公開張貼資訊，同時，蘇清六本人會根據修水普濟道院傳承的《太上天壇玉格》，以報名受籙的籙生生辰八字來推斷其在道教體制內的「花押心印」（透過星斗與生辰組合而有的祕密符號）、「急難心印」（個人遇到緊急狀況時可以使用的祕密符號）、「壇名」（道士演法行科的場域）、「靖名」（道士自省修煉的空間）與歸屬於「祖天師二十四品治」的戶籍治所；並由臺南市閭山宗壇負責人蔡啟東道長負責製作〈金門勘合環券〉（分環破券）與相關疏文，而蘇清六與蔡啟東所做的工作，即是過去法籙局籙師所要處理的事務，其中，中華法籙道派將經籙分類為「職籙」與「祈福籙」二者。蘇清六所謂的「職籙」，乃是包含《萬法宗壇》在內，每個從修水普濟道院傳承而來的經籙都是具有神聖職位品級者，如同前文所述《真武籙》為正五品職銜之經籙；[341] 而所謂的「祈福籙」

---

340 　筆者，〈中華法籙道派授籙法會〉（未出版），地點：臺南市東區，訪談時間：2022年12月24日至25日，錄影檔留存。蘇清六、李珠隆編著，《天師經籙與儀式》（臺南：文國書局，2020年）。
341 　修水普濟道院，《靈寶各籙品秩一宗》。

則只有經籙傳授但沒有職位，以作為強化道教信士願望與祈福使用的經籙，故領授「祈福籙」者，只能獲得經籙卷軸，無法取得象徵職位的《陽憑》、《千里雲馬》、《糧草》之類的文卷。[342]

授籙法會前一天，就筆者參訪考察時為民國111年（2022）12月24日，負責演法的為曾羅賢道長、陳羅薇道長與其門人——莊秉憲、黃建國、許瑋翔、林家偉與李承翰等一同在首廟天壇架設授籙法壇，並放上表明法會舉行之榜文（俗稱「大榜」）與要送達道教宇宙觀管理這個世界之四府（天府、地府、水府、陽府）的「四府版策」文件，根據曾羅賢道長的口述：「『四府版策』是關於授籙道場新恩籙官，名登紫府升品晉職時，給予四府高真的公報，公告周知予以新科籙官行法濟世的通行證。」[343] 接著，演法高功道長（曾羅賢）並領現場人員起壇祭拜首廟天壇諸神祇，並稟明玉皇上帝與諸神聖眾隔日要舉辦授籙法會事宜，以祈願一切順利。

時至授籙法會當日，諸位籙生入場登記，並由中華法籙道派任選李化玄與林羅宇為籙生代表，引領籙生進場，同時迎請「三師」——臨壇引進師、臨壇保舉師與臨壇監度師入場。再者，演法高功道長領眾籙生朝拜首廟天壇諸神祇，再來每位籙生領著屬於自己的公文封函，將授籙文檢與作為受籙憑證之《陰牒》一同焚燒送往上界，以圓滿第一場法事。再來，籙生在現場工作人員引領下回到屬於自己的位置，並要進行中華法籙道派給予的測驗，即在考卷進行作答及抽點籙生上臺進行道教禮儀，具及格者與經現場工作人員認可者，即有資格領受經籙。考試後，陳羅薇道長作為宣戒師，率領籙生一同宣誓遵守道教基本戒律——

---

[342] 蘇清六、李珠隆編著，《天師經籙與儀式》，頁329。
[343] 曾羅賢，〈四府版策〉，Facebook網誌（https://reurl.cc/4o7WVY），張貼時間：2020年7月22日，最後瀏覽時間：2023年7月26日。

《九真妙戒》的內容，宣戒師每誦一句，籙生均回覆「謹遵師命，信受奉行。」接著，籙生便進行授籙儀式，先讓籙生閱覽經籙內容，再由演法高功道長將經籙開光，最後經籙於「三師」手中祝福後正式下頒給籙生，以完成授籙儀式。其中，經籙在授籙儀式中，經籙須通過以紅布製成的「天橋」送達籙生手中，意謂著「三師」代表著道祖將經籙通過「天橋」傳到人間，授權給籙生擁有經籙之權柄。[344]

籙生領受完經籙後，再來要為每位籙生進行撥放屬於該經籙的籙中官將，亦如前文所言，《真武籙》內有許多官將，都屬於玄天上帝麾下的神將，籙生本人無法在進行宗教儀式中調動這些部隊。不過，只要經由籙師填寫籙生資料進入經籙文卷，再經由高功道長演法與「三師」代表上界神祇授權，方能真正驅動這份經籙的力量。法會最後，再進行「報城隍」儀式，將已經領受經籙的籙生通報到其所住戶籍之土地城隍與境主，表示其境內已經有新受籙的道士或有祈福籙的信士，要土地城隍等諸神祇保護他們。如此，便完成授籙儀式。不過，「報城隍」儀式就訪談得知，乃是該場授籙法會（2022）首度公開的儀式，過去中華法籙道派的法會並無此儀式。

## 二、協助武當山盧國隆舉辦《玄武宗壇》授籙法會

中華法籙道派自民國104年（2015）4月在臺灣舉行授籙儀式，不過傳授經籙面向廣泛，即修水普濟道院傳承的諸經籙、法籙，儘管有包含《真武籙》在內，但卻不是唯一以《真武籙》為名義舉辦的授籙法會。然論從修水普濟道院傳承而來的《真武籙》首次對外以「玄武宗壇」名義頒授，則是武當山紫霄宮在臺弟子盧國隆道長與蘇清六的中華法籙道

---

344 筆者，〈中華法籙道派授籙法會〉（未出版），地點：臺南市東區，訪談時間：2022年12月24日至25日，錄影檔留存。

派於民國109年（2020）12月27日在臺中市南區北極玄元宮聯合舉辦的授籙儀式，盧國隆定名為「武當玄武道派法脈閩臺開宗延派：臺灣真武經籙授籙閱籙祈福法會」，而同一場法會中華法籙道派則定名為「臺灣百年首次武當真武籙授籙法會」，可見蘇清六將來自修水普濟道院的《真武籙》與被視為玄天上帝祖庭的湖北武當山做連結之企圖心。[345]

盧國隆的法會與中華法籙道派不同的地方在於，包含盧國隆在內的「三師」都是以全真道龍門正宗的弟子為主，並具有湖北武當山之背景；而負責在授籙法壇演法的高功道長一樣是曾羅賢道長。然而，在授籙法會前，盧國隆規劃了籙生修課課程，讓有要發願領受《真武籙》的籙生都得在受籙前一個月，即民國111年（2022）11月20日起，要學習基本道教科儀（全真龍門與武當山紫霄宮派）、法器應用、道教基本禮儀與學習《真武籙》內的祕籙修持與玄天上帝信仰相關的重要經典，諸如：《元始天尊說北方真武妙經一卷》、《太上說玄天大聖真武本傳神咒妙經》、《北極真武佑聖真君禮文》、《玄天上帝百字聖號一卷》、《真武祖師修真成道經》、《北帝說豁落七元經》、《真武靈應大醮儀》及《真武靈應護世消災滅罪寶懺一卷》等經書。[346] 經過課程洗禮後，籙生們等同經過盧國隆的考核，之後這些籙生便有資格參與《真武籙》的授籙儀式。再來，到了授籙當天，比照中華法籙道派的程序，亦是先向盧國隆負責的北極玄元宮主祀神、真武信仰祖師——玄天上帝參禮，接著再由籙生代表引領「三師」陞坐法壇，最後再進行宣戒、閱籙、傳授經籙與撥放兵將之儀式，之後便圓滿完成這場修水普濟道院傳

345　盧國隆，〈武當玄武道派法脈閩臺開宗延派：臺灣真武經籙受籙閱籙祈福法會〉海報。

346　盧國隆，〈授真武經籙籙生課程〉，痞客幫：北極玄元宮真武大帝廟道觀（https://reurl.cc/K0n3ge），張貼時間：2020年11月20日，最後瀏覽時間：2023年7月26日。

承之《真武籙》首次在臺灣的授籙法會。

圖7：中華法籙道派與北玄宮聯合舉辦《真武籙》授籙法會之法壇。
資料出處：蘇清六提供。

圖8：《真武籙》授籙法會之閱籙儀式。
資料出處：蘇清六提供。

圖9：《真武籙》授籙法會之三師、演法高功道長與籙生合影。
資料出處：蘇清六提供。

# 伍、餘論

　　道教在臺灣的發展，當與漢人移墾臺灣同時，約有300餘年歷史，不過道教的授籙儀式，在國共內戰以前，都是由臺灣島內的道士往赴「道教教主」張天師所在的龍虎山正一玄壇，領授《萬法宗壇》職牒與對應籙生身分之相關經籙，不過這些經籙主要集中在《太上三五都功經籙》、《太上正一盟威經籙》、《上清五雷經籙》、《上清三洞五雷經籙》與《上清大洞經籙》等。然而，這些經籙的傳承地點往往都集中在中國江西省，此狀況在國共內戰開始轉捩。首先，代表道教的張恩溥天師隨著中華民國政府來臺，但卻因逃難倉促而未將經籙帶來臺灣，致使臺灣道教形成「有職無籙」的景況，《萬法宗壇》一系經籙都無法在臺流通，何況正一道在明、清時期建構出的龐大繁複三十三品階經籙。而

最初將包含《萬法宗壇》一系在內與其他品階經籙帶來臺灣傳授者，即臺南市東區中華法籙道派的蘇清六。綜觀筆者過去的研究，蘇清六雖不是第一個在臺灣傳授經籙的人〔首例應為新莊慈母宮於民國99年（2010）9月舉辦的《萬法宗壇》授籙儀式〕，但若論傳授非《萬法宗壇》一系經籙，即包含《真武籙》在內的各個經籙、法籙，蘇氏確為發軔。

民國102年（2013），蘇清六自修水普濟道院處得經籙傳承後，便在臺南市舉辦授籙法會，開啟其所創立之中華法籙道派逐年舉辦授籙法會濫觴。然而較為不同的是，蘇清六對諸經籙的情感，尤以《真武籙》為甚，於是乎促使其積極地在各大場合弘揚《真武籙》，不論是在自己的道派，或是與具有湖北武當山道脈背景的中華武當玄天上帝文化傳承協會合作，在臺中市北玄宮舉辦經籙說明會，其後甚或與北玄宮負責人盧國隆共同發起臺灣歷史上第一場具修水普濟道院傳承之《真武籙》授籙法會，這也是臺灣授籙傳承史上首次以非《萬法宗壇》經籙為主體的傳授儀式。然而，蘇清六所領受的《真武籙》承載著千年來的玄武神、真武無上將軍與玄天上帝的信仰見證，其中包含玄天上帝之神如何從最初的方位、星辰崇拜，逐漸轉換成能夠降妖伏魔與操控雷霆的形象，這些歷史演變過程中的文化元素，猶深植於現今的《真武籙》內。

《真武籙》的出現背景，也見證了道教三山四壇的整合，即明初朝廷將三山四壇的經籙全數交付龍虎山正一玄壇張天師統轄，並給予張天師極大的信任，甚至指示其編纂《道藏》。龍虎山方面，同時在過程中，將其他神祇的相關經典經籙化，變成需要由歷代張天師證盟才能夠行駛的經籙，當然爾亦包含了《真武籙》。然而，這部出自正一道建構的《真武籙》，最初只是張天師要給道士作為祈福護身的法籙，但卻在清末由修水普濟道院對其施以質變，使《真武籙》成為正五品的職籙，

之後，修水普濟道院再將《真武籙》傳承給蘇清六後，其又按自己認知與武當山紫霄宮全真龍門的盧國隆聯合授籙，並在課程中重新定位《真武籙》的根本性質，如從正一道傳承的經籙轉型為武當派傳承的法籙，再加上蘇清六與盧國隆建構出「玄武宗壇」名義，無疑是此部承載千年信仰文化的經籙，在臺灣所被賦予的全新定位，至於《真武籙》乃至其他經籙的發展史便留待後觀再撰，但可以確定的是，在蘇清六的中華法籙道派等有心發揚經籙之道教教團的帶動下，臺島儼然已成為了道教千年經籙傳承維繫的一大龍頭，此後欲於此執董狐筆者，皆不能或忘臺灣的歷史地位。

# 徵引書目

● **史料與彙編**

吳宗慈，《張道陵天師世家》。南昌：江西省文獻委員會，1947年。

修水普濟道院，《太上三五都功經籙陽憑》版卷。中華法籙道派提供。

修水普濟道院，《靈寶各籙品秩一宗》（未正式出版）。九江：修水普濟道院，1976年重謄。

張繼宗（清），《崆峒問答》（未正式出版）。臺南：中華道教經籙文化教育學會，2023年。

陳壽（西晉），《三國志》，收錄許嘉璐主編，《二十四史全譯》。上海：漢語大辭典出版社，2004年。

蕭登福主編，《玄天上帝籍籙編》。臺北：樓觀臺文化事業，2014年。

戴宣道，〈昊天金闕玉皇上帝聖旨敕封蘇大道〉。修水：普濟道院，2013，蘇清六提供。

蘇清六、蔡忠翰重編，《太上三五都功經籙陽憑》。中華法籙道派提供。

蘇清六、蔡忠翰重編，《太上玄天真武無上將軍祕籙・太上玄天真武無上將軍祕籙請法詞》。中華法籙道派提供。

蘇清六、蔡忠翰重編，《太上玄天真武無上將軍祕籙》本卷。中華法籙道派提供。

蘇清六、曾羅賢講解，《中華武當玄天上帝文化傳承協會《真武寶籙》說明會》。影片資料，地點：中華武當玄天上帝文化傳承協會，拍攝時間：2020年9月28日。

● **專書**

James G. Frazer著，徐育新、汪培基、張澤石譯，《金枝：巫術與宗教之研究》，下冊。臺北：五南書局，2021年。

Yuping, Luk. *The Empress and the Heavenly Masters: A Study of the Ordination*

*Scroll of Empress Zhang*（1493）. Hong Kong: The Chinese University of Hong Kong Press, 2016.

任繼愈主編，鐘肇鵬副主編，《道藏提要》。北京：中國社會科學院，1991年。

李志鴻，《道教天心正法研究》。北京：社會科學院出版社，2011年。

李豐楙，《許遜與薩守堅：鄧志謨道教小說研究》。臺北：臺灣學生書局，1997年。

郁龍餘，《中印文學關係源流》。長沙：湖南文藝出版社，1987年。

卿希泰，《中國道教史》，第3卷。成都：四川人民出版社，1988年。

馬西沙、韓秉方，《中國民間宗教史》，上冊。北京：中國社會科學出版社，2004年。

張澤洪，《文化傳播與儀式象徵：中國西南少數民族宗教與道教祭祀儀式比較研究》。成都：巴蜀書社，2008年。

張澤洪，《道教神仙信仰與祭祀儀式》。臺北：文津出版社，2003年。

楊訥，《元代白蓮教研究》。上海：上海古籍出版社，2004年。

蕭登福，《玄天上帝信仰研究》。臺北：新文豐出版社，2013年。

蘇清六編著，《天師與經籙初探》。臺南：文國書局，2014年。

蘇清六、李珠隆編著，《天師經籙與儀式》。臺南：文國書局，2020年。

## ●田野考察紀錄

筆者，〈臺南大學「道教與生活」課程戶外教學〉，地點：彰化縣芬園鄉正一嗣漢張天師府（張○將），時間：2022年11月8日，錄影檔留存。

筆者，〈蘇清六道長訪談稿〉（未出版），地點：臺南市東區，訪談時間：2022年7月4日，錄影檔留存。

筆者，〈中華法籙道派授籙法會〉（未出版），地點：臺南市東區，訪談時間：2022年12月24日至25日，錄影檔留存。

## ● 論文

李隆獻，《晉文公復國定霸考》。臺北：國立臺灣大學出版委員會，1988年。

高振宏，〈虛靖天師傳說研究：筆記、小說與道經的綜合考察〉，《政大中文學報》，第23期（臺北：政治大學中國文學系，2015年5月），頁131~169。

黃湄娟，〈中國三眼神靈傳說之研究〉，東海大學中國文學系碩士論文，2014年。

黎志添，〈道教地方科儀研究——香港道堂科儀及歷史傳承〉，林富士主編，《中國史新論：宗教史分冊》。臺北：聯經出版公司，2011年。


## ● 網路資料庫

〈字寄兩江總督百齡等奉上諭拾獲不法字跡一案著即各飭所屬員弁並傳諭正一真人新鈺嚴密盤詰當地遊方道士并上緊緝捕祝現等犯〉，諭旨，宮中檔奏摺統一編號：故宮105070，清代檔案檢索系統（https://reurl.cc/DAQopR），最後瀏覽時間：2023年7月25日。

洪百堅，正統道藏電子文字資料庫（https://reurl.cc/4oMv0V），最後瀏覽時間：2023年7月25日。

曾羅賢，〈四府版策〉，Facebook網誌（https://reurl.cc/4o7WVY），張貼時間：2020年7月22日，最後瀏覽時間：2023年7月26日。

盧國隆，〈授真武經籙籙生課程〉，痞客幫：北極玄元宮真武大帝廟道觀（https://reurl.cc/K0n3ge），張貼時間：2020年11月20日，最後瀏覽時間：2023年7月26日。

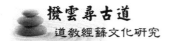
# 第九章　從道教趙公明法籙見證中、印宗教交流

## 摘要

道教經籙始源於東漢末年「祖天師」張道陵與「道祖」太上老君之間的書面契約與召將修練的傳承儀式，之後再由道教諸山各派以各神祕經驗與修行需求而建構出來的各種經籙。然而，經籙發展過程中，往往會與民間習俗驅災避邪、昭祥納福的儀式納入到經籙體系內，並且透過「經籙化」的過程中，將民間信仰敬畏的鬼神，轉型成為道教體系內的正神或神將。其中，從民間瘟神轉型成道教雷部神將的趙公明便是最好的例子。尤其，從明代以後，正一天師道主持中國《道藏》與經籙的建構，趙公明相關的文獻都被納入藏經與籙卷之中。然而，從這些文獻當中，除能瞭解趙公明的來利之外，更能見證其背後中、印宗教文化之間交流的現象。


關鍵詞：玄壇籙、玄壇和合籙、財神寶籙、趙公明、俱毗囉

# 壹、前言

　　有關從道教文化本質的源流探討中國與世界宗教文化的交流，近期學界前人多有深究，其中像是謝世維教授的著作《道密法圓：道教與密教之文化研究》、謝聰輝教授的專論〈圖像、抄本與儀式關係研究：以福建三元法教閭山圖為例〉與〈閩中瑜珈法教功曹神譜研究——以嵩公道德與吳公太宰為主〉以及毛帝勝博士的論文〈從陸到海：唐、宋時期穆斯林貿易路線改變初探〉等內容均探討到，唐、宋以來因為陸上與海上絲綢之路的關係，許多來自西域（約新疆一帶）、印度與伊斯蘭世界等的信仰影響。[347] 前二者主要講述印度系的佛教密宗與瑜珈教對唐、宋時期的道教與民間巫術的影響，像是唐密本尊的穢跡金剛如何影響中國道教與巫術而形成相關法要（如：阿尾奢法），或是福建地區的民間法教儀式與祀神中有印度概念影響而成的傳統（如：三壇）；後者則主要講穆斯林在海上貿易上與中國人的交流而影響中國人對本身神祇的信仰認知，如明、清時期長江以南地區的商人將武財神趙公明視為穆斯林，更以當時對穆斯林的稱謂「回回人」而聯想至俗語「回回進寶」之諧音。[348]

　　然而，有關中國本土的文化與外國結合者，在宗教方面，筆者覺得武財神趙公明（以下均以趙公明稱之）最為典型，尤其該神祇最初在魏

---

[347] 謝世維，《道密法圓：道教與密教之文化研究》（臺北：新文豐出版股份有限公司，2018）。謝聰輝：〈閩中瑜珈法教功曹神譜研究——以嵩公道德與吳公太宰為主〉，《國文學報》第65期（臺北：國立臺灣師範大學國文學系，2019），頁195～224。毛帝勝，〈從陸到海：唐、宋時期穆斯林貿易路線改變初探〉，《2019海洋史青年研究者論文發表會論文集》（臺南：國立成功大學歷史學系，2019），頁1~12。

[348] 毛帝勝，〈從陸到海：唐、宋時期穆斯林貿易路線改變初探〉，頁6。

晉南北朝時為瘟神——五瘟使者之「秋瘟」趙公明，先是從瘟神轉型為使役「雷法」的雷部將帥與守護龍虎山張天師的正一玄壇護法神，時至明代後期民間逐漸將之定型為武財神，一直到今天華人世界普遍將趙公明、玄壇神與財神畫上等號。[349] 然而，也在趙公明從瘟神轉換成財神的過程中，亦有許多特殊的外來宗教元素混入其中，如同前文所述，明代商人將對穆斯林的印象與趙公明強化連結，就筆者研究，遠遠不只如此。趙公明逐漸定位為財神的時間點，根據黎志添教授的研究，約於明代後期，故筆者選以明、清時期，正一天師道張天師整理的「三十三品」經籙之《玄壇籙》，這當中有許多關於趙公明的文獻與祕法，從中可以瞭解趙公明之神格建構。[350] 然而，有關《玄壇籙》今日不見此經目，就筆者考察，曾為清代嗣漢天師府法籙局合作的製籙場域——江西省修水縣普濟道院，雖沒有《玄壇籙》，但卻有為道教信士授予的「信士祈福籙」，即與趙公明相關的《正一玄壇趙元帥和合法籙》（以下簡稱「玄壇和合籙」）與《上清正一金輪如意求財得福寶籙》（以下簡稱「財神寶籙」）。[351] 就筆者推測，這兩份籙最初很可能為一，但因明末以後將趙公明定位為財神，而將原先的《玄壇籙》一分為二，為滿足世間人之需要，並招攬成為道教信士之務實考量。當然，這方面的證據

---

[349] 不見著人，《道法會元》，卷233，《玄壇趙元帥祕法》，洪百堅，正統道藏電子文字資料庫
（http://www.ctcwri.idv.tw/CTCW~CMTS/CMT07%E6%AD%A3%E4%B9%99%E9%83%A8/CH07XX/CH07029~3%E9%81%93%E6%B3%95%E6%9C%83%E5%85%83(%E4%B8%89)/CH07029~3XX/CH07029~3~233%E5%8D%B7%E4%BA%8C%E7%99%BE%E4%B8%89%E5%8D%81%E4%B8%89%E7%8E%84%E5%A3%87%E8%B6%99%E5%85%83%E5%B8%A5%E7%A5%95%E6%B3%95.htm），最後瀏覽時間：2023年7月27日。黎志添編著，潘志賢、梁德華總策畫，《道貫嶺南：廣州三元宮志》（香港：香港中文大學，2020），頁111。
[350] 張繼宗（清），《崆峒問答》。
[351] 修水普濟道院，《正一玄壇趙元帥和合法籙》，中華法籙道派提供。修水普濟道院，《上清正一金輪如意求財得福寶籙》，中華法籙道派提供。

筆者並不充足，在此便不贅述。回到此研究動機，乃筆者在《玄壇和合籙》與《財神寶籙》不僅見有其神格陳述與能力特質，還見有大量以梵文直譯而成的咒語與經文，基於此狀，本研究期許能夠初步說明這些以趙公明之神與以其名義的經籙由來，而因為現實之侷限，筆者獲得中華法籙道派宗師蘇清六幫助，而得有《玄壇和合籙》與《財神寶籙》全宗內文，以此再深究其中經籙的梵文咒語使用之處，最後再探討其背後隱藏的中、西（印度）文化交流現象。

# 貳、趙公明與相關經籙之由來

趙公明，俗稱武財神或玄壇神，為目前華人民間社會最受歡迎的神祇之一，當今的人們普遍相信，崇拜趙公明可以獲得財富或是轉運等利益。然而，與趙公明相關的經籙——清初的《玄壇籙》或今日流傳的《玄壇和合籙》與《財神籙》內文卻並非僅有單純的求財賜福而已，反而有關召將與驅邪的內容居多。因此，為瞭解趙公明的神格特性轉變，得從有關趙公明記載的早期文獻進行爬梳，同時也嘗試掌握歷代以趙公明為名義所建立的相關法門、法要與頒布之經籙，以釐清之。

## 一、趙公明之神與其修行法要

趙公明最初的形象是瘟神，根據李豐楙院士的論著〈《道藏》所收早期道書的瘟疫觀：以《女青鬼律》及《洞淵神咒經》系為主〉最早有此形象記載者為東晉（317~420）文人干寶（？~336）所寫的《搜神記》中，李院士點出干寶本身具有史學家身分，其引用《搜神記》註解者汪紹盈（1909~1970）的認知，認為干寶對趙公明的論述是參考自西晉時有的「妖書」內有關趙公明的記載，李院士對此並整理出趙公明的

職權特色：趙公明具有「參佐」身分，即統領兵將的鬼神，掌握與生死相關的度簿；同時趙公明所掌握的生死權柄在於疾病，因此被晉人視為瘟神。[352] 茅山上清宗祖師陶弘景（456~536）另寫作之《真誥》亦有記載趙公明，陶弘景認為趙公明乃是「瘟鬼」名號，統領一千兩百官兵並直轄天帝統領，《真誥》內亦有書寫關於趙公明相關術法權限，很可能是受到兩晉「妖書」對趙公明印象的再詮釋。[353] 另外，唐代茅山上清宗道士杜光庭（850~933）疑託名西晉末年道士王纂，編纂《太上洞淵神呪經》，當中第11卷〈三昧王召鬼神咒品〉記載：

> 於是，三天邪王領四十八萬人，六天邪王、三天大邪王九億萬人……。又有劉元達、張元伯、趙公明、李公仲、史文業、鍾仕季、少都符，各將五傷鬼精二十五萬人，行瘟疫病。此等諸鬼王，聞三昧神呪天王及明羅真人、多聞天女說三天六天大邪王等故炁鬼賊傷精名字，皆大驚怖。[354]

綜合上述的紀錄與研究可知，在干寶以前，民間有所謂驅妖去病的書籍——「妖書」，這些書籍隨著永嘉之禍（311）爆發導致晉室南遷之「衣官南渡」事件，而干寶本人可能也親自參與這些事件，故在資料蒐集上亦有到這些「南渡」書籍，之後再集結為《搜神記》一書。由此

---

[352] 李豐楙，〈《道藏》所收早期道書的瘟疫觀：以《女青鬼律》及《洞淵神咒經》系為主〉，中央研究員中國文哲研究所《中國文哲研究集刊》，第3期（臺北，1993），頁426~427。

[353] 陶弘景（劉宋），《真誥》，卷10（https://ctext.org/wiki.pl?if=gb&chapter=403225），最後瀏覽時間：2023年9月2日。

[354] 王纂（晉）、杜光庭（唐），《太上洞淵神呪經》，卷11，〈三昧王召鬼神咒品〉。諸子百家中國哲學書電子化計劃（https://ctext.org/wiki.pl?if=gb&res=190395&searchu=%E8%B6%99%E5%85%AC%E6%98%8E），最後瀏覽時間：2023年9月2日。

判斷，趙公明之神很可能在東晉以前便有存在，而漢代至三國相關文獻亦不見該神，因此很可能是西晉期間建構出來的神祇，並在西晉與東晉交替之際，而被記載傳世，此時趙公明的定位為掌管生死的瘟神。此外，於兩晉之時所謂的「妖書」、《真誥》與《太上洞淵神呪經》內都有著驅趕邪祟、妖怪的法要，而趙公明僅為其一，但其詳細內容今已不詳，就有關趙公明的相關紀錄而言，這應該是目前所知最早召請趙公明行科演法的法要。時至五代、北宋之際，文人李昉（925~996）等人編纂之《太平廣記》內對趙公明的記載仍與干寶的《搜神記》等相關文獻一致，皆為瘟神形象。

趙公明的身分真正轉變，應為成書明代之《道法會元》，就目前學人研究，該書雖成書於明代，但內收錄諸多宋、元兩代的道教經典。[355] 其中趙公明的定位從瘟鬼、瘟神轉型為道教上界與雷部元帥神將——趙元帥。《道法會元》內與趙元帥相關者，有〈正一玄壇趙元帥祕法〉、《清微玉宸鍊度符誥文檢品》、《正一馬趙溫關四帥大法》、《清微言功文檢》與《先天雷晶隱書》等經卷，其中趙公明的定位分別為玄壇趙元帥、金輪執法趙元帥、神霄如意玄壇趙元帥，基本上都是與鎮守正一天師壇堂及公正執法有關，然而，這些經卷雖是明代的道士蒐集整理的經籍研究，同一時間，明廷亦詔第四十三代正一嗣漢天師張宇初（1359~1410）編纂《道藏》，同時亦統合各派經卷建構出屬於正一玄壇的經籙，其中便包含以趙公明為核心的《玄壇籙》，然而該籙的內容又隨著之後傳承有增補，此部分於下文說明之。[356]

---

355 李志鴻，《道教天心正法研究》（北京：社會科學出版社，2011），頁104。
356 李志鴻，《道教天心正法研究》，頁104。

第九章

## 二、《玄壇籙》與後繼經籙

符籙，是人們對道教的根本印象，但多數人謹知人而不知籙，那麼「籙」的意思是什麼呢？根據中國道教學者劉仲宇的研究——《道教授籙制度研究》說明，「籙」本身除了與「錄」同義，皆有紀錄的意思之外，劉仲宇亦強調，還具有先秦兩漢以來軍事調遣的重要媒介——兵符的意象在其中。此外，劉仲宇認為道教經籙建立在漢代，而具有兩漢時期流行的預言學說——讖緯學，以此作為領受經籙者立即擁有上天授權之「天命」，以能夠內修經籙祕法，進而使用再行使法科、調兵遣將，故「籙」可以說具有著天與人之間的重要契約性質。[357] 有關道教經籙最初起源，就目前公認乃自東漢年間「祖天師」張道陵（34~156）在鶴鳴山領受「道祖」太上老君傳授的「三天正法」與《太上三五都功正一盟威籙》，開創正一玄壇之天師道。「祖天師」之後，魏晉南北朝（220~589）時曾學習天師道的魏華存元君（252~334）在茅山獲得玉宸大道君點化而開創上清宗壇，並由其後繼者建構出《上清經》系，即所謂的《上清經籙》。[358] 於此之後，道教各山頭宗壇陸續成立，也開發出屬於自己的經籙體系，除了正一玄壇與上清宗壇外，另外最為有名者——閣皂山的靈寶宗壇與西山的淨明宗壇。[359]

在諸多宗壇的形成過程之中，許多民間信仰的祕法或召降之法也逐漸融入某些道教派系，甚至變成該道派所屬的道籙體系，其中最具代表性的有南北朝後旗至隋唐時發展出的北帝派，其接納早期道教與民間信

---

[357] 劉仲宇，《道教授籙制度研究》（北京：中國社會科學出版社，2014），頁33~36。

[358] 毛帝勝，〈從《混式法籙》見北宋道教諸山整合到《萬法宗壇》的形成初探〉，馬力編，《歷史、藝術與臺灣人文叢刊》，第23期（新北：博揚文化，2023），頁227。

[359] 陳國符，《道藏源流考》，新修正版（中華書局，2014），頁223。

仰的紫微大帝、酆都大帝、星宿信仰、北陰太帝、天蓬元帥等諸信仰元素結合而產生許多修練祕法與召將幅魔法科，最後再由北帝派整合建構成具有相當體系的北帝派經籙，其中包含——《天蓬經（籙）》、《伏魔經（籙）》、《北帝籙》、《北帝禁咒經》、《北帝雷公法》、《北帝三部符》、《酆都要籙》等重要經籙。[360] 從這個案例回推到與趙公明相關的經籙體系，很可能也是正一玄壇發展過程中，將具有降伏妖魔與解除瘟疫功能的趙公明納入正一天師道中。承前文，自兩晉以來，有關趙公明的形象被民間宗教文書——「妖書」、《真誥》定位為掌握瘟疫與生死權柄的瘟神鬼將，時至隋、唐對趙公明的地位仍是如此。宋代時，出現有關以趙公明為主的祕法、召將經典，神格地位從原先的瘟神轉變成神將（趙元帥），同時神號內出現「玄壇」（即正一玄壇），意謂著該神在宋代可能與正一玄壇或正一天師道的張天師家族關係更加緊密。[361] 故筆者認為，趙公明的相關經典、術法融入到經籙的起源，應與張天師家族有著密切關係，再加上明太祖朱元璋（1328~1398）指示張宇初天師統領道教各派經籙，並指示其編纂《道藏》。在這段時間，張宇初天師與其後繼張天師很可能藉著編纂《道藏》的過程中將各類與正一天師道密切的神祇與神將編入正一玄壇的經籙祕法中，其中最為典型的即是真武玄天上帝被正一天師道用以召將，而將真武玄天上帝的相關經典集結成《真武上將軍祕籙》（簡稱「真武籙」）。同樣的，有很大的可能性，此階段趙公明才真正有以其為名的經籙體系，即《玄壇籙》。這也因此為何張繼宗天師撰寫《崆峒問答》時，將趙公明的《玄

---

360　李志鴻，《道教天心正法研究》，頁1。
361　宋代成書的《正一玄壇趙元帥祕法》內將趙公明的得道成仙與「祖天師」緊密連結，甚至稱「玄壇之職至重。天師飛昇之後，永鎮龍虎名山。」使趙元帥在宋代以後，被定位為龍虎山正一玄壇與正一天師道的守護神。詳見：修水普濟道院，《玄壇和合籙·正一玄壇趙元帥祕法》，蘇清六提供。

壇籙》列為正一天師道的三十三品經籙，並強調其功能為守衛丹室與護法正一玄壇之門內弟子。[362]

然而，目前有關《玄壇籙》的傳承，可知到清康熙年間尚有趙公明的經籙傳承，就《崆峒問答》而言仍還是以召將法為主。不過，民間信仰中對趙公明的想像卻包含了財神與公平交易的形象，此因為合？就明代述說民間儒、釋（佛）、道三家諸神的《繪圖三教搜神大全》說明趙公明為：「公平買賣，求財，公能使之。」由此可知，明代民間對趙公明的印象刻印在財神的地位，甚至到了清代，趙公明的形象逐漸在中國江南地區被定位為財神，甚至還與回回人（穆斯林商人）的形象結合，甚至將趙公明附會成穆斯林，故時人在祭祀玄壇時還特別不供奉豬肉，擔憂趙公明會忌諱，以無法獲得財寶。[363] 因此到了清代後期，彼時為龍虎山正一玄壇法籙局承製經籙的修水戴氏家族（即後來建立普濟道院的戴氏祖先），很可能因民間風氣影響，而間原先的《玄壇籙》一分為二，製造出保留原先趙公明召將法的《玄壇和合籙》以及民間求財祈願為主的《財神寶籙》。儘管目前無法窺見最初《玄壇籙》的全貌，僅知道其與召將法有關，故目前只能從這兩份經籙嘗試瞭解，有關趙公明的經籙內文主要內容為何。

# 參、主籙與咒語解讀

就趙公明相關的經籙發展，內容的召將法應可追溯自晉代「妖書」與《真誥》內召請仍是瘟神將領的趙公明，至宋代才逐漸與張天師的正

---

[362] 張繼宗（清），《崆峒問答》（臺南：中華道教經籙文化教育學會，2023，未正式出版手冊）。

[363] 顧祿（清），《清嘉錄》

一天師道緊密而到明代建構成屬於趙公明的《玄壇籙》一直流傳到清初，並在清末民初，修水戴氏將之分為《玄壇和合籙》與《財神寶籙》兩種不同經籙體系，傳承至今。然而，關於經籙架構的部分，自張宇初天師以來，有關經籙內最基本的體系架構基本上被定位為需要請法詞、主籙、副籙與配件。請法詞，往往是求受籙者與經籙主尊，如《玄壇和合籙》與《財神寶籙》的主尊是趙公明，在「祖天師」與正一天師道歷代張天師的見證下締結盟約，這很可能是致意過去「祖天師」於鶴鳴山與「道祖」太上老君締結盟約而取得《正一盟威》經籙。[364] 然而，這些經籙中，除了與祖師、神祇之間締結的盟約之外，更有調兵遣將的權柄，與掌握內部修練的密法。因此，筆者從《玄壇和合籙》與《財神寶籙》內的主籙——也就是記載該經籙核心的調兵與修練法要，以及驅動經籙能量的咒語真言，發掘出趙公明經籙內對該神的能力定位，與對這些文獻做初步介紹。

## 一、《玄壇和合籙》主籙

《玄壇和合籙》的內容，根據該籙的陰陽牒文（又稱「陰陽憑」）記載，主籙有三卷，分別是《正一玄壇趙元帥和合祕法籙》上、下兩卷，以及《正一玄壇趙元帥金輪祕法籙》1卷。就內容而言，《正一玄壇趙元帥和合祕法籙》應是直接承襲《道法會元》第232卷內有關趙公明的招將法——《正一玄壇趙元帥祕法》，然而《正一玄壇趙元帥和合祕法籙》當中則增加了許多《正一玄壇趙元帥祕法》未有之梵咒，尤其著重在買賣和合的祈願部分。[365] 有趣的是，在整合經籙與詮釋方面，

---

[364] 修水普濟道院，《正一玄壇趙元帥和合法籙·請法詞》，蘇清六提供。修水普濟道院，《上清正一金輪如意求財得福寶籙·請法詞》，蘇清六提供。

[365] 修水普濟道院，《正一玄壇趙元帥和合法籙》，上卷，蘇清六提供。

第九章

《正一玄壇趙元帥和合祕法籙》係將《正一玄壇趙元帥祕法》的召將符訣與本身具促進和合相關的咒語——「和合咒」，再與買賣關係和諧（和合）的梵咒做結合。最為典型者，即《正一玄壇趙元帥和合祕法籙》上卷的和合召將法，係以趙元帥符（趙公明本身的符咒）與和合祕符，再結合「唵玄呢囉呢曼囉哪利娑訶」與「唵具密囉咖囉咖律哪咖吽吒娑訶」等梵咒，並搭配「和合咒」：「天和合。地和合。年和合。月和合。日和合。時和合。人和合。鬼和合。神和合。物和合。千和萬合。自然成真。急急如律令。」最後，再催「發符咒」：「天帝敕令。總檄萬祇。金光聚結。萬神結靈……。」以圓滿該經籙內其中一則和合儀式。[366] 其餘部分因蘇清六與中華法籙道派師承隱密之故，無法全部展現經路全宗。

另外一份重要的主籙，即《正一玄壇趙元帥金輪祕法籙》共1卷，其內容基本上與《道法會元》第234卷《正一龍虎玄壇金輪執法如意祕法》一致。[367] 就該籙卷內較為特別的是，內文幾乎充斥著梵咒，其中還出現「唵嗎喇即喇暉吒喇勒攝」之梵咒作為召請趙公明麾下官將與驅動能量的祕號。這相當特殊的部分在於，此梵咒乃是道教先天斗姥元君的祕號，而從《道法會元》本為收錄宋代道教術法之集合，可以從此判斷當時道教融合中國本土密教而開展出「雷法」的術式，基本上都脫離不了斗姥元君與梵咒文書。再加上，斗姥元君在道教內又被尊為九天雷祖大帝，有掌握雷部能量與召喚雷部官將的權柄。從這裡亦可判斷，趙

---

《道法會元》，卷232，《正一玄壇趙元帥祕法》，諸子百家中國哲學書電子化計劃（https://ctext.org/wiki.pl?if=gb&chapter=642720），最後瀏覽時間：2023年9月1日。

[366] 修水普濟道院，《正一玄壇趙元帥和合法籙》，上卷，蘇清六提供。

[367] 《道法會元》，卷234，《正一龍虎玄壇金輪執法如意祕法》，諸子百家中國哲學書電子化計劃（https://ctext.org/wiki.pl?if=gb&chapter=780176），最後瀏覽時間：2023年9月1日。

公明在宋代除了從瘟神轉變為道教官將，更成為宋代建構「雷法」中的雷部將領。[368]《正一玄壇趙元帥金輪祕法籙》的內文架構主要有幾部分，分別有祕法祖師祈請與符咒法科兩大部分。前者主要是受籙者透過正一道「祖天師」作為證盟者或是擔保媒介，以連結身為經籙祖師之神——趙公明；後者則為諸多內煉與召將之法，內容分別有元帥本身符（趙公明）、飛捉符、本身符、又五字符、三元帥祕法、和合符、禳官散事符、散訟解冤符與鎖口舌符，從這些符法的性質來看，不難看出都環繞在人與人之間的互動和合，即受籙者透過趙公明與其麾下官將——鄧元帥、辛元帥與張使者（《道法會元·正一龍虎玄壇金輪執法如意祕法》則記載：雷元帥、何元帥）的相助，簡要說明其中操作，即受籙者先存思變神為「祖天師」並以趙公明之令，召請六丁六甲神將、九天兵馬、五嶽兵馬與玄壇三洞兵馬，之後再促成和合、解冤等諸多事宜。[369]是故，若有從事商業的福主須透過道長促進人緣和合，則必須得透過此法召請趙公明麾下兵將無形中促進人和，解除貿易誤會，以增進商業利益。

---

368 斗姥元君：其本體為佛教密教之摩利支天（Marici），在唐代密法東傳後，逐漸為各教派所用，並在道教中開發出雷法，而摩利支天也逐漸與道教的先天神斗姥合而為一，成為斗姥的展現形象。摩利支天在宋代道教著作《玉音乾元丹天雷法》被尊為「法主九天雷祖大帝斗母紫光金尊聖德天后圓明道姥天尊」，司掌天上雷部或與雷法相關的一切部將，甚至在《玉音乾元丹天雷法》內還有「役將符」，內容密語，召請雷部諸將。詳見：《道法會元》，卷214，《玉音乾元丹天雷法》，諸子百家中國哲學書電子化計劃（https://ctext.org/wiki.pl?if=gb&chapter=230061），最後瀏覽時間：2023年9月9日。

369 修水普濟道院，《正一玄壇趙元帥金輪祕法籙》，上卷，蘇清六提供。《道法會元》，卷234，《正一龍虎玄壇金輪執法如意祕法》，諸子百家中國哲學書電子化計劃（https://ctext.org/wiki.pl?if=gb&chapter=780176），最後瀏覽時間：2023年9月1日。

第九章

## 二、《財神寶籙》主籙

　　除了《玄壇和合籙》，《財神寶籙》是在道教界內最容易與趙公明做連結的經籙，甚至在中國大陸修水普濟道院、龍虎山嗣漢天師府、上海城隍廟與臺灣的中華法籙道派、嗣漢第六十五代天師張○翔天師府等處都有頒布《財神寶籙》，若從版本與內容來看，臺灣方面目前僅以中華法籙道派《財神寶籙》全宗的內容相對而言完整，而與其他道派的關係中，其共同點僅有主籙的部分——《上清正一金輪如意求財得福寶籙》，該籙各家印刷版型不同，但就內容而言實為一致。基於本研究是以蘇清六與中華法籙道派為主，故有關《財神寶籙》的主籙探討，是以該經籙之請法詞與陰陽牒文書列出之經籙，僅有《上清正一金輪如意求財得福寶籙》1階為主籙與「祖天師」證盟之趙公明麾下召財祕法——《十聖求財轉運消災解厄驅邪牒文》1卷，其餘配件則是受籙儀式中需要焚化的疏文與象徵天官賜福、武財神趙公明賜財的配件。就《上清正一金輪如意求財得福寶籙》內文而言，其類似正一天師道給與神職之「職籙」相關的《虛無自然金符籙祖》以及作為祈福用經籙——《天醫寶籙》之「歷代藥王」，都是列出與該經籙要展現功能相關之重要先賢或歷代祖師。[370] 《上清正一金輪如意求財得福寶籙》內被視為財神的祖師分別有五路財帛宮五路財神、聖師上元一品天官賜福儲祿大帝（紫微大帝）、聖師忠義仁君司祿武財神關聖帝君、祖師玄壇招財進寶和合如意趙天君（趙公明）、祖師普天福主神功妙濟許仙真君（許遜）、南無大慈大悲觀世音菩薩等。[371]

---

[370] 呂鵬志，〈贛西北流傳的正一籙〉，《道教儀式講座暨國家正一道與地方儀式工作坊會刊》（香港：香港中文大學，2021），頁52。

[371] 修水普濟道院，《上清正一金輪如意求財得福寶籙》，上卷，蘇清六提供。

## 三、《玄壇和合籙》與《財神寶籙》的特殊密咒

　　從趙公明的經籙——《玄壇和合籙》與《財神寶籙》的內文可知，趙公明從宋代開始至清代，趙公明基本上已經發展成一位具有促進人和與招財納福的神祇，不過從這兩分經籙內容來看，卻擁有許多來自印度的梵咒。這些梵咒除了如同前文所言，與宋代混和佛教密教的真言而產生的道教「雷法」興起，而使原為瘟鬼的趙公明轉型成雷部的將領，這些咒語背後還有什麼樣的意涵呢？而且還反映出該經籙與主尊神祇之間的何種關係呢？如同前文筆者引出《玄壇和合籙》內有「唵嗎唎即唎暉吒唎勑攝」一咒，即是九天雷祖大帝——先天斗姥元君之真言，其便是轉自佛教摩利支天真言——「om marici-man svaha」的咒音，其在經籙內便扮演著趙公明之「上級」地位。於此，筆者特別選出在《玄壇和合籙》與《財神寶籙》最常出現的梵咒，並嘗試解讀與說明，與瞭解這些咒語同趙公明之關係。

　　「唵具密囉咖囉咖律哪咖吽吒娑訶」該咒語主要在《玄壇和合籙》中作為召將與買賣收益增加的咒語，就斷句而言，筆者就所知斷為「唵。具密囉。咖囉。咖律。哪咖。吽吒。娑訶」若基於以佛教梵咒研究權威林光明的主張，臺灣閩南語接近中古漢音（唐代的語音），念誦咒語接近梵音。[372] 該咒轉譯為臺灣閩南語（白話字）拼音為「唵（om）。具密囉（ku-bit-ló）。咖囉（ka-ló）。咖律（ka-lùt）。哪咖（ka-ná）。吽吒（háng-chhia）。娑訶（soa-ha）。」[373] 再將此咒根據佛教密咒常用的梵文羅馬拼音，筆者判斷為「唵（om）。具密囉

---

[372] 林光明，〈梵漢咒語大講堂　往生咒　林光明教授〉（https://www.youtube.com/watch?v=5~z1zUk9k8A），最後瀏覽時間：2023年8月1日。

[373] 查詢根據：Tw~Ch台文中文辭典（http://ip194097.ntcu.edu.tw/q/THq.asp），最後瀏覽時間：2023年9月9日。

（kubera/kumbhira）。咖囉（kala/kara）。咖律（kalu/karu）。哪咖（naga/naka）。吽吒（吽發吒 hum-phat）。娑訶（svaha）。」筆者就所知的梵文解讀，「om」意思是咒語的開頭，為最初的聲音；「kubera」或「kumbhira」則是印度守護北方的夜叉財神俱毗羅，即北方毘沙門天王（Vaiśravaṇa）的別號；「kala」或「kara」有黑色的意思，同時又指時間，或密教的召財之神——摩訶迦囉（大黑天／Mahakala）；「kalu」或「karu」則不知其意，若以惠敏法師誦唸梵文〈大悲咒〉而言，「kuru」為「做某事」，故此「kalu」或「kuru」可能是「kuru」的變體字；「naga」或「naka」則應該是指蛇或龍；「吽吒」在道教雷法咒語很常見，但其原文應是「吽發吒」（hum-phat），「hum」是一種降伏的聲音，「phat」則是破壞，按丁福保認為「吽發吒」意為「破壞一切魔障」；「svaha」則是咒語的尾音，意為圓滿。[374] 總和意涵，此咒意義筆者理解為「唵！守護北方的財神俱毗羅或毘沙門天王，大黑天神，龍，破壞一切魔障，圓滿！」就此咒語的意涵而言，被視為武財神趙公明的意象詮釋組合，如財神形象之俱毗羅、毘沙門與大黑天，還有作為護法的龍神，以及具有頹壞一切障礙的能力等，如此可以強化彼此間的和合，以達到人緣成就與賜財之效。

此外，最常出現的咒語還有用來以「三昧真火」除去汙穢環境或是震攝邪精鬼魔的咒語，尤其在《玄壇和合籙・正一玄壇趙元帥金輪祕法籙》內基本上被視為根本神咒，多次提及此咒。經筆者斷句即「唵。嗚利。郎利。暉吒唎。敕攝。」從咒語結構來看，為梵漢夾雜的咒文，其

---

[374] 摩利大黑天居（http://mahakala.book853.com/list.aspx?cid=172），最後瀏覽時間：2023年9月9日。丁福保，《佛學大辭典》，維基文庫（https://zh.m.wikisource.org/wiki/%E4%BD%9B%E5%AD%B8%E5%A4%A7%E8%BE%AD%E5%85%B8/%E7%99%BC%E5%90%92），最後瀏覽時間：2023年9月9日。

中「敕攝」為道教或民間信仰很常出現驅動術法能量或是召請鬼神所用的詞句。該咒可能是梵文的部分轉譯為臺灣閩南語（白話字）拼音為「唵（om）。嗚利（oo-lī）。郎利（lông-lī）。暉吒唎（kun-chhia-lī）。敕攝。」[375] 除了「唵」與「暉吒唎」外，其餘找無意思，而「暉吒唎」字又被書寫作「軍荼利」或「軍拏梨」，梵文則應為「kundali」則是佛教密教的軍荼利明王（Amrita-kundalin），「kundali」則具有「不死甘露瓶」的意涵。[376] 根據日本密教（東密，為唐代密教東傳的日式教派）的文獻——《真言事典》的記載，所謂「kundali」便有「金剛軍拏梨」、「vajra-kundali」與「vajra-krodha-samaya-mudra」之詞彙也都是在講述軍荼利明王，該書譯者林光明註解更針對軍荼利明王說明：「此尊原為濕婆之神，以太陽孕育萬物之德而被神格化。後被納入密教成金剛軍拏梨。」[377] 此外，從其他宋代以後與雷法相關的道教經典——如《上清天心正法》，基本上都會出現「暉吒唎」或「軍荼利」之名號，且都與火焰、燃燒、陽光有著緊密關係。這種傳統，意可能是來自佛教密教的思維。像是《真言事典》第932條記載的長語：

唵 嚩日囉軍拏梨摩賀嚩日囉骨嚕馱 屹哩 恨拏 賀那 捺賀 跛左 尾特網薩野 嚩日哩拏 母哩馱囊 颯頗羅野 頻捺 紇哩 捺煬 嚩日囉骨嚕馱 吽 發吒。（om vajra-kundali-maha-vajra-krodha grhna daha paca vidhvamsaya vajrena murdhanam sphalaya bhinda hrdayam vajra-krodha

---

375 查詢根據：Tw~Ch台文中文辭典（http://ip194097.ntcu.edu.tw/q/THq.asp），最後瀏覽時間：2023年9月9日。

376 八田幸雄（日本）著，林勝儀、林光明譯，《真言事典》（臺北：嘉豐出版社，2002），頁342。

377 八田幸雄（日本）著，林勝儀、林光明譯，《真言事典》（臺北：嘉豐出版社，2002），頁342。

第九章

hum phat.）[378]

　　該書臺灣版譯者林光明教針對此長咒解讀之，翻譯為「唵，金剛軍
拏梨大忿怒尊金剛呀！捉呀！燒盡呀！教化呀！依金剛，頭頂之偉大者
呀！破壞心呀！金剛忿怒呀！吽，發吒。」[379] 這以軍荼利明王為本尊
的長咒，可以看到該本尊降妖伏魔與教化眾生的功能，同時也看到「燒
盡」的意涵，還搭配著「吽」、「發吒」等具有破壞性的詞語。因此，
《玄壇和合籙・正一玄壇趙元帥金輪祕法籙》收錄的「唵。嗚利。郎
利。暉吒唎。敕攝。」應該是奉趙公明的名義，召請軍荼利明王以「三
昧真火」燒盡汙穢，同時也以就度這些變成妖魔邪祟的眾生。[380]

圖：《正一玄壇趙元帥金輪祕法籙》內有關三元帥祕法圖像部分。
資料出處：中華法籙道派提供。

---

[378] 八田幸雄（日本）著，林勝儀、林光明譯，《真言事典》，頁285,
342, 587。

[379] 八田幸雄（日本）著，林勝儀、林光明譯，《真言事典》，頁932。

[380] 修水普濟道院，《正一玄壇趙元帥金輪祕法籙》，上卷，蘇清六提
供。《道法會元》，卷234，《正一龍虎玄壇金輪執法如意祕法》，
諸子百家中國哲學書電子化計劃
（https://ctext.org/wiki.pl?if=gb&chapter=780176），最後瀏覽時間：2023
年9月1日。

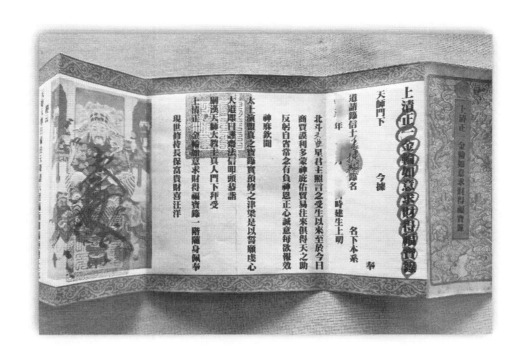

圖：張○翔天師府頒布的《財神寶籙》。
資料出處：張○翔天師府提供。

圖：《財神寶籙》主籙局部。
資料出處：中華法籙道派提供。

第九章

# 肆、中印交流促成之因

　　從西晉「妖書」起，建構出瘟疫之神趙公明的形象，時至兩宋時期建構出與趙公明為主尊的道教召將經卷，其中內文收納大量上述的梵譯漢字密咒——如「kubera」（具密囉）、「kundali」（暉吒唎）、「hum-phat」（吽吒）、「svaha」（娑訶）等，其來由為何，便又透露何種消息？於此，就道教史與東西文化交流史的角度而言，其實很可能與道教受到前文所述之佛教密教，及相關的印度宗教影響。其中，有關密咒使用的宗教，基本上是佛教內以密教與婆羅門教之類的宗教群體為主。這些密教咒語是如何傳入中國，甚至影響道教，甚至成為道教修練與儀式上使用的通神媒介。先從密教傳入中國的緣由談起，再論述道教是如何接納這些密教元素，並融入成屬於自己的宗教結構。[381]

　　佛教自「教主」釋迦牟尼佛（Siddhāttha Gotama, Buddha）以來的理論建構，先後分裂出諸多部派與學說，其中最為著名者分別是「大眾部」（摩訶僧祇，mahāsāṃghika）與「長老部」（上座部，sthaviravāda），即佛教歷史上所謂的「部派分裂」或「根本分裂」。[382] 尤其在西元6到8世紀時，佛學理論逐漸融合印度在地宗教的修持法門，並建構出「大乘中觀派」（mādhyamaka）與「瑜珈行派」（Yogācāra）作為基礎，並重視儀式與密咒持誦，這可以視為密教之濫觴。[383] 按密教內部的宗系，又細分為南、北兩大宗系，傳入中國的部

---

[381] 毛帝勝、余佳銘，〈從道教雷法見東西宗教文化互動初探：以《上清天心正法》為核心〉，張家綸主編，《2022年關渡宮媽祖信仰與東亞交流國際學術研討論文集》（臺北：中國文化大學史學系、財團法人臺北市關渡宮，2022）。

[382] 木村泰賢（日）著、釋依觀譯，《阿毘達磨佛教思想論》（臺北：臺灣商務，2020），頁3。

[383] 宗遵，《密宗源流與修持法》（臺北：武陵出版社，1993），頁12、111。吳建明，〈顯密圓通——漢傳密教准提法之發展探究〉，《宗

分則屬於南系，即傳說由龍樹菩薩（Nagarjuna, 150~250）開啟印度的南天鐵塔面見金剛薩埵（金剛藏王菩薩，Vajrasatva），並從其領受由密教本尊——「根本佛」大日如來（毘盧遮那佛，Vairocana）親傳的祕法與真言，從此展開密教諸法在人間的流傳。[384] 南系的傳承，則是從龍樹菩薩起，接著傳承至善無畏（Subhakarasiṃha, 637~735）、金剛智（Vajrabodhi, 669~741）與不空金剛（Amoghavajra, 705~774），由他們在唐天寶年間（742~756）將密法傳入中國，故這幾位高僧被認為是中國密教的始祖，被之後佛教信仰者與歷史學者併稱為「開元三大士」。[385] 彼時，密教在中國流傳廣泛，因所屬朝代為「唐」，而被稱為「唐密」，甚至還從中國法船至東亞諸國，其中傳承到日本者發展為弘法大師的「東密」與傳教大師的「臺密」（天臺密教）。[386]

唐、周之時，即武則天（624~705）掌政時期，佛教的影響力達到極致，這甚至一直到唐玄宗年間，佛教都一直是當時中國比肩於道教的存在，這也是密教能夠順利進入中國的大背景原因。隨著不空金剛圓寂後，「開元三大士」傳承下的「唐密」在中國的發展便逐漸衰落。[387]

---

教哲學》第40期（臺北，2007），頁78。

[384] 蔣維喬，《中國佛教史》（香港：香港中和出版有限公司，2013），頁340。毛帝勝，〈普賢菩薩專欄〉，《覺明雜誌》第92期（臺南，2021）頁48。吳建明，〈顯密圓通－漢傳密教准提法之發展探究〉，頁79。

[385] 《佛光大辭典》：「指唐玄宗時東來之印度密宗三大師。即善無畏、金剛智及不空。開元四年（716），善無畏奉其師之命，經中亞至長安，唐玄宗禮為國師。開元八年，金剛智率不空至京師，奉敕居於慈恩寺，傳揚龍樹菩薩之密教，並築壇度眾；時人稱善無畏、金剛智及不空為開元三大士。」詳見：「佛光叢書‧佛光大辭典線上查詢系統」，佛光山文化院（https://www.fgs.org.tw/fgs_book/fgs_drser.aspx），最後瀏覽時間：2022年8月11日。

[386] 〈淺述東密、台密源流及其相異處〉，真言宗遍照王寺（https://www.bukon.org.tw/2019/04/10/20190413/），寫作時間：2019年4月10日，最後瀏覽時間：2022年8月23日。

[387] 張國剛，《佛學與隋唐社會》（石家莊：河北人民出版社，2002），頁83。

一直到唐會昌5年（845）舊曆8月，唐武宗（814~846）下詔「毀佛滅法」，強迫全國僧尼恢復為平民並拆毀佛教寺院，即歷史上著名的「會昌法難」或與過去北魏太武帝（408~452）、北周武帝（543~578）並稱為「三武滅佛」，一直到唐大中元年（847）舊曆閏3月才恢復佛教寺院。[388] 但這幾年來的政治打壓，迫使佛教徒大規模亡難，甚至許多宗派也因此衰微，而在學界普遍認為屬於中國在地的「唐密」也在此階段遭受嚴重打擊，之後便漸漸衰滅。[389] 不過，由於自唐開元年間起，密法的流傳從宮廷到世俗都相當流行，不僅其他佛教宗派會借鑒使用唐密傳承的真言密咒與儀式，這也逐漸地影響到其他宗教。[390] 佛教密教的元素會融入中國本土的道教，其實這與華人宗教信仰本身具有的宗教特質，這意謂著不僅是佛、道之間，甚至在宋、元、明、清逐漸建構出來的「儒、佛、道」三教合一的現象，也是基於此特質而逐漸建構的。[391] 誠如Michel Strickmann（司馬盧，1942~1994）對此議強調之「只要談到宗教融合，學界就已明清時期中的三教合一為研究對象，但忽略了六朝時期佛教與道教就已經面臨各種宗教融合的問題。」[392] 這便是反映，從魏晉南北朝以來，佛教在中國傳播時便與在地宗教進行一定的對話與交流，當然，這當中也包含彼此間的鬥爭，以及相互學習，甚至融合。同樣的道理，在唐代作為主流宗教的佛教密教與道教之間的交流想必更甚。儘管到了唐末，所謂「唐密」的傳承較不如過往，其中法會儀

---

[388] 《新唐書》：「會昌五年……。八月壬午，大毀佛寺，復僧尼為民……。大中元年……，閏月，大復佛寺。」詳見：歐陽脩（北宋），《新唐書》，中國哲學書電子化計劃（https://ctext.org/wiki.pl?if=gb&chapter=79211#p33），最後瀏覽時間：2022年8月23日。

[389] 劉貴傑，《華嚴宗思想史》（臺北：五南出版社，2021），頁554。

[390] 張國剛，《佛學與隋唐社會》，頁83。

[391] 謝世維，《大梵彌羅——中古時期道教經典當中的佛教》（臺北：臺灣商務印書館，2013），頁11。

[392] 謝世維，《大梵彌羅——中古時期道教經典當中的佛教》，頁14。

式與相關咒語持誦的技能也開始為其他宗教所學習，甚至流入民間。如此現象，以致「唐密」相關的密咒儀軌也可能漸漸進入道教的體系，更在宋代發展顯著，而發展出雷法體系，或是需要透過梵文密咒而驅動的儀軌。這不僅在道教天心派有此現象，甚至在道教靈寶派也有相關情形。就以與鄧有功整理《上清天心正法》同時之南宋末年靈寶派背景的仕紳——鄭所南（1241~1381）為例，在其著作《心史》，收錄了有關首羅天王（即濕婆神）之梵漢混合真言，其格式便與同時期產生的道教咒語相似，也可間接證實當時密教元素在道教內已經根深的現實。[393]

是故，經過宋代的交流吸收與元、明兩代的詮釋建構，道教諸多經典內基本上都可見到以「唵」字作為開頭的各種咒語，甚是當時製造經眷，甚至是經籙的道士，對梵文應具有一定的瞭解。就《玄壇和合籙》與《財神寶籙》而言，最作為印度財神的俱毗羅（毘沙門天王）本是具有統領夜叉（藥叉，yaksa）與羅剎（raksasa）兩大鬼部神將，而俱毗羅亦是給與信仰者消災解厄、增進福祉的能力，因此獲得印度諸宗教的尊敬。然而，這些特徵也與趙公明類似，尤其都曾是統領鬼兵的武將，同時又具有解厄賜福的能力。[394]（見表1）可能因為這樣，當時製作經卷與經籙的道士們，基於對梵文的瞭解，而改編佛教密教的梵咒，並重

[393] 首羅天王真言：「唵。我有大願。無量無邊。虛空爛壞。我願無盡。我默我呪。先斷病魔。我觀我生。我寶無生。意歸其源。六根俱寧。歸無所歸。心華自開。我於是時。現無邊身。為大醫王。普救病難。即臻安康。乃正綱常。終於究竟。我違我誓。我當殛我。滅為微塵。聞聞聞聞。娑婆訶。」詳見：鄭所南（南宋），《心史》，轉引自宇泰（毛帝勝），〈濕婆神咒語見證下的中印文化交流〉，愛傳媒（https://reurl.cc/gMaQ64），寫作時間：2022年1月5日，最後瀏覽時間：2022年8月23日。毛帝勝、余佳銘，〈從道教雷法見東西宗教文化互動初探：以《上清天心正法》為核心〉，張家綸主編，《2022年關渡宮媽祖信仰與東亞交流國際學術研討論文集》（臺北：中國文化大學史學系、財團法人臺北市關渡宮，2022）。

[394] 林光明、林怡馨編著，《佛母大金曜孔雀明王經研究》（臺北：嘉豐出版社，2022），頁71~74。

組成符合趙公明形象的咒語。當然,這僅為筆者基於目前資料之推測,若要有更詳盡的解讀可能,也只能期待有更多資料出土,方能進一步探討之。

表1:趙公明與俱毗羅(毘沙門天王)之異同比較

| 神名 | 俱毗羅(毘沙門天王) | 趙公明元帥 |
|------|------|------|
| 發源地 | 印度(傳說:須彌山北方) | 中國 |
| 原型 | 夜叉鬼(醜天) | 瘟疫鬼 |
| 最初身分 | 夜叉與羅剎知鬼部統領 | 瘟疫鬼兵統領 |
| 神話降伏者 | 釋迦牟尼佛 | 「祖天師」張道陵 |
| 後繼身分 | 佛教徒的守護者、北洲與餘洲守護者、財神、戰神 | 正一玄壇與其門下的守護者、武財神 |
| 子嗣 | 日善童子、哪吒太子 | 無 |

資料出處:林光明、林怡馨編著,《佛母大金曜孔雀明王經研究》,頁71-74。修水普濟道院,《正一玄壇趙元帥金輪祕法籙》,上卷,蘇清六提供。《道法會元》,卷234,《正一龍虎玄壇金輪執法如意祕法》,諸子百家中國哲學書電子化計劃(https://ctext.org/wiki.pl?if=gb&chapter=780176),最後瀏覽時間:2023年9月1日。

# 陸、結論

經籙起源自東漢末年道教正一天師道「祖天師」張道陵與「道祖」太上老君之間的書面契約與召將修練的傳承儀式,之後再由道教諸山各派以各神祕經驗與修行需求而建構出來的各種經籙。然而,經籙發展過程中,往往會與民間習俗驅災避邪、昭祥納福的儀式納入到經籙體系內,並且透過「經籙化」的過程中,將民間信仰敬畏的鬼神,轉型成為道教體系內的正神或神將。這一點很明顯地反映在趙公明這個案例上,尤其是在西晉「妖書」與東晉《真誥》內的瘟神將領,甚至將其地位與

「鬼」相等，地位不高。而且，晉代至宋代期間，趙公明雖為上帝麾下負責將下瘟疫與掌握常人生命的瘟將，其作用僅僅只是用來「驅邪」或是透過對趙公明的「控制」而阻止瘟疫的施放、控制疾病的蔓延，或是以此喚回某人的生命。時至宋代，趙公明的地位獲得進一步地提升，除了被視為「祖天師」張道陵召請的神將，成為正一玄壇的守護元帥，甚至成為雷部神將，其地位從原先「鬼」轉型為「神」。儘管身分具有根本上的轉變，趙公明在宋代道教仍被作為驅邪斬魅的神將，與財神本身沒有太大的關係。宋代以後，趙公明的形象可能與長期與中國買賣的穆斯林商人相似，使之至明代以後，人們逐漸將趙公明與商業做結合，甚至也建構出「公平買賣，求財」的能力。這也促使明、清時的經籙建構中，趙公明之神從原先僅有的《玄壇籙》，至清代後期更延伸出人們需要的《玄壇和合籙》與財神寶籙》。

此外，趙公明的神將形象轉化，很可能與宋代流行的雷法相關。所謂「雷法」即是透過練氣方式修練己身，同時也可以用來召喚天地能量。而自唐、宋以來，佛教與道教在中國大盛，彼此間相互影響。其中，道教透過佛教密教的咒語來掌握使役雷法之能，故於此之後，許多佛教密教咒語透過漢字形式被記錄在道教的文獻內。是故，從道教的相關文獻內，可以看到與其他宗教的互動痕跡，尤其是在與佛教相互涵化與東西兩地文化交流的見證，也能體現在《玄壇和合籙》與《財神寶籙》。筆者從經籙內文記述判斷，當時的道士們對梵文可能具有一定的理解，故使經籙中與趙公明身分相關的梵文咒語軍可以對應。如，印度具有戰爭色彩的財神——俱毗囉，其為夜叉與羅剎軍隊之主，在《玄壇和合籙》與《財神寶籙》內俱毗囉在咒語呈現中被視為趙公明是同一類神，這也符合趙公明本身為瘟鬼與統領各鬼的形象。同時，《玄壇和合籙》內作為掃蕩除穢咒語中，出現「暉吒唎」字樣，而該詞內涵則為密

教軍荼利明王，該明王在密教咒語多為降魔或是焚燒一切障礙的存在，而且在宋代《上清天心正法》內軍荼利明王的形象往往與火光有著關聯。「暉吒唎」除了反映趙公明掃蕩汙穢邪祟的能力，同時也呼應著張繼宗《崆峒問答》對趙公明的定位「趙帥，太陽之精，故諱朗字公明。古時有十日並出作曜。后羿射之，墜青城，化為九大鬼王。八王行病災民，而趙帥獨跨黑虎來護丹室。丹成，老祖天師分丹餌之，遂能變化無窮，永助道教之法。」

# 徵引書目

〈淺述東密、臺密源流及其相異處〉，真言宗遍照王寺（https://www.bukon.org.tw/2019/04/10/20190413/），寫作時間：2019年4月10日，最後瀏覽時間：2022年8月23日。

《道法會元》，卷214，《玉音乾元丹天雷法》，諸子百家中國哲學書電子化計劃（https://ctext.org/wiki.pl?if=gb&chapter=230061），最後瀏覽時間：2023年9月9日。

《道法會元》，卷232，《正一玄壇趙元帥祕法》，諸子百家中國哲學書電子化計劃（https://ctext.org/wiki.pl?if=gb&chapter=642720），最後瀏覽時間：2023年9月1日。

「佛光叢書・佛光大辭典線上查詢系統」，佛光山文化院（https://www.fgs.org.tw/fgs_book/fgs_drser.aspx），最後瀏覽時間：2022年8月11日。

Tw~Ch臺文中文辭典（http://ip194097.ntcu.edu.tw/q/THq.asp），最後瀏覽時間：2023年9月9日。

丁福保，《佛學大辭典》，維基文庫（https://zh.m.wikisource.org/wiki/%E4%BD%9B%E5%AD%B8%E5%A4%A7%E8%BE%AD%E5%85%B8/%E7%99%BC%E5%90%92），最後瀏覽時間：2023年9月9日。

八田幸雄（日本）著，林勝儀、林光明譯，《真言事典》，臺北：嘉豐出版社，2002。

不見著人，《道法會元》，卷233，《玄壇趙元帥祕法》，洪百堅，正統道藏電子文字資料庫（http://www.ctcwri.idv.tw/CTCW~CMTS/CMT07%E6%AD%A3%E4%B9%99%E9%83%A8/CH07XX/CH07029~3%E9%81%93%E6%B3%95%E6%9C%83%E5%85%83（%E4%B8%89）/CH07029~3XX/CH07029~3~233%E5%8D%B7%E4%BA%8C%E7%99%BE%E4%B8%89%E5%8D%81%E4%B8%89%E7%8E%84%E5%A3%87%E8%B6%99%E5%85%83%E5%B8%A5%E7%A5%95%E6%B3%95.htm），最後瀏覽時間：2023年7月27日。

木村泰賢（日）著、釋依觀譯，《阿毘達磨佛教思想論》，臺北：臺灣商務，2020。

毛帝勝，〈從《混式法籙》見北宋道教諸山整合到《萬法宗壇》的形成初探〉，馬力編，《歷史、藝術與臺灣人文叢刊》，第23期，新北：博揚文化，2023。

毛帝勝，〈從陸到海：唐、宋時期穆斯林貿易路線改變初探〉，《2019海洋史青年研究者論文發表會論文集》（臺南：國立成功大學歷史學系，2019），頁1~12。

毛帝勝，〈普賢菩薩專欄〉，《覺明雜誌》第92期（臺南，2021）。

毛帝勝、余佳銘，〈從道教雷法見東西宗教文化互動初探：以《上清天心正法》為核心〉，張家綸主編，《2022年關渡宮媽祖信仰與東亞交流國際學術研討論文集》，臺北：中國文化大學史學系、財團法人臺北市關渡宮，2022。

王纂（晉）、杜光庭（唐），《太上洞淵神呪經》，卷11，〈三昧王召鬼神咒品〉。諸子百家中國哲學書電子化計劃（https://ctext.org/wiki.pl?if=gb&res=190395&searchu=%E8%B6%99%E5%85%AC%E6%98%8E），最後瀏覽時間：2023年9月2日。

吳建明，〈顯密圓通－漢傳密教准提法之發展探究〉，《宗教哲學》第40期（臺北，2007）。

呂鵬志，〈贛西北流傳的正一籙〉，《道教儀式講座暨國家正一道與地方儀式工作坊會刊》，香港：香港中文大學，2021。

李志鴻，《道教天心正法研究》，北京：社會科學出版社，2011。

李豐楙，〈《道藏》所收早期道書的瘟疫觀：以《女青鬼律》及《洞淵神咒經》系為主〉，中央研究員中國文哲研究所《中國文哲研究集刊》，第3期（臺北，1993），頁426~427。

宗遵，《密宗源流與修持法》，臺北：武陵出版社，1993。

林光明、林怡馨編著，《佛母大金曜孔雀明王經研究》（臺北：嘉豐出版社，2022），頁71~74。

修水普濟道院，《上清正一金輪如意求財得福寶籙‧請法詞》，蘇清六提供。

修水普濟道院，《上清正一金輪如意求財得福寶籙》，中華法籙道派提供。

修水普濟道院，《正一玄壇趙元帥和合法籙‧請法詞》，蘇清六提供。

修水普濟道院，《正一玄壇趙元帥和合法籙》，上卷，蘇清六提供。

修水普濟道院，《正一玄壇趙元帥和合法籙》，上卷，蘇清六提供。

修水普濟道院，《正一玄壇趙元帥和合法籙》，中華法籙道派提供。

修水普濟道院，《玄壇和合籙‧正一玄壇趙元帥祕法》，蘇清六提供。

張國剛，《佛學與隋唐社會》，石家莊：河北人民出版社，2002。

張繼宗（清），《崆峒問答》（臺南：中華道教經籙文化教育學會，2023，未正式出版手冊）。

陳國符，《道藏源流考》，新修正版，中華書局，2014。

陶弘景（劉宋），《真誥》，卷10（https://ctext.org/wiki.pl?if=gb&chapter=403225），最後瀏覽時間：2023年9月2日。

劉仲宇，《道教授籙制度研究》，北京：中國社會科學出版社，2014。

劉貴傑，《華嚴宗思想史》，臺北：五南出版社，2021。

摩利大黑天居（http://mahakala.book853.com/list.aspx?cid=172），最後瀏覽時間：2023年9月9日。

歐陽脩（北宋），《新唐書》，中國哲學書電子化計劃（https://ctext.org/wiki.pl?if=gb&chapter=79211#p33），最後瀏覽時間：2022年8月23日。

蔣維喬，《中國佛教史》，香港：香港中和出版有限公司，2013。

鄭所南（南宋），《心史》，轉引自宇泰（毛帝勝），〈濕婆神咒語見證下的中印文化交流〉，愛傳媒（https://reurl.cc/gMaQ64），寫作時間：2022年1月5日，最後瀏覽時間：2022年8月23日。

黎志添編著，潘志賢、梁德華總策畫，《道貫嶺南：廣州三元宮志》，香港：香港中文大學，2020。

謝世維，《大梵彌羅－中古時期道教經典當中的佛教 》，臺北：臺灣商務印書館，2013。

謝世維，《道密法圓：道教與密教之文化研究》，臺北：新文豐出版股份有限公司，2018。

謝聰輝，〈閩中瑜珈法教功曹神譜研究──以嵩公道德與吳公太宰為主〉，《國文學報》，第65期（臺北，2019），頁195～224。

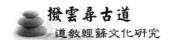
# 第十章　道教經籙之建構與傳承研究初探：以中華法籙道派藏之《文昌籙》為核心

## 摘要

正一天師道自明代以來統領全中國之經籙，即所謂「萬法宗壇」，但在該道中，除了代表道士職位的職籙外，還有許多與道士職位無直接關係的經籙，即所謂「三十三品階經籙」。這些經籙中，最為特別者，乃是具有濃厚儒家色彩的《高上大洞文昌司祿紫陽寶籙》，簡稱《文昌籙》。與其他經籙不同，《文昌籙》與道教修行、養生或使用符咒召將之類的儀式動作無太大的關係，反而在宣揚儒家思想，以及自宋代以來文人學子時常用來預知科舉結果或仕途的「扶鸞」與「夢占」等類似占卦、讖緯之儀式。為瞭解《文昌籙》的占卦儀式緣由，得必須瞭解該經籙的建構背景，其中包含此版本《文昌籙》的出處與歷史上對該經籙的記載，以及經籙背後的信仰融合現象與經籙建構背景的時代反映元素。

關鍵詞：文昌籙、文昌帝君、道教、經籙、中華法籙道派

# 壹、前言

　　自東漢以來，民間各個道團結社逐漸形成道教的前身，其中最為有名者乃是相傳「祖天師」張道陵（34~156）成立之天師道、張修創立之五斗米道以及張角領導的太平道等，其中又以天師道開啟了人、神之間締結盟約與傳承的經籙文化，之後直接與間皆影響到其他道團，使得魏晉南北朝時，先後出現上清、靈寶等新道團，更發展出上清宗壇與靈寶法壇之經籙體系。[395] 所謂的「籙」，根據劉仲宇的研究《道教授籙制度研究》談到，最初「籙」有紀錄的意思，等同於「錄」字，但同時又兼具漢代讖緯學（預言學說）以及與作為領受經籙之道士擁有「天命」（上天授權）行使法科的依據，且具有相當契約性質。[396] 然而，在早期經籙當中，並未見有關於《文昌籙》本身或相關的記述，但就該經籙本身的性質，卻具有道教經籙所要具備的契約性與讖緯學說的性質，如受籙者與文昌帝君締約或是從讖緯延伸之預言夢境的方法。

　　是故，為了瞭解《文昌籙》的起源，本研究不局限於道教文獻，將有關《文昌籙》相關的紀錄做一個梳理，以此瞭解有關該經籙的相關信息。就目前歷史文獻中，目前所知最早提及《文昌籙》者，乃是清康熙年間，由道教正一道第五十四代嗣漢天師張繼宗（1666~1715）曾在

---

395　張君房（北宋）編，李永晟點校，《雲笈七籤》，第1冊（北京：中華書局，2003），頁52。鄧有功（南宋），〈《上清天心正法》序〉，收自鄧有功（南宋）編纂，《上清天心正法》，轉錄自《上清天心正法》，收自中國道教協會、中國社會科學院道家道教研究中心、華夏出版社編修，《中華道藏》，第30冊（北京：華夏出版社，2004），頁245。鄭素春，《道教信仰：神仙與儀式》（臺北：臺灣商務印書館，2002），頁130。

396　劉仲宇，《道教授籙制度研究》（北京：中國社會科學出版社，2014），頁33~36。

《崆峒問答》第42問與第43問內曾談及，清初道教重要的三十三品階的寶籙（即經籙與法籙），分別有：

> 都功、盟威、五雷、大洞、中盟、三洞、預修、拔亡、延生、伏魔、文昌、祈嗣、保童、血湖、三官、北斗、真武、玄壇、趙侯、玄女、華蓋、咒詛、九牛、二十八宿、紫微、自然、神霄諸籙。[397]

尤其，張繼宗天師特別在《崆峒問答》在第107問還特別說明，正一道士領受《文昌籙》後可以獲得的功德利益：

> 〈紫陽三洞祕文〉乃功名之梯級，有〈聰明神咒生炁寶圖〉，可以招致雄文秀氣、心開茅塞、筆寫文瀾，有二十四種應夢祥征，其驗如神。[398]

由此可知，彼時張繼宗天師頒授的《文昌籙》具有〈紫陽三洞祕文〉與〈聰明神咒生炁寶圖〉兩種經籙內容，前者可以讓領受者（籙生）獲得功名及第，而後者則能夠用以提高讀書人的氣質與擁有「夢占」的預言論斷能力。有關經籙方面的內容解析，於下文再細部說明，在此暫不加贅述。

另外，有關《文昌籙》的記載，則是出自國立故宮博物院（臺北市外雙溪）收錄「故宮066081」之文獻——清乾隆46年（1781~1782）舊曆12月6日（1782年新曆1月19日）〈奏為查辦湖北孝感縣生員程明諲悖逆文詞及所藏文昌錄扶鸞符咒恭摺奏聞〉，當中有關「文昌錄」的記載。[399] 在道教經籙之「籙」與「錄」乃是同義詞，都是表達紀錄的意

---

[397] 張繼宗（清），《崆峒問答》，無頁碼。
[398] 張繼宗（清），《崆峒問答》，無頁碼。
[399] 富勒渾，〈奏為查辦湖北孝感縣生員程明諲悖逆文詞及所藏文昌錄扶鸞符咒恭摺奏聞〉，具奏日期：1782年1月19日，檔案編號：故宮

涵，但由於不確定此物是否為經籙方面的《文昌籙》，故暫時以「文昌錄」之文字書寫，以示區別。[400] 其中，上呈該奏摺的河南省巡撫富勒渾（1722~1796）在內容講述：

奏為查辦悖逆文詞及文昌錄、扶鸞、符咒，恭摺奏聞事……，搜出文昌錄一軸，扶鸞、符咒……。這文昌錄，如能讀誦熟練，可以作文敏捷……。曹文邠家起獲文昌籙及扶鸞符咒，既不經跡類邪教，且恭遇廟諱不家敬避……。[401]

（筆者標註句讀）

富勒渾不僅將包含「文昌籙」在內的該案證物上呈給乾隆帝（1711~1799）閱覽，講述「文昌錄」內文冒犯清代歷代皇帝的廟諱（如：康熙帝的廟諱為「聖祖」）之類的「文字獄」罪責敘述，更在內容中說明到這分「文昌錄」的內容。此分「文昌錄」內容共1卷，若讀誦此籙內文熟練，便可以在文章寫作上功力增加之幫助。但就性質而言，因無保留「文昌錄」之具體內容而難以判斷，但這很可能是以「扶鸞」的方式而有的文獻。彼時，「扶鸞」為讀書人或仕紳最常進行的天人交通媒介。[402] 是故，目前有關《文昌籙》的紀錄僅此二者，僅有說明經卷名稱與功能性，並未詳細說明該經籙之內容，可以說無法盡然瞭解何謂《文昌籙》之經義。除了清代的紀錄之外，目前筆者因地緣關係

---

066081號，宮中檔奏摺
（https://qingarchives.npm.edu.tw/index.php?act=Display/image/1004226cE7s=e2#43C）
，最後瀏覽時間：2023年8月19日。

[400] 劉仲宇，《道教授籙制度研究》，頁34。

[401] 富勒渾，〈奏為查辦湖北孝感縣生員程明諲悖逆文詞及所藏文昌錄扶鸞符咒恭摺奏聞〉，具奏日期：1782年1月19日，檔案編號：故宮066081號，宮中檔奏摺
（https://qingarchives.npm.edu.tw/index.php?act=Display/image/1004226cE7s=e2#43C）
，最後瀏覽時間：2023年8月19日。

[402] 丁仁傑，《重訪保安村：漢人民間信仰的社會學研究》（臺北：聯經出版社，2013），頁494。

拜訪中華法籙道派蘇清六道長，從其得知該道派取自中國江西省九江市修水縣普濟道院，即清代至民國初年為江西龍虎山嗣漢天師府法籙局印製經籙的重要道院，其中便有收錄《文昌籙》在其中。[403] 本研究為探討《文昌籙》的內容，僅能從此作探討核心，並比較前述有限之《文昌籙》的內容。基於此，筆者先說明有關普濟道院的傳承，再針對《文昌籙》的內文以理解其中的法要與祀神，最後說明具有濃厚儒家印象的《文昌籙》是在何種時代背景下被納入道教內並轉為經籙呈現之狀況。

## 貳、從中國到臺灣：修水縣普濟道院戴家的經籙傳承與《文昌籙》

東漢以來的諸多經籙孕育而生，但《文昌籙》的出現則遠於諸籙，時至清代才有正式的紀錄出現。然而，就目前最完整的《文昌籙》，出自清代至民初江西省修水縣的普濟道院戴家道教經籙，修水戴家若從道教的傳承而言，雖屬江西清微道宗天師科派，但從該經籙的主尊神祇本身與內藏文獻觀之，內部並非具有純粹的道教元素而已，反而有濃厚的儒家元素與民間對夢境占卜的色彩。[404] 為了瞭解《文昌籙》在江西省修水縣的清微道宗的完整傳承。

清微道宗，簡稱為「清微派」，該道教宗派乃是南宋理宗時期（1224~1264）衍派自茅山上清宗的道教「新興道派」，宗派創始人為福州道士黃舜申（1224~？），其尊奉上清宗啓教宗師——魏元君（251~334）為「清微教主」，亦即將魏元君追尊為宗門開立者；而

---

403　蘇清六，《天師與經籙初探：臺灣道教百年百人首次晉品登梯閱籙》（臺南：文國書局，2022），頁203。

404　蘇清六，《天師與經籙初探：臺灣道教百年百人首次晉品登梯閱籙》，頁203。

且，亦遵奉上清宗的主祀神——元始上帝與玉晨大道君（即元始天尊與靈寶天尊）為至高的崇拜對象。[405] 主要是在宋末元初之時，清微道宗傳入江西地區。就孔令宏、韓松濤等學者在《江西道教史》的研究得出，包含江西在內的華南地區在宋、元、明三代長期受到戰亂洗禮，對宗教信仰的依賴性大宗，尤其江西龍虎山的正一天師道因蒙元朝廷的支持逐漸成為大宗，彼時其他道教宗派均受該正一天師道的宗教影響，也可以說在這個時期相互影響。[406] 到了明代，明太祖朱元璋（1328~1398）對國內宗教強化管控，對待道教方面，則是將經籙傳承與頒發之權力完全限縮在正一天師道當中，並正式指定由龍虎山張天師（明代正式稱謂為「正一真人」）為道教在朝廷的代表者。[407] 就江西地區的清微道宗而言，儘管有最初上清宗的宗教元素，但在師承上因龍虎山正一天師道的政治實質影響，也逐漸將自己歸入正一天師道的體制內。這也可以從目前修水普濟道院與臺灣中華法籙道派內部的祖師牌位都有記載第一代正一真人名號——「祖師三天護教天師真人」，與這些道派頒發的「受籙憑證」——陰牒（焚燒至精神世界）與陽憑（受籙者留存，待其羽化歸真後再焚化「繳籙」），均會以「祖天師」張道陵作為證盟者。[408]

自南宋偏安杭州（臨安）以來，江西地區出現各道派「雜揉」與「綜攝」之現象，此亦反映在修水戴家傳承的清微道宗。從修水戴家本身傳承的「清微　上真大道帝聖師雷玄元香火列職寶座」之歷代祖師神

405　李志鴻，《道教天心正法研究》（北京：社會科學文獻出版社，2011），頁189。黃舜申、陳採，《清微仙譜》，諸子百家中國哲學書電子化計劃（https://ctext.org/wiki.pl?if=gb&chapter=508651&remap=gb），最後瀏覽時間：2023年6月15日。
406　孔令宏、韓松濤，《江西道教史》（北京：中華書局，2014再版），頁191。
407　《明實錄‧太祖》，卷290，洪武24年6月，頁3110。
408　修水普濟道院，〈陰牒〉、〈陽憑〉，臺南：中華法籙道派藏。

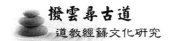
主牌位便列出十六位祖師；臺灣方面的傳承則列十七位祖師，蘇清六於此特別增加與紀念北宋末年曾建言宋徽宗趙佶（1082~1135）推動「三山混一」（即統合道教各派經籙）的茅山道士——黃澄。[409] 於此，以修水普濟道院為核心，這十六位清微道宗天師科派承襲的各派祖師乃是：

> 祖師清微啟教魏祖元君、祖師三天護教天師真人、祖師先天啟教薩翁真人、祖師普天福主許仙真君、祖師東吳太極徐真人、祖師太玄上相三省真君、祖師茅山七十二位仙師、祖師萬法教主玄天上帝、祖師東華上相葛翁真人、祖師金門羽客王林真人、祖師地祇啟教孫翁真人、祖師茅山啟教三茅真人、祖師靈安白洞汪老真人、祖師武當太平九宮仙師、祖師少林七十二位仙師、祖師三界藥王天醫大聖。[410]

其中不只有清微道宗認知的「教主」——即上清宗的魏元君，還有正一天師道始祖——「祖天師」張道陵、先天道派（西河道派）的薩守堅、淨明宗祖師許遜以及諸多傳說仙人、民間法教（民間茅山）、民間

---

[409] 茅山上清宗道士黃澄：其被宋徽宗相當重視，並被皇帝授權掌握「玉堂高士左右街都道錄（籙）」，即在當時宋朝道籙院擔任高等官職，同時又監管宋朝境內的「教門公事」，很可能在宋徽宗的信任下，黃澄成為事實上的道教最高領袖，又或是上清茅山宗的宗師。再加上，宋徽宗還賜與黃澄「太素大夫」與「沖素靜一先生」之崇高尊號。詳見：毛帝勝，〈從《混式法籙》見北宋道教諸山整合到《萬法宗壇》的形成初探〉，馬力編，《歷史、藝術與台灣人文論叢（23）：《西遊記》研究特稿》（新北：博揚文化，2023），頁223~243。修水普濟道院，「清微　上真大道帝聖師雷玄元香火列職寶座」；中華法籙道派，「清微　上真大道帝聖師雷玄元香火列職寶座」（增加黃澄），臺南：中華法籙道派藏。

[410] 修水普濟道院，「清微　上真大道帝聖師雷玄元香火列職寶座」；中華法籙道派，「清微　上真大道帝聖師雷玄元香火列職寶座」（增加黃澄），臺南：中華法籙道派藏。

佛教（少林）的祖師傳承。基本上，修水普濟道院戴家是以清微道宗、正一天師道、先天道派與淨明宗為核心，而開衍出與其他傳承不同的新興清微派系。[411] 然而，這個「新興」的時間點，根據清微道宗天師科派第十二代傳人戴宣道（本名戴祥柳）提供之《江西修水天壇玉格》內記載屬於該道派的啟教緣由，以及字輩傳承。

依照《江西修水天壇玉格》記載，清微道宗天師科派，別號「開元派」，相傳可以追溯至成立於南宋初期的薩守堅啟教之先天道派（西河道派），並在南宋紹興14年（1145），由第三十二代天師張守真（？~1176），號召龍虎山附近各道派，並聯合成以正一天師道張天師為核心的新興道派同盟，即所謂的「天師科派」。「天師科派」不僅只限制於正一天師道，還分布至清微、靈寶、神霄等派，如清微道宗天師科派、靈寶天師科派等等。再者，作為「跨宗派群體」的新道派，天師科派亦有不同於各派原先字譜，另外設置屬於自身的新字輩傳承。又根據《江西修水天壇玉格》，彼時，身為天師的張守真乃是以「祖天師」張道陵在東漢末年將其統領的四川地區畫分為24個行政區——即「二十四治」，並以「二十四」作為聯通先天、後天祖師之真旡，而創設出「二十四字」譜系。[412] 而且，張守真亦強調，此天師科派字譜雖僅有24字，但傳承方面則是相當特別，也就是傳承到最後一個字，再傳承道靈寶派的字譜。儘管筆者無收錄江西靈寶派字譜，但有關天師科派的字譜為：「道法玄元一本。洞明沖悟宏宣。成化應真達聖。傳和教演昭然。」[413]

---

411　毛帝勝，〈修水道教清微道宗天師科派的經籙傳承與發展初探：以《天醫寶籙》為例〉（未正式出刊，2023），頁7。
412　毛帝勝，〈修水道教清微道宗天師科派的經籙傳承與發展初探：以《天醫寶籙》為例〉，頁7。
413　戴宣道傳承，蘇清六整理，《江西修水天壇玉格》（臺南：中華法籙道派，年代不詳），無頁碼。

　　　　　　　　　　　　　　　　　　第十章

再按「清微　上真大道帝聖師雷玄元香火列職寶座」神位,最早記載修水普濟道院的「始祖」乃是天師科派第4代傳人——戴元鎮與戴元亨,就筆者猜測,此二人可能是同輩或親兄弟關係,但較為可惜的是,臺灣中華法籙道派僅提供神位拍攝,但無詳細資料可佐證年代。就連《江西修水天壇玉格》的宗派傳承說明亦無詳列戴元鎮、戴元亨等人的年代紀錄,因此無法進一步確認完整傳承狀況。然而,就目前所能掌握者,僅能透過字輩推斷普濟道院所屬之天師科派的師門傳承關係,於此,依照字輩整理該派主要祖師(可辨別字跡)與目前在世傳人名諱示之:

「道」字輩:無記載,很可能是第三十二代正一真人張守真天師。

「法」字輩:無記載。

「玄」字輩:無記載。

「元」字輩:戴元鎮、戴元亨。

「一」字輩:戴一簡、戴一所、戴一升。

「本」字輩:戴本真、戴本元、戴本泰、傅本衡、傅本忠。

「洞」字輩:戴洞太、戴洞元、陳洞達、徐洞真、陳洞恩。

「明」字輩:戴明安、戴明惠、傅明太、傅明清。

「沖」字輩:戴沖保、陳沖玄。

「悟」字輩:陳悟隆、陳悟遠、戴悟達、戴悟通。

「宏」字輩:戴宏滋、戴宏湰、戴宏清。

「宣」字輩:戴宣道(即戴祥柳)。

「成」字輩:戴成玄(戴宣道之子)、蘇成宗(即臺灣蘇清六)、

陳昇宏（成字輩）、王成法（即臺灣王天沛）。[414]

由此可見「清微 上真大道帝聖師雷玄元香火列職寶座」所列祖師與臺灣蘇清六之中華法籙道派的傳承，以此保守得知在民國以前的清微道宗天師科派普濟道院的傳承譜系。儘管戴家為普濟道院之大宗，然亦有戴家以外的其他家族人士具有此傳承，這能理解為普濟道院的核心傳承限縮在戴家宗系內，但其道派傳承則不限於自家。再進一步理解則為民國102年（2013）6月23至24日，戴宣道能夠將修水內藏經籙授予蘇清六，甚至給予頒授修水內藏經籙的一切權力，並強調蘇清六為天師科派在臺灣的首位傳承者等情形。於此，戴宣道遵奉昊天金闕玉皇大天尊（玉帝）名義，頒授的代表「清微道宗天師科派師承」的證明寫道：

> 泰玄都省行壇臣 戴宣道欽奉 道旨頒降 昊天金闕玉皇大帝 聖旨敕封 臺灣省首屆 天師門下 大洞經籙弟子 蘇大道（筆者按：蘇清六），為大陸、國外、臺灣等地道教各門各派，包括全真龍門等派，皆為傳度受籙引進大師之職。[415]

然而這些經籙授權之中，其中包含修水普濟道院獨有的特殊經籙與其他派別的經籙授權，這明顯是戴宣道以原先該家族屬於「法籙局」的身分而行的舉措。筆者因緣際會下，所能接觸的為修水戴家特別傳承的經籙——《文昌籙》。目前有關《文昌籙》的傳承，修水戴家與普濟道院並未多加說明相關傳承關聯，故很可能是因其曾為清代龍虎山法籙局

---

414 修水普濟道院，「清微 上真大道帝聖師雷玄元香火列職寶座」；中華法籙道派，「清微 上真大道帝聖師雷玄元香火列職寶座」（增加黃澄），臺南：中華法籙道派藏。轉引自：毛帝勝，〈修水道教清微道宗天師科派的經籙傳承與發展初探：以《天醫寶籙》為例〉，頁7。

415 戴宣道，〈昊天金闕玉皇上帝聖旨敕封蘇大道〉（修水：普濟道院，2013），蘇清六提供。

委託之製籙單位，故將清代正一天師道有在頒布的《文昌籙》按照「上級」要求而印製，時至今日，相關印製籙版仍置於普濟道院，因而留存至今，並在蘇清六的影響下，亦至臺灣島內流傳。

# 參、《文昌籙》與經卷說明

修水縣普濟道院目前典藏的《文昌籙》，就目前中華法籙道派提供的經籙目錄有《高上大洞文昌司祿紫陽寶籙請法詞》1卷、《高上大洞文昌司祿紫陽寶籙》3卷、《文昌應化元皇大道真君說注生延嗣妙應真經》1卷、《文昌應化元皇大道真君說純孝寶籙》1卷、《文昌祈學大表》1卷《文昌元皇大道真君說宣化寶籙》1卷與《太上無極總真文昌大洞寶籙》1卷等等，配件則有〈太上敕命武曲祕籙〉與〈太上敕命文曲祕籙〉等。[416] 從結構來看，除了所有經籙都有的「主籙」——即有《高上大洞文昌司祿紫陽寶籙》3卷與《太上無極總真文昌大洞寶籙》1卷為經籙之核心經卷，其他的經卷內容主要是該經籙或文昌神相關的歷代祖師、神祇之祕法、祕諱與這個經籙所屬派別的經典與術法。於此，本研究主要基於中華法籙道派有線提供之資料——逐一針對《高上大洞文昌司祿紫陽寶籙請法詞》、與《高上大洞文昌司祿紫陽寶籙》（主籙）等重要經卷內容嘗試說明與解讀。

## 一、《高上大洞文昌司祿紫陽寶籙請法詞》

所謂的「請法詞」為道士領受經籙時，要在歷代祖師座前立誓、發願以及透過該詞表達出籙生渴望修行此法的表現等諸多事由之受籙證盟

---

疏文。每一則經籙的請法詞內容均不同，而《文昌籙》的「請法詞」即是此《高上大洞文昌司祿紫陽寶籙請法詞》（下文均以「文昌籙請法詞」稱之）。作為正一天師道的「三十三品階寶籙」，《文昌籙請法詞》開篇有關受籙者的生辰八字與證盟師資料，其中「度師」便提及該經籙所奉之祖庭與祖師——龍虎山正一玄壇（正一元壇）與歷代嗣漢張天師，此部分該詞內記載：

即日虔誠恭詣

度師天師大教主真人　門下拜受

高上大洞文昌司祿紫陽寶籙請法詞皈身佩奉護衛兆申。開明真性。通悟本心。精勤於學問。廣振文風。宣揚正化。永為身寶。[417]

（筆者標註句讀）

由此可知，《文昌籙》最重要的證盟者即是歷代張天師或是當代張天師，不過中共方面僅承認到第六十三代天師張恩溥（1895~1969），而中華民國方面僅承認至第六十四代天師張源先（1931~2008），故目前經籙推展下，修水縣普濟道院戴宣道則是承認到張恩溥，而臺灣臺南市中華法籙道派蘇清六方面則是承認到張源先，但在請法詞上則是以「祖天師」張道陵為證盟者。除了證盟者部分外，《文昌籙請法詞》內亦強調整部經籙的功效，如領受此經籙便能夠獲得「通悟本心」、「精勤於學問」、「廣振文風」、「宣揚正化」等能力與善行，並將這些能力做為自己奮鬥的目標，以達「永為身寶」之效果。然而，這些功效或是能力，其實是出自《文昌籙》內本身奉請的主尊或是祖師，分別有：

---

417　修水普濟道院，《高上大洞文昌司祿紫陽寶籙請法詞》，中華法籙道派提供。

高上文昌司祿祖師孔子聖人儒真衍慶天尊

高上文昌司祿扶教開化主宰隨願慈應天尊

高上文昌扶教開化主宰大聖長生壽母元君

高上文昌司祿昭德積慶慈懿儲祥元君

高上文昌扶教開化主宰昭懿沖和洞紗元君

高上文昌主教嗣德金真衍慶真君

祖師文昌靜應司祿攘災嗣慶元君

真師文昌聖宮隨願慈化懿淑四仙夫人

宗師文昌開化師主宿緣積慶真人[418]

就這些《文昌籙》認證的主尊中，位居第一者即是「高上文昌司祿祖師孔子聖人儒真衍慶天尊」——儒家聖人孔子（551BCE~479BCE）；第二者乃是「高上文昌司祿扶教開化主宰隨願慈應天尊」——依照〈文昌寶誥〉的內容對照，「隨願慈應天尊」即是文昌帝君張亞（梓潼神張亞子）。[419] 其餘諸神，除了「高上文昌扶教開化主宰大聖長生壽母元君」是指文昌帝君生前為張亞時的生母，其餘諸神可能為其眷屬，就筆者目前所閱覽，並未有清楚的來歷。[420]

---

418 修水普濟道院，《高上大洞文昌司祿紫陽寶籙請法詞》，中華法籙道派提供。

419 《高上大洞文昌司祿紫陽寶籙·帝君寶誥》：「金闕上相檢校太師、混元內輔三清上聖大都督府、都統三界陰兵行便宜事、管天地水三界獄事、收五嶽四瀆真形虎符龍券、總諸天星曜、判桂祿嗣籍、上仙英顯元皇真人、司祿職貢舉真君、洞照通真先生、編修飛仙列籍、掌混元造化輪迴六道救苦救難慈尊、玉清內境清淨道真、身見紫雲岩，手持如意杖，統御萬靈普濟諸苦、大仁大孝大聖大慈無上不驕樂天帝、都總混天誠心接物萬天教主、隨願慈應天尊、九天定元保生扶教開化主宰長樂永佑靈應大天帝君、掌五湖四海總十二河源水府運使、澄真正觀注祿定籍、寶光慈應治世顯道、保安拔罪、更生永命、扶善濟苦、消劫行化純一顯應天尊。」修水普濟道院，《高上大洞文昌司祿紫陽寶籙》，第1卷，中華法籙道派提供。

420 修水普濟道院，《高上大洞文昌司祿紫陽寶籙》，第1卷，中華法籙

《文昌籙請法詞》後半段部分，則是受籙者陽間的師父與證盟師——臨壇法師、引進師、監度師與保舉師，即除了有精神世界的靈性導師——歷代張天師與《文昌籙》內的諸位文昌神證盟，還要與陽間的師父與證盟師見證並核准證盟，以達到這分文疏通行陰陽的法理性。[421] 再來，《文昌籙請法詞》的最後部分則說明：

太上之玄機消除魔障登

文昌之貴籍。顯達科名。濟世安人。保身利物。

有違科約。以身謝

天地水三官一如。玄科律令。[422]

（筆者標註句讀）

《文昌籙請法詞》的這段「但書」除了再次強化保障受籙者擁有《文昌籙》的一切利益，但也強調受籙者此後將受到天、地、水之三官考校，也就是會受到三官大帝的特別審核，並根據「玄科律令」（道教道官所要遵守的律法）來判處受籙者在領受《文昌籙》之後的一切善惡舉措，具有著警告受籙者潔身自愛，以奉天行道之意涵。

---

道派提供。

421　修水普濟道院，《高上大洞文昌司祿紫陽寶籙》，第1卷，中華法籙道派提供。

422　修水普濟道院，《高上大洞文昌司祿紫陽寶籙請法詞》，中華法籙道派提供。

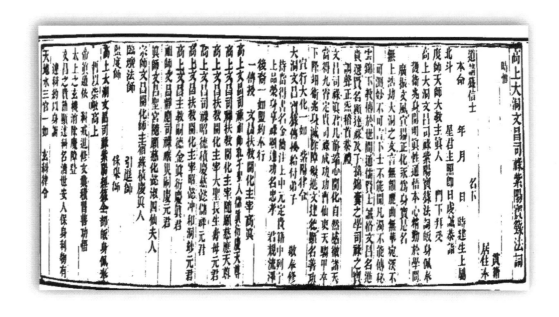

圖1：《文昌籙請法詞》全卷掃印圖。
資料出處：修水普濟道院，《高上大洞文昌司祿紫陽寶籙請法詞》，
中華法籙道派提供。

## 二、《高上大洞文昌司祿紫陽寶籙》

《高上大洞文昌司祿紫陽寶籙》，乃是《文昌籙》的同名核心本體，共有上、中、下3卷。就整部《文昌籙》的內容而言，上卷內文主要講述該經籙自文昌帝君（經卷尊稱：「九天開化主宰澄真正觀寶光天尊」）處「下降」到凡間蜀地寶屏山（今四川省宜賓市屏山縣境內）道士劉安勝的過程；中卷與下卷則是說明領受《文昌籙》後所能調度的文昌帝君麾下官將、符文以及夢占祕法。[423] 在探討經籙的祕法之前，先來談談《高上大洞文昌司祿紫陽寶籙》本身的起源。就目前有關《高上大洞文昌司祿紫陽寶籙》的研究，本身具有道士身分的洪百堅，在其製作之資料庫——「正統道藏電子文字資料庫」對該經籙的成書表示，此

---

[423] 修水普濟道院，《高上大洞文昌司祿紫陽寶籙》，中華法籙道派提供。

《高上大洞文昌司祿紫陽寶籙》真正的製作者不詳，可能是明代時製作的假託文昌帝君之符圖神咒。[424] 國立臺灣師範大學國文研究所博士謝聰輝則在其研究〈《玉皇本行集經》出世的背景與因緣研究〉談到《玉皇本行集經》與《文昌大洞仙經》的問世與劉安勝師徒之間的關係，更得出文昌相關經籍（皆收錄在《文昌籙》）與《玉皇本行集經》可能都屬於蜀地蓬溪（今四川省遂寧市蓬溪縣）一帶的扶鸞產物，而且都與南宋以後發展出的「梓潼帝君（即文昌帝君）託鸞書以救末劫的思想」有著深刻關係。[425]

綜合這兩種研究可知，《文昌籙》的前身應為南宋道士劉安勝等人透過「扶鸞」儀式與文昌帝君「交流」而造作的經書——《文昌大洞仙經》，之後又從《文昌大洞仙經》（一說為《文昌上宮大洞寶籙》）建構出《文昌籙》。另外，就筆者淺見，《文昌籙》的建構很可能是在明代初期，第四十三代嗣漢天師張宇初（1361~1410）奉旨編纂《道藏》與以正一玄壇為核心建構諸多經籙有關，其中不乏建構出《萬法宗壇》的諸多職籙與《真武籙》等等，甚至《文昌籙》亦可能是在此時而有的；又或是因明代以後「經籙規範化」（正一天師道主導的經籙規制），民間具有影響力的經籍文書於此被建構為經籙，亦很有可能為《文昌籙》建構之因。[426]

---

[424] 《高上大洞文昌司祿紫陽寶籙》收錄：洪百堅，正統道藏電子文字資料庫（www.ctcwri.idv.tw/CTCW~CMTS/CMT07正乙部/CH07XX/CH07023高上大洞文昌司祿紫陽寶籙/CH07023~1高上大洞文昌司祿紫陽寶籙卷上.htm），最後瀏覽時間：2023年8月22日。

[425] 謝聰輝，〈《玉皇本行集經》出世的背景與因緣研究〉，《道教研究學報：宗教、歷史與社會》，第1期（香港，2009），頁155~199。

[426] 蕭登福主編，《玄天上帝籍籙編》（臺北：樓觀臺文化事業，2014年），頁19~69。蕭登福，《玄天上帝信仰研究》（臺北：新文豐出版社，2013），頁407。Luk Yuping, The Empress and the Heavenly Masters: A Study of the Ordination Scroll of Empress Zhang (1493) (Hong Kong: The Chinese University of Hong Kong Press, 2016).

回到《高上大洞文昌司祿紫陽寶籙》內文，文昌帝君的正式聖號為「九天開化主宰澄真正觀寶光天尊」，當中先講述其乃是玉皇上帝授權「職掌桂籍，興文儒而擢貴品，進賢德而佐明時，故得掌隸天曹，秩專司祿，校錄地府，位司定貴，詮量水府，職在進賢，應三府選舉。」[427]等職權工作，即詮釋該神祇的神聖權責，以及頒布經籙給劉安勝目的乃是要幫助人間讀聖賢書的文儒賢士——包含讀書人與在朝文官，能夠在讀書的同時增進品德，消除魔障以儒學之體增修無極大道之法，成就人天功德，誠如該經籙所言：「宿緣積慶者，求師傳受，必當誠恪投陳，遵依科格，金繒法信，以固約盟，其授籙之師，必經佩持三洞四輔九天金籙之人，方可依科付度，如德秩尚微，功勳未著，不可妄稱師範，輕泄靈文。」[428] 同時，文昌帝君亦說明這部經籙的上界師承緣由，根據《高上大洞文昌司祿紫陽寶籙》上卷之〈文昌九天開化品〉：

> 此文昔祕於元始玉清聖境浩劫天宮金闕玉房雲錦之囊。授之於玉宸大道君。太上老君授受於紫微帝君暨太一元君。次傳於聖祖軒皇。嗣於帝堯。大舜。神禹。禹授於劉月。月授於王經。經授於彭太極。太極授於鄧元。元授於劉誼。誼授於劉洞真。洞真授於王遠。遠授於彭曉。曉授劉希岳。希岳授於蘭公翹。公翹授於彭德直。由是萬聖千真。皆獲受度。[429]

由此可知，按〈文昌九天開化品〉內建構的「傳籙神話」說明該經籙的源頭乃是元始天尊在玉清聖境浩劫天宮內藏之祕要「雲錦之囊」，

---

427 修水普濟道院，《高上大洞文昌司祿紫陽寶籙》，第1卷，中華法籙道派提供。

428 修水普濟道院，《高上大洞文昌司祿紫陽寶籙》，第1卷，中華法籙道派提供。

429 修水普濟道院，《高上大洞文昌司祿紫陽寶籙》，第1卷，中華法籙道派提供。

也就是《文昌籙》的最初內祕之法。之後「雲錦之囊」又傳承給玉宸大道君（靈寶天尊）與太上老君（道德天尊），這兩位天尊又將這則祕要傳承給紫微帝君與太一元君。自上界流傳承至人間時，最早領受「雲錦之囊」者為聖祖軒皇——應即軒轅氏（黃帝），某方面而言，軒轅氏可以說是首個領受《高上大洞文昌司祿紫陽寶籙》的世間人。軒轅氏又將「雲錦之囊」傳承給他的後裔，最後傳承到上古中國的三大「聖王」——堯、舜、禹。然而，「雲錦之囊」從貴族傳到民間，則又是從禹傳承給劉月開始，之後從劉月起至彭德直，「雲錦之囊」都一直不斷地傳承，而領受者都能夠受到上界仙真的護持。然而，有關「雲錦之囊」轉換成《高上大洞文昌司祿紫陽寶籙》給予劉安勝的過程並無明確述說。畢竟神話說法僅能參考，很難加以細究。從歷史的角度來看，劉安勝最早扶鸞出以文昌帝君為主神降筆的經書為南宋孝宗乾道4年（1168）成書的《文昌大洞仙經》（筆者按：此應為《高上大洞文昌司祿紫陽寶籙》的前身），但就學者王興平、丁培仁與謝聰輝的考證，這部經籙最早是由劉安勝扶鸞而有，但成書時劉安勝應已規真，主要在於經籙上書寫為「鸞府侍仙真人」，其中「真人」一詞就丁培仁的研究，是指已故道士的尊稱。故這幾位學者們判斷，《文昌大洞仙經》或《高上大洞文昌司祿紫陽寶籙》最早是建構在南宋孝宗淳熙8年（1181）的寶屏山扶鸞道士劉安勝之手。[430] 《高上大洞文昌司祿紫陽寶籙》中卷部分則是文昌帝君轄下各府官吏與兵度額度，以及具有初步「夢占」之說明對照，但對「夢占」的部分並未說明出處。[431]

另外，《高上大洞文昌司祿紫陽寶籙》內最為經典的部分，即是

---

[430] 謝聰輝，〈《玉皇本行集經》出世的背景與因緣研究〉，頁187。
[431] 修水普濟道院，《高上大洞文昌司祿紫陽寶籙》，第2卷，中華法籙道派提供。

中、下卷的「夢占」，這部分亦反映出「籙」具有讖緯的本質，也就是透過讖緯文字或圖像來預言未來之事。誠如，《高上大洞文昌司祿紫陽寶籙》下卷之〈文昌應寢八圖品〉內便藉託「盧靜（靖）天師」張繼先（第三十代嗣漢天師，1092～1127）述說「夢占」的祕要：

> 此文乃無上天曹文昌司祿真君九天開化主宰。于先劫拜三元太素道君。上元夫人。靈華上宮夫人傳授。此籙號「文昌司祿輔文應寢紫陽寶籙」……。受此文者，不虛其傳。必先形諸寢想。或日見異瑞為徵兆。乃受籙之報也。若得寢應。必登貴品矣。[432]

由所謂「盧靜（靖）天師」之言，亦如〈文昌九天開化品〉內文一般，說明此〈文昌應寢八圖品〉亦從元始天尊處而來，且還強調此為獨立的經籙——《文昌司祿輔文應寢紫陽寶籙》，領受之後便能在就寢睡夢中見到諸多特殊場景（異瑞）之「夢兆」，而按照這些夢境預示去處理人生諸事，便可榮登高貴之處。其中，這些特殊場景在〈文昌應寢八圖品〉中列出幾種動物與人事場景之圖示，分別有「六應」（六種夢兆）——白鹿應、黃牛應、大鬼應、黑犬應、法斬五虎應、怒擊三人應。〈文昌應寢八圖品〉的夢占說明較為完整，但其內容卻與《高上大洞文昌司祿紫陽寶籙》中卷之「八應」——玉貓應、白馬應、白鹿應、黃牛應、大鬼應、黑犬應、法斬五虎應、怒擊三人應等內容具有些差異，但夢兆的結果是一致的，如夢到白鹿便會加官進爵，夢到一顆「大鬼頭」便榮登金榜等等「夢兆」顯應之事。[433] 由於此部分並非本研究所談之重點，故於此不加贅述。

---

432　修水普濟道院，《高上大洞文昌司祿紫陽寶籙》，第3卷，中華法籙道派提供。
433　修水普濟道院，《高上大洞文昌司祿紫陽寶籙》，第3卷，中華法籙道派提供。

然而，有關〈文昌應寢八圖品〉的由來則與劉安勝的經籙傳承沒有直接關係，根據該經內文記載：

建炎末，邛州劉浩然，少讀書謀進取，寢司祿真君授以文昌之籙，既覺，錄以記之，遂詣龍虎山拜謁於三十代天師，求受此籙，天師取以示之，天師曰：「此籙非子成名，子當傳之，度及三貴，受訖不能詳其言。」

〈文昌應寢八圖品〉實際建構時間不詳，就其內容記載是在南宋高宗建炎後期，邛州的讀書人劉浩然在睡夢中夢到文昌帝君傳授此經籙，並立即紀錄之。之後，劉浩然將所夢中所見紀錄，並到龍虎山祈求第三十代嗣漢天師張繼先以領受《文昌籙》圓滿之。這當中便有幾則問題，首先「虛靜（靖）天師」張繼先早於北宋欽宗靖康2年（1127）便已經羽化歸真，何以劉浩然在南宋建炎時夢到〈文昌應寢八圖品〉，並至龍虎山張繼先拜受《文昌籙》，故此傳承故事完全不可信，只能說因張繼先在道教與當時民間的聲望足夠，而將相關故事附會到其身上，再加以建構之。總而言之，就整部《文昌司祿輔文應寢紫陽寶籙》（含3卷）而言，最初的建構時間應該是在南宋時，但真正成為完整經籙則應是在明代。

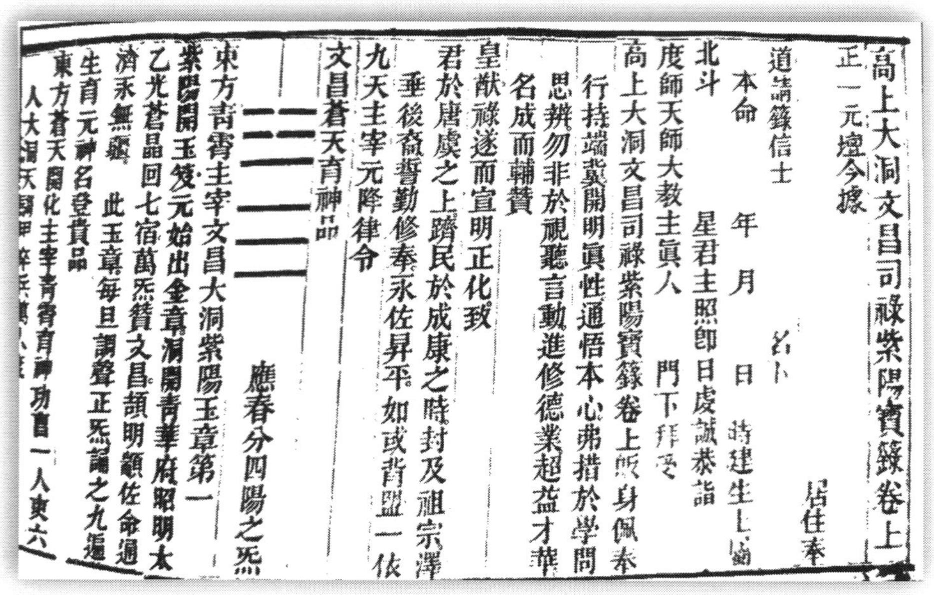

高上大洞文昌司祿紫陽寶籙卷上
正一元壇今據　　　　　　居住奉
道籙信士　　　　名下
本命　年　月　日　時建生上
北斗　　星君主照即日虔誠恭詣
度師天師大教主眞人　　門下拜受
高上大洞文昌司祿紫陽寶籙卷上所身佩奉
行持端義開明眞性通悟本心弗措於學問
思辨勿非於視聽言動進修德業超益才華
名成而輔贊
皇猷祿遂而宣明正化致
君於唐虞之上躋民於成康之時封及祖宗澤
垂後裔誓勤修奉永佐昇平如或背盟一依
九天主宰元降律令
文昌著天育神品
應春分四陽之炁
東方青霄主宰文昌大洞紫陽玉章第一
紫陽開玉笈元始出金章洞開青華府昭明太
乙光蒼晶回七宿萬炁賛文昌頡明顙佐命
濟禾無疆　此玉章每旦調聲正炁誦之九遍
生育元神名登貴品
東方蒼天開化主宰青霄育神功曹一人吏六

圖2：《文昌籙》之主籙上卷局部。
資料出處：修水普濟道院，《高上大洞文昌司祿紫陽寶籙》，第1卷，中華法籙道派提供。

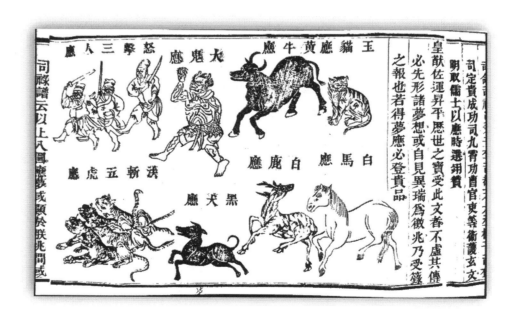

圖3：《文昌籙》之「夢兆」圖——八應。
資料出處：修水普濟道院，《高上大洞文昌司祿紫陽寶籙》，第2卷，中華法籙道派提供。

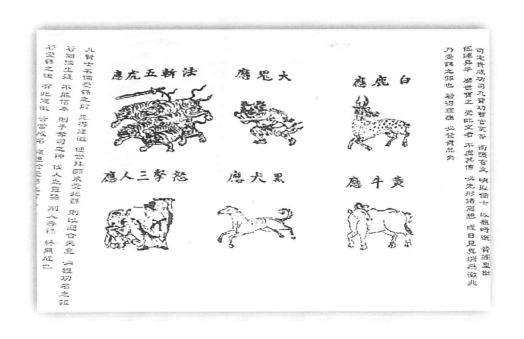

圖 4：《文昌籙》之「夢兆」圖——六應。
資料出處：蔡忠翰，《高上大洞文昌司祿紫陽寶籙》，第 3
卷，中華法籙道派提供。

# 肆、《文昌籙》背後反映的時代要素

《文昌籙》就「請法詞」與主籙內容來看，雖有正一天師道經籙既有的契約格式以及相關證盟內容，但諸多部分卻與儒家、占卜有著濃厚關聯。故除了《文昌籙》本身述說的「神話傳經」過程，或是所謂南宋四川寶屏山道士劉安勝透過「扶鸞」而自文昌帝君處領受《文昌籙》。就這些敘事都是具有濃厚神話色彩的宗教陳述，但有關其真正建構的歷史情景是難以得知的。基於此，筆者基於《文昌籙》本身，係以道教的經籙形式，綜攝具有濃厚儒家色彩的文昌信仰與流傳在仕紳、讀書人之間的「扶鸞儀式」。這很可能與宋、元、明以來民間科舉風氣興起，過程中因學子渴望預測科舉結果，而展開一系列靈性行動，而推動出「夢占」與「扶鸞」之方法，更促使文昌信仰的建構形成。是故，本研究在

此說明《文昌籙》建構背後可能的相關環境與原因，尤其針對「夢占」與「扶鸞」說明之。

# 一、宋代文風盛起與「夢占」行為

自西漢武帝劉徹（156BCE~87BCE）採行董仲舒（179BCE~104BCE）「獨尊儒術」的治國方針，儒家的自此地位逐漸提高，凌駕於各家思想。[434] 但真正使儒家思想貫徹到民間社會，且具有極大影響者，莫過於兩宋之時「重文輕武」國策，使民間講學風氣興起，促使儒家思想在中國境內各階級中產生流動，在這變動過程中儒家亦與佛教、道教之間有了許多互動，更促使中國在北宋中後期產生「援佛入儒，以儒證道」的理學思想。[435] 這種風氣中除了建構出以儒家為根本摻揉佛、道而成的理學之外，還會有更為明顯的「三教合一」現象，有此部分的詳細歷史進展過程，因非本研究之重點，故於此暫不贅述。

同時，也因儒學風氣在各個社會階層的流動，促使民間人士參與科舉應試的數量增加，誠如宋真宗趙恆（968~1022）在〈勸學篇〉所言：「富家不用買良田，書中自有千鍾粟；安居不必架高堂，書中自有黃金屋；娶妻莫恨無良媒，書中有女顏如玉。」[436] 就國立臺灣大學歷史學系梁庚堯教授在其著作《宋代科舉社會》內談到當時宋朝人了求取功名而產生的祀神崇拜現象。如北宋後期人士王永的《燕翼詒謀錄》記載：

---

[434] 獨尊儒術：此術語的原型乃是出自《漢書·武帝紀》：「孝武初立，卓然罷黜百家，表章六經。」《六經》為儒家根本之經典，因此在此可以理解為代表儒家。詳見：班固（西漢），《漢書·武帝紀》，中國哲學書電子化計劃（https://ctext.org/dictionary.pl?if=gb&id=62240），最後瀏覽時間：2023年8月22日。

[435] 杜若鴻，《中華文化論衡》（香港：聯合電子出版有限公司，2022），頁260。

[436] 趙恆（北宋），〈勸學篇〉，教育部重編國語辭典修訂本（https://dict.revised.moe.edu.tw/dictView.jsp?ID=133233&la=0&powerMode=0），最後瀏覽時間：2023年8月22日。

「京師試於禮部者，皆禱於二相廟，二相者，子游、子夏也。子游為武城宰，子夏聘列國，不知何以得相之名也。」[437] 從這記述中可知，北宋時期在帝都開封（東京汴梁）有一所「二相廟」，裏頭便供奉著「二相」——子游、子夏神像，學子們會在復京參加科舉時到該廟祭拜，相傳頁間入夢時，會有「二相」會透過夢境徵兆的方式告訴學子考試之吉凶。[438] 類似夢兆預言的部分，到了南宋一樣相當盛行，只是崇拜對象從「二相」轉移到魁星與文昌（梓潼神），梁庚堯再列舉南宋官員洪邁（1123~1202）所寫之《夷堅志》的故事，說明南宋時代有位何丞相自四川赴京考試，但因忘記祭祀「張王廟」而在路途上立即下馬默禱「張王」，入夜後，何丞相夢到「張王」入夢，並給予神書一卷而使其在金鑾殿上蒙皇帝欽點，金榜題名。這故事中所謂之四川神祇「張王」，即是自晉代而有的梓潼神張惡子（又作張惡），在南宋以後學子們逐漸崇拜祂，將之視為科考功名之神，而使之在南宋後期，整個中國東南地區都可以見到梓潼神廟；更在元代梓潼神一躍成了文昌帝君，成為讀書人的保護神，並影響到明代。[439]

由此時代背景可以知道，讀書人「夢占」的風氣起源於北宋時的科舉應試學子，之後在讀書人或仕紳的信仰中，透過特定儒家神明的「夢占」或神諭，而成為判定科考順利的根據。而這個風氣也影響到在地民間信仰，當中梓潼神成為應試人或讀書人的神祇與作為「夢占」對象的情況，無疑地，筆者認為這種信仰現象深深地影響到南宋至明代之《文昌籙》的建構過程，而使該經籙中呈現出「六應」、「八應」之「夢

---

[437] 王栐（北宋），《燕翼詒謀錄》，轉引自：陳學霖，〈兩宋京師「皮場廟」考溯〉，《宋明史論叢》（香港：香港中文大學出版社，2012），頁116。

[438] 梁庚堯，《宋代科舉社會》（臺北：國立臺灣大學出版中心，2015），頁257、266。

[439] 梁庚堯，《宋代科舉社會》，頁266。

第十章

兆」圖讖。

## 二、仕紳階層的扶鸞活動

　　《文昌籙》內表明，該經籙的產生，最早可追溯為南宋寶屏山道士劉安勝透過扶鸞儀式而問世的。扶鸞儀式，最初為民間對「紫姑神」的信仰，該信仰會在每年農曆正月15日（上元日）或農曆8月15日（中秋節）透過觀靈儀式迎請「紫姑神」指示預言，這儀式即最早的扶鸞儀式。[440] 根據香港道教學者游子安與日本道教學者志賀市子的研究，這種迎請「紫姑神」的扶鸞儀式在魏晉南北朝時便在道教界相當流行，如茅山上清經系的形成便與之相關。遊子安舉證，在上清宗祖師魏元君歸真後30年，便有位名為楊羲透過「扶乩降仙」之扶鸞儀式，藉託魏元君的名義「降下」許多上清宗經文，這些經文之後也由上清宗祖師陶弘景（456~536）整理成上清經典——《真誥》20卷，並在明代張宇初天師編纂《道藏》時被收錄在〈太玄部〉內。[441] 於此《真誥‧敘錄》便會記載：

> 伏尋《上清真經》出世之源，始於晉哀帝興寧二年太歲甲子，紫虛元君上真司命南嶽魏夫人下降，授弟子瑯琊王司徒公府舍人楊某，（按謂楊羲。）使作隸字寫出，以傳護軍長史句容許某，（按謂許謐。）並其弟三息上計掾某某。（按謂許翽。）二許又更起寫，修行得道。[442]

---

440　游子安、志賀市子，《道妙鸞通：扶乩與香港社會》（香港：三聯，2021），頁11~14。

441　游子安、志賀市子，《道妙鸞通：扶乩與香港社會》，頁12。

442　楊羲（晉）著、陶弘景（晉）編，《真誥》，轉引自：陳國符，《道藏源流考》，新修訂版（北京：中華書局，2014），頁7。

除此上清宗外，早期諸多道教經典，亦是透過這種扶鸞儀式而產生的，時至宋代以後建構的玉皇上帝經系（《玉皇本行集經》）與文昌帝君相關經文亦與此儀式相關。[443]

然而，扶乩儀式會與文昌產生連結，其背景與宋代以後，「紫姑神」扶鸞儀式已不局限於農曆正月15日或8月15日的時間要求，而求問神祇幾乎不以「紫姑神」為主要神祇，而轉移到民間諸多神祇身上。[444]再加上於前文所言，宋代科舉盛行，帶動許多學子與仕紳紛紛追求仕途，故而因此求神問卜，以祈求能夠榮登金榜。這過程中，扶鸞慢慢地從民間人士或部分道士操作的信仰儀式，而轉化成為仕紳階級求問仕途與官運的重要媒介與精神寄託。彼時，起源自四川地區的梓潼神逐漸在民間流行，並與掌握仕途的文昌星與北斗星作連結，而在南宋至明代期間逐漸建構出所謂的文昌帝君。[445]因此，自南宋以來，從梓潼神到文昌帝君逐漸成為「扶鸞」儀式的詢問神祇，這可以理解，為何同在南宋的劉安勝為何以扶鸞儀式取得《文昌籙》的相關前身文獻。

# 伍、結語

《文昌籙》是明、清正一天師道歸納之「三十三品階經籙」中較為特殊的存在，不單單是具有濃厚的儒家色彩，其中經籙所傳授的術法並非著重在其他經籙、法籙強調的符咒、驅鬼、醫病、養身與丹道修煉，反而是著重在儒家教義的推廣以及特殊的占卦儀式——「夢占」。此外，《文昌籙》的由來亦相當特殊，即透過扶鸞儀式而從上界「領受」

---

443　游子安、志賀市子，《道妙鸞通：扶乩與香港社會》，頁12。謝聰輝，〈《玉皇本行集經》出世的背景與因緣研究〉，頁187。
444　游子安、志賀市子，《道妙鸞通：扶乩與香港社會》，頁12。
445　游子安、志賀市子，《道妙鸞通：扶乩與香港社會》，頁14。

第十章

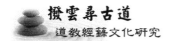
到這分特殊的經籙。

回歸到歷史方面，從《文昌籙》的起源與其傳承的占卦，都反映著民間信仰對於自身與上界之間的交流，如以扶鸞作為溝通上界神祇嘗試，或是通過夢境與神祇或鬼神交流而得知自己的吉凶禍福。然而，民間通神問卦的儀式，似乎與孔子曾言「不語怪力亂神」的思維有著極大落差，但看似與儒家不相關的儀式或舉措，是如何滲透到學子、讀書人與仕紳的階層。很顯然地，即是宋代以來的國策與皇帝對百姓的鼓勵，並激起底層人民透過科舉真正翻身踏入仕途，而使科舉曾為底層翻身的「敲門磚」。若沒有成功通過科舉，可能終身都要在底層社會度過。基於此，早期在底層民間盛行的扶鸞儀式，因為科舉與文風盛行而產生的「上下流動」，使之成功地混入了仕紳階層，而使許多學子、讀書人欲知科舉結果，而會以扶鸞儀式求問神祇，其中便包含文昌帝君在內。

不只扶鸞儀式，北宋以來便有諸多學子會到與儒家相關的祠廟——如「二相廟」祈求考運亨通、金榜題名，同時也從此形成拜廟後睡覺，能夠通過睡夢中領悟的圖像而知曉科舉結果。如此儀式到了南宋，逐漸聚焦在文昌帝君身上，而使文昌帝君與「夢占」產生連結。因此，當明代建構《文昌籙》時，便將這些因為了瞭解科舉狀況而有的信仰行為寫入經籙中，成為道士領受《文昌籙》後可以獲得的特殊能力，可以說是相當有趣。

# 徵引書目

《明實錄‧太祖》，卷290，洪武24年6月，頁3110。

《高上大洞文昌司祿紫陽寶籙》收錄：洪百堅，正統道藏電子文字資料庫（www.ctcwri.idv.tw/CTCW~CMTS/CMT07正乙部/CH07XX/CH07023高上大洞文昌司祿紫陽寶籙/CH07023~1高上大洞文昌司祿紫陽寶籙卷上.htm），最後瀏覽時間：2023年8月22日。

丁仁傑，《重訪保安村：漢人民間信仰的社會學研究》，臺北：聯經出版社，2013。

中華法籙道派，「清微　上真大道帝聖師雷玄元香火列職寶座」（增加黃澄），臺南：中華法籙道派藏。

孔令宏、韓松濤，《江西道教史》，北京：中華書局，2014再版，頁191。

毛帝勝，〈修水道教清微道宗天師科派的經籙傳承與發展初探：以《天醫寶籙》為例〉（未正式出刊，2023），頁1~23。

王見川，《歷史、藝術與臺灣人文論叢（23）：《西遊記》研究特稿》，新北：博揚文化，2023。

李志鴻，《道教天心正法研究》，北京：社會科學文獻出版社，2011。

杜若鴻，《中華文化論衡》，香港：聯合電子出版有限公司，2022。

修水普濟道院，〈陰牒〉、〈陽憑〉，臺南：中華法籙道派藏。

修水普濟道院，《高上大洞文昌司祿紫陽寶籙》，中華法籙道派提供。

修水普濟道院，《高上大洞文昌司祿紫陽寶籙》，第1卷，中華法籙道派提供。

修水普濟道院，《高上大洞文昌司祿紫陽寶籙》，第1卷，中華法籙道派提供。

修水普濟道院，《高上大洞文昌司祿紫陽寶籙》，第2卷，中華法籙道派提供。

修水普濟道院，《高上大洞文昌司祿紫陽寶籙》，第3卷，中華法籙道派提供。

修水普濟道院，《高上大洞文昌司祿紫陽寶籙》，第3卷，中華法籙道派提供。

修水普濟道院，《高上大洞文昌司祿紫陽寶籙》全宗，中華法籙道派提供。

修水普濟道院，「清微　上真大道帝聖師雷玄元香火列職寶座」。

班固（西漢），《漢書·武帝紀》，中國哲學書電子化計劃（https://ctext.org/dictionary.pl?if=gb&id=62240），最後瀏覽時間：2023年8月22日。

張君房（北宋）編，李永晟點校，《雲笈七籤》，第1冊，北京：中華書局，2003。

梁庚堯，《宋代科舉社會》，臺北：國立臺灣大學出版中心，2015。

陳國符，《道藏源流考》，新修訂版，北京：中華書局，2014。

陳學霖，〈兩宋京師「皮場廟」考溯〉，《宋明史論叢》，香港：香港中文大學出版社，2012。

富勒渾，〈奏為查辦湖北孝感縣生員程明諲悖逆文詞及所藏文昌錄扶鸞符咒恭摺奏聞〉，具奏日期：1782年1月19日，檔案編號：故宮066081號，宮中檔奏摺（https://qingarchives.npm.edu.tw/index.php?act=Display/image/1004226cE7s=e2#43C），最後瀏覽時間：2023年8月19日。

游子安、志賀市子，《道妙鸞通：扶乩與香港社會》，香港：三聯，2021。

黃舜申、陳採，《清微仙譜》，諸子百家中國哲學書電子化計劃（https://ctext.org/wiki.pl?if=gb&chapter=508651&remap=gb），最後瀏覽時間：2023年6月15日。

趙恆（北宋），〈勸學篇〉，教育部重編國語辭典修訂本（https://dict.revised.moe.edu.tw/dictView.jsp?ID=133233&la=0&powerMode=0），最後瀏覽時間：2023年8月22日。

劉仲宇，《道教授籙制度研究》，北京：中國社會科學出版社，2014。

鄧有功（南宋）編纂，《上清天心正法》，轉錄自《上清天心正法》，收自中國道教協會、中國社會科學院道家道教研究中心、華夏出版社編修，《中華道藏》，第30冊，北京：華夏出版社，2004。

鄭素春，《道教信仰：神仙與儀式》，臺北：臺灣商務印書館，2002。

蕭登福，《玄天上帝信仰研究》，臺北：新文豐出版社，2013。

蕭登福主編，《玄天上帝籍籙編》，臺北：樓觀臺文化事業，2014。

戴宣道，〈昊天金闕玉皇上帝聖旨敕封蘇大道〉，修水：普濟道院，2013，蘇
　　清六提供。

戴宣道傳承，蘇清六整理，《江西修水天壇玉格》，臺南：中華法籙道派，年
　　代不詳。

謝聰輝，〈《玉皇本行集經》出世的背景與因緣研究〉，《道教研究學報：宗
　　教、歷史與社會》，第1期（香港，2009），頁155~199。

蘇清六，《天師與經籙初探：臺灣道教百年百人首次晉品登梯閱籙》，臺南：
　　文國書局，2022。

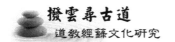
# 第十一章　陞神：古老道教經籙儀式與今日展現

## 摘要

「陞神」一詞，往往會令人聯想到明代小說《封神演義》中姜子牙封神的印象，然而在道教經籙中卻有個特別的經籙可以協助已故亡者如同陽世籙生一般「超凡入聖」，甚至透過此超陞成神，這也就是所謂的《陞神籙》。有關《陞神籙》或經籙「陞神」的紀錄在歷史上罕有，除了明崇禎14年（1641）的《賢侯受籙圖卷》，便是當代江西省修水縣清微道宗天師科派傳承的《陞神籙》與相關法儀。然而，修水縣的經籙「陞神」法儀卻因中華法籙道派宗師蘇清六與玄微道壇道長曾羅賢的因緣際會下，在臺灣花蓮進行在地化詮釋，即全臺灣首次的經籙「陞神」儀式。

關鍵詞：道封、封神、陞神、經籙、道教

# 壹、前言：《陞神籙》研究與考察回顧

人死後成神，這種轉變往往會讓人聯想到有關明代小說《封神演義》中姜子牙手執「封神榜」將殷商與西周陣亡將領與功臣「封神」的故事，同時也會連想到為國捐軀的先民，或是捨己救人的英雄。但這些想法，往往脫胎自我們華人民間對有貢獻者身故後「超凡入聖」之過程有著多種想像。然而，在道教的立場中，除了通過授籙儀式將在世的慕道弟子「超凡入聖」成為受籙弟子，自此「地府除名，天榜掛號，歸三元考校。」然而，如此是否也有以授籙儀式將已故之人脫胎成聖的案例呢？其實是有的。若直接以經籙研究的觀點出發，目前以經籙進行「封神」或「陞神」，乃為現職聖約瑟夫大學（Saint Joseph's University）助理教授、威斯康森大學麥迪森分校（University of Wisconsin–Madison）博士冉安仁（Aaron K. Reich）的博士學位論文（2018出品）——《Seeing the Sacred: Daoist Ritual, Painted Icons, and the Canonization of a Local God in Ming China》（筆者暫譯：「看見神聖：明代中國道教儀式、神像彩繪與地方神祇「陞神」儀式）冉安仁的論文內乃是針對美國紐約大都會博物館（Metropolitan Museum of Art）收藏的明崇禎14年（1641）絲綢圖卷——《賢侯受籙圖卷》做解讀，該圖卷屬於整套「陞神」（Canonization）的科儀。[446]

於此，筆者額外補充此「陞神」流程，簡而言之，即將不被當時中國境內正統宗教體系（儒教、道教）承認的地方神祇，通過受籙儀式而將其「陞神」為體系內認可的神祇，不然自宋代以來的中國對民間宗教與地方信仰都是站在反對立場，甚至斥之「淫祀」。若透過「陞神」的

---

[446] Aaron K. Reich, *Seeing the Sacred: Daoist Ritual, Painted Icons, and the Canonization of a Local God in Ming China. Madison: University of Wisconsin–Madison*, 2018.

舉措，可以將其信仰立場「轉正」，不僅可以使地方人士對該神更加崇敬，同時也可以讓朝廷或帝制中國強化在民間的影響力，畢竟當時經籙乃是朝廷在道教內培植的「代理人」——龍虎山正一真人（張天師）所統管。再回到冉安仁的研究，其主要是以圖象研究作為出發點，對於陞神的法科儀式並未有進一步的解讀，不過冉安仁透過圖像史詮釋的方式，並說明「陞神」的過程如同人間進榜一般，都會透過遊行赴京的樣式詮釋在圖內，也凸顯出時人對於「陞神」乃至「受籙」過程的精神想像。[447] 尤其，冉安仁又在其研究中，建構出一幅《賢侯受籙圖卷》的主角，也就是曾生活在宋代的地方神祇——保安神李忠，透過具籙師身分的化士李道清填籙與行科演法，使其先領受經籙「超凡入聖」，並在劉、溫、鐵、李等元帥的監護下從人間飛陞金闕，由玉皇赦罪大天尊玄穹高上帝欽點進榜陞神。[448]

除了圖像解讀外，國內學界亦有學者談到具道士〔含正一真人、籙師（籙士）、化士〕為地方神祇或鬼神「道封」成神的例子。如現職國立政治大學中國文學系副教授高振宏在〈朝封、道封與民封：從三個例子談敕封對神祇信仰的形塑與影響〉內變探討到帝制中國以來，從亡靈鬼神高陞成所謂「正神」的渠道有三者，分別定位出「朝封」（中央政府或皇帝敕封）、「道封」（宗教神啟經驗或通過宗教儀式給予的神聖封號）與「民封」（民間自行給與鬼神加上的封號），該研究主要是以溫瓊太保、二徐真君、田都元帥等神祇為案例，探討這三種類型的「封神」渠到之間的關係。[449] 若按其中分類，透過道教經籙「陞神」的儀

---

[447] Aaron K. Reich, *Seeing the Sacred: Daoist Ritual, Painted Icons, and the Canonization of a Local God in Ming China*, 196.

[448] Aaron K. Reich, *Seeing the Sacred: Daoist Ritual, Painted Icons, and the Canonization of a Local God in Ming China*, 172.

[449] 高振宏，〈朝封、道封與民封：從三個例子談敕封對神祇信仰的形塑與影響〉，《華人宗教研究》，第9期（臺北，2017），頁45~77。

式，應被歸屬在「道封」。另外，除國立成功大學歷史學系教授丁煌之外，對經籙有深刻研究的先驅——國立臺灣師範大學國文學系教授謝聰輝在其研究〈道教「化士」的意涵、來源及其在明清授籙中的職能研究〉當中更詳盡的說明《賢侯受籙圖卷》內容，說明地方神李忠在明崇禎14年（1641）中元節時通過化士（籙師）李道清焚香遙叩龍虎山第五十代正一真人張國祥（？~1611，保安神李忠「陞神」時已故），之後代表正一真人授予李忠經籙——《玉清三洞含真體道昇仙經籙》、《上清三洞金真玉光護神經籙》、《太清三洞通真合道保神經籙》而「超凡入聖」，上奏金闕，使李忠從地方鬼神而封聖成「神」（正神），最後再由玉皇赦罪大天尊玄穹高上帝欽點後保衛一方，圓滿「陞神」之儀。[450] 此外，謝聰輝教授亦有親身至中國江西省修水縣考察在地以經籙進行「陞神」儀式的家族，其中找尋到修水縣高鄉通濟雷壇的戴祥祐道長（道名：宣遠，戴宣道之兄弟），戴道長族內傳承的《旌神勅勒》的〈表文〉中說明「陞神」的過程，即由籙士（籙師）將經籙化給欲「陞神」之亡者神靈，使其先獲得經籙聖化之後，在進行「旌神」（陞神）法儀，並在給予該靈加授「正一旌神〇〇經籙」而定位神職，最授上稟金闕，完成「陞神」法儀。[451]

除了學界對「陞神」與經籙之間的研究外，在道教界內以中華法籙道派宗師蘇清六為首者，亦從修水學習有關《陞神籙》之相關知識與填籙、儀式操作方法。並在民國108年（2019）3月飛抵修水縣松林村（松林社）全程參與由戴祥祐道長主持的「太平陞神大醮」（對外正式名稱

---

[450] 謝聰輝，〈道教「化士」的意涵、來源及其在明清授籙中的職能研究——兼論佛教的相關問題〉，《道教研究學報：宗教、歷史與社會》（香港，20220），頁37~82。

[451] 謝聰輝，〈道教「化士」的意涵、來源及其在明清授籙中的職能研究——兼論佛教的相關問題〉，頁63。

為「松林社地王高真晉爵慶典」），即以《陞神籙》搭配所要傳授給某神（或亡者神靈）的經籙為主軸，作為一場完整陞神醮典。[452] 就蘇清六在其Facebook粉絲專頁——「法籙道派－經籙」記載的法會片段過程，先是在民國108年（2019）3月21日由戴祥祐道長與熊道長等人架設好法壇，隔日（3月22日）開榜宣告法會開始，松林村民便協帶其家中的「神祇」（家神、祖先神）的牌位、神像入法壇，並在壇內舉行經唱與叩拜禮；以及由戴祥祐道長主持「煉船逐穢」儀式，由松林村民扮演船夫，帶著紙船巡村收煞盪穢，並在法壇前焚船以示掃蕩汙穢。[453] 3月24日時，再由熊道長開光要授給「神祇」的籙文——《太上三五都功經籙》、《太上正一盟威經籙》與《陞神籙》，之後再將之繳化完成授籙儀式，使之成聖而「封神」。最後再由戴祥祐道長代表天師教主向上天金闕宣告這些來自各家的「神祇」具與領授經籙，並請玉皇上帝「陞神」賜號。最後，再由主法道長通報地方社神（土地神與各庄主神），圓滿法儀。[454]

蘇清六回臺灣後，便將《陞神籙》與相關科儀本帶回臺灣，並著手探討陞神事宜。蘇清六曾經歷過的陞神科儀，係於民國94年（2005）嗣漢六十四代天師張源先（1931~2008）為其家壇中的蘇府王爺（大千歲、二千歲、三千歲）、七星娘娘進行開光封神儀式，以及民國101年

---

452　蘇清六，「法籙道派—經籙」Facebook粉絲專頁
　　（https://www.facebook.com/a062686677/posts/pfbid02R6uJV4GT91cu26QdtxVygT
　　mM7vdLu9JnAdv94TnP1MER8j5Sc31QZeh8jos8wz7cl），最後瀏覽時間：
　　2023年9月9日。
453　蘇清六，「法籙道派—經籙」Facebook粉絲專頁
　　（https://www.facebook.com/a062686677/posts/pfbid02R6uJV4GT91cu26QdtxVygT
　　mM7vdLu9JnAdv94TnP1MER8j5Sc31QZeh8jos8wz7cl），最後瀏覽時間：
　　2023年9月9日。
454　蘇清六，「法籙道派—經籙」Facebook粉絲專頁
　　（https://www.facebook.com/a062686677/posts/pfbid02R6uJV4GT91cu26QdtxVygT
　　mM7vdLu9JnAdv94TnP1MER8j5Sc31QZeh8jos8wz7cl），最後瀏覽時間：
　　2023年9月9日。

（2012）透過張源先天師留下的「封神詔書」公版讓其父蘇啟林領受《萬法宗壇》職銜而成聖「封神」，並「陞神」為「蘇大夫」於蘇家內長年祭祀之。[455] 但這些儀式均未有任何經籙在儀式之中，因此蘇清六欲舉辦陞神法會，只是長年以來均無時機促成。時至民國112年（2023）5月，中華法籙道派長期配合的授籙儀式法師——玄微道壇道長曾羅賢（本名：曾銘賢）之因緣下，同花蓮縣驪山老母總廟·花蓮慈雲宮結緣，並要為現任宮主葉美玉與副宮主王秉誠舉行相關法會，其中便包含為創廟宮主林清國舉行「陞神」儀式。葉宮主表示，曾在一次神祕經驗中，得知林宮主蒙該廟恩主　驪山老母保舉即將成神，神號為「玉皇五殿下」。故在曾羅賢、陳羅薇（本名：陳薇娜）、蘇清六與宮主討論後，決議以《陞神籙》為林宮主舉行「陞神」，並以《玉皇籙》作為職籙合授。最後雙方決定於民國112年10月6至8日舉行「太上元陽封神都功保奏祕籙：陞神醮會」。基於此，筆者長期與蘇清六、曾羅賢等道長追蹤法壇，並在筆者團隊成員——蔡忠翰與李承俊協助下，參與花蓮儀式，見證臺灣首次以經籙「陞神」法會。

---

[455] 毛帝勝，〈蘇清六與兩位「六十四代張天師」考察訪談〉（未出刊稿件），訪談時間：2022年10月26日。

第十一章

圖1：張源先天師給蘇府王爺的「封神詔書」，之後成為臺灣天師府公版。
資料出處：蘇清六提供，筆者翻攝。

圖2：張源先天師親自給「封神」後的三尊蘇府王爺的「開光」。
資料出處：蘇清六提供。

圖3：張源先天師對蘇府王爺宣讀「封神詔書」。
拍攝時間：蘇清六提供。

圖4：蘇清六之父蘇啓林遺像與之「封神詔書」。
拍攝時間：2022年10月22日，蘇清六宅。

圖 5：戴祥祐道長（左2）與修水高道領著蘇清六道長（左3）檢視「陞神」用經籙。
資料出處：蘇清六提供。

圖 6：修水縣松林村準備「陞神」的家內「神祇」。
資料出處：蘇清六拍攝提供。

圖7：熊道長引燭火表三臺星開光籙文。
資料出處：蘇清六拍攝提供。

圖8：修水縣松林村準備「陞神」的家內「神祇」。
資料出處：蘇清六拍攝提供。

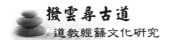

# 貳、《陞神籙》的核心「經籙」與法器探討

當信士發願向道，在宣戒後從自己的師父、授籙大法師或正一真人處領到經籙後，從此便「超凡入聖」，開始承為一位潛心向道的修行者。然而，已故的亡靈，死後成為鬼神或是徘徊世間的亡靈，若是有功績的人或英雄，老百姓們可能會以「民封」的方式為其建廟，甚至上神號，成為我們所知的地方神祇，這當中包含○○大王、○○將軍、○○先生、○○大將爺（大眾爺）與○○有應公等諸多神號在內。如同本研究前述而言，有因中國朝廷反對地方「淫祀」的政策，而透過道教協助這些神祇轉型為道教體制內的「正神」；若從道教信仰的角度而言，這些亡靈雖有功績，但並未真正入道，故只能因其因緣而在人世存留，或是成為鬼神，不論善惡，保持在鬼神狀態並非道教鼓勵之事，因此可以透過天師門下的道士「保舉」上蒼，將之轉為「正神」；反之，若有地方神祇造惡，道士亦能通過「彈劾」或是「訴狀」，命天雷劈打此神，這可參見西河派薩守堅天師與王天君的神話。[456] 然而，這種透過道士「保舉」得而使地方神祇轉為「正神」，事實上不僅要透過道士自身的力量，更要透過感之天、地之間的媒介——法籙或經籙的力量，這也使道士在為地方神祇舉行「陞神」時，除了要先為地方神祇「淨化」其身上的業障，在配授所要領授的經籙而聖化，最後再透過「陞神」相關的經籙直達天庭，受玉皇上帝欽命神位與封號。就此透過道士經籙協助「陞神」，目前所能掌握的資料有紀錄明崇禎14年（1641）化士李道清主持的「陞神」經籙法會之《賢侯受籙圖卷》，以及筆者自蘇清六處得到其自修水縣傳承之經籙秘訣——《太上正一盟威修真陞神飛化祕訣》

---

456　二階堂善弘（日）著，劉雄峰譯，《元帥神研究》（濟南：齊魯書社，2014），頁226~227。

與「陞神祕籙」——《無上隱證勅敕生天寶籙》（下文均簡稱「生天寶籙」），以及儀式法器——九天龍符策杖（下文均簡稱「龍符策杖」）。筆者便針對這些經籙，嘗試解讀明代與當代對透過經籙「陞神」的性質異同。

## 一、化士李道清的《賢侯受籙圖卷》

道教歷史上有關透過經籙「陞神」的法儀，目前可追蹤時間最早且資訊量較完整者，仍是明崇禎14年（1641）的《賢侯受籙圖卷》。該籙卷前部分為受籙者保安神李忠與道教列真的圖繪，文字部分則多落於後半部分；其中文字結構又分為兩大部分，前部分為「授籙與證盟基本資料」，後部分為「受籙者生平略述」，於下對此解讀之。[457]

綜合全籙的內容探討，就性質而言，《賢侯受籙圖卷》屬於經籙體系內的《陽憑》，也就是留存陽間向世人證明神職身分的憑證。就內容來說，主要講述乃是化士李道清「代表」保安神李忠進行「陞神」法儀，其中列有主法壇為元、明以來掌控道教三山四壇經籙的正一天師道「萬法宗壇」，證盟者為時任龍虎山正一真人（張天師）[458]，並在李道清「代香遠叩」位在龍虎山的正一真人，並以正一真人名義代表頒授《陞神籙》給予李忠，而當中經籙並無「萬法宗壇」體系內的任何職籙（如：《太上三五都功經籙》），而僅有與「陞神」相關的《玉清三洞含真體道昇仙經籙》、《上清三洞金真玉光護神經籙》、《太清三洞通真合道保神經籙》等，亦確認李忠最初的為南宋紹興27年（1157）舊曆

---

457 Aaron K. Reich, *Seeing the Sacred: Daoist Ritual, Painted Icons, and the Canonization of a Local God in Ming China*, 229.
458 筆者按：此籙卷文內為已故的嗣漢五十代天師張國祥，很可能李道清遊化已久不知張天師已故，或是其未更新法本而直接照抄？此還有待商榷。

9月受宋高宗趙構（1107~1187）賜「祀享一方之榮」而得有其駐地百里內的血食（以肉祭祀）而「成神」。[459] 從籙文後半部描述可能是過世後一段時間，因為李忠是因宋、金兩朝對峙而陣亡，死亡時間點很可能是在宋高宗「建炎南渡」（1127~1141）之時，宋、金亦在宋紹興11年（1141）簽署《紹興和議》而停戰對峙，直到金廢帝完顏亮（1122~1161）在宋紹興31年（1161）攻打南宋，期間未有戰役載於史籍。[460] 故李忠最初「封神」應來自宋高宗，至於能夠有「祀享」的榮耀，並可以享受血食，這應該是來自儒家思想，《禮記·祭法》孔子曾言道能夠為萬民祭祀之條件：

夫聖王之制祭祀也：「法施於民則祀之，以死勤事則祀之，以勞定國則祀之，能禦大菑則祀之，<u>能捍大患則祀之</u>。是故厲山氏之有天下也，其子曰農，能殖百穀；夏之衰也，周棄繼之，故祀以為稷。共工氏之霸九州也，其子曰后土，能平九州，故祀以為社。帝嚳能序星辰以著眾；堯能賞均刑法以義終；舜勤眾事而野死。鯀鄣洪水而殛死，禹能修鯀之功。黃帝正名百物以明民共財，顓頊能修之。契為司徒而民成；冥勤其官而水死。湯以寬治民而除其虐；文王以文治，武王以武功，去民之菑。<u>此皆有功烈於民者也。</u>」[461]

另外，儒家與道教不同的地方在於，儒家的祭祀往往都會有犧牲祭

459　Aaron K. Reich, *Seeing the Sacred: Daoist Ritual, Painted Icons, and the Canonization of a Local God in Ming China*, 229.

460　脫脫（元），《宋史》，列傳第132，諸子百家中國哲學書電子化計劃（https://ctext.org/wiki.pl?if=gb&chapter=332055#p39），最後瀏覽時間：2023年10月7日。脫脫（元），《金史》，列傳第67，諸子百家中國哲學書電子化計劃（https://ctext.org/wiki.pl?if=gb&chapter=628131），最後瀏覽時間：2023年10月7日。

461　孔子（周），《禮記·祭法》，諸子百家中國哲學書電子化計劃（https://ctext.org/liji/ji-fa/zh?filter=455261），最後瀏覽時間：2023年10月7日。

物，如太牢、少牢、特牲之類的祭祀，都是取自動物之肉。[462] 血食，即以殺動物肉祀神的儀式行為，這在嚴格意義上的道教是相當禁忌。[463] 因此，李忠依其「祀享」之榮而能血食，是符合宋代崇尚儒家的時空背景。當然，這當中也不排除是地方百姓給予李忠賦予的在地神話傳說，此部分已不可考，亦非本研究之探討範圍，故不加贅言。

總而言之，宋高宗給予李忠的「祀享一方之榮」恩此應被視為一種「封神」行為，因此當中相關經籙——《玉清三洞含真體道昇仙經籙》、《上清三洞金真玉光護神經籙》、《太清三洞通真合道保神經籙》乃是加授李忠晉陞為「三天金闕雷部尚書保安顯應靈濟真人」之神職，並有使役十二城隍（可能是12個縣級城隍）的權柄。[464] 然而，就此3卷經籙內容為合，明代的《正統道藏》與相關文書均位有記載，因此無法考述內容，僅知其經目各卷乃是三清道祖分別構成。（見表1）由於資料限制，就目前的《賢侯受籙圖卷》內文並不能理解，當中作為「陞神」相關經籙的直接內容，與透過這些經籙而建構的「陞神」儀式過程，可以說是相當可惜，應是在儀式進行過程中，便以將籙卷全都焚繳於天了。頂多僅能知道保安神李忠的生前死後，以及其在明代透過化士李道清陞神的敘事而已。

---

[462] 孔子（周），《禮記・郊特牲》，諸子百家中國哲學書電子化計劃（https://ctext.org/liji/jiao-te-sheng/zh?searchu=%E7%89%A2&searchmode=showall#result），最後瀏覽時間：2023年10月7日。

[463] 道教於魏晉南北朝發展時，便有不準食酒肉的嚴格規定。如《三天解經》內便有明確說明：「今下古民人，年命夭橫，尸骨狼藉，不終年壽，皆由所修失本，婚姻非類，混氣亂濁，信邪廢真，本道乖錯，群愚紛紜，莫知禍之所由。或烹殺六畜，禱請虛無，謠歌鼓舞，酒肉是求。求生反死，邪道使然……。不得飲酒食肉。」詳見：徐氏（南北朝），《三天解經》，卷上，《正統道藏》，諸子百家中國哲學書電子化計劃（https://ctext.org/wiki.pl?if=gb&chapter=375510），最後瀏覽時間：2023年10月7日。

[464] Aaron K. Reich, *Seeing the Sacred: Daoist Ritual, Painted Icons, and the Canonization of a Local God in Ming China*, 229.

　　　　　　　　　　　　　　　　　　　　　　　　第十一章

### 表1：《賢侯受籙圖卷》文字部分結構略述

| 籙卷部分 | 結構細目 | 內容簡述 |
|---|---|---|
| 前部分：授籙與證盟基本資料 | 受籙亡靈 | 保安神李忠 |
| | 籙師 | 李道清化士 |
| | 福地 | 龍虎山 |
| | 證盟法壇 | 正一萬法宗壇 |
| | 天師教主 | 嗣漢五十代天師張真人（時已故） |
| | 領受經籙 | 《玉清三洞含真體道昇仙經籙》、《上清三洞金真玉光護神經籙》、《太清三洞通真合道保神經籙》 |
| | 懇請旌神（陞神）文疏 | 祈請上天封神晉陞神職，並由三關（三官）與各神仙保舉。 |
| | 成神時間（應被視為初次「封神」） | 大宋紹興二十七年歲次丁丑九月 |
| | 符文 | 三台+金光篆 or 升天符樣式 |
| | 奏陞職位 | 三天金闕雷部尚書保安顯應靈濟真人 |
| | 行使權柄 | 提舉十二城隍事為撥差 |
| | 嶽府撥派兵將 | 溫、呂、鐵、劉元帥 |
| | 天師教主印 | 「陽平治都功印」印文 |
| 後部分：受籙者生平略述 | 受籙亡靈封神之始 | 宋高宗曾給予李忠「祀享一方之榮」，感念其在宋、金對峙時捐軀，被視為其封神之始。 |
| | 功德贊文 | 讚頌李忠生前的功德，以及其受封「祀享一方」的特權，而有主宰百里萬年血食的特權（應為儒家文化影響）。但如今已經受籙，超凡入聖，成為「正神」，晉位高陞，便要放棄血食。 |
| | 製圖時間 | 龍飛崇禎十有四年歲在辛巳孟秋月吉旦 |

資料出處：Aaron K. Reich, *Seeing the Sacred: Daoist Ritual, Painted Icons, and the Canonization of a Local God in Ming China*, 229. 新加坡道教學院 Taoist College（SINGAPORE），〈《賢侯受籙圖卷》〉Facebook粉絲專頁（https://reurl.cc/x6L16Z），上傳時間：2021年6月20日，最後瀏覽時間：2023年10月7日。

## 二、經籙祕訣：《太上正一盟威修真陞神飛化祕訣》

中華法籙道派配合經籙使用的「陞神」儀軌，如本研究前文所言，主要承繼自江西省修水縣戴氏，戴氏本為清微道宗天師科派（簡稱天師清微派）的重要傳承者，而身為中華法籙道派宗師的蘇清六亦為該派「成」字輩弟子，更曾為其師戴祥柳道長稱為「臺灣首徒」，並能行使「萬法宗壇」（含三山四壇）與全真龍門派在內的經籙傳授法權。[465]蘇清六在修水縣戴氏處取得有關「陞神」經籙與儀軌，分別是《太上正一盟威修真陞神飛化祕訣》與《清微保奏陞神給憑設戒元科》。就操作而言，中華法籙道派傳承自修水縣戴氏的法訣，是以道教信徒所受之經籙（含「萬法宗壇」、各壇職籙與其他信士籙）搭配《太上正一盟威修真陞神飛化祕訣》與相關祕籙合受使用，即「○○經籙＋《太上正一盟威修真陞神飛化祕訣》＋陞神相關祕籙」之構式，才能構成真正意義上的《陞神籙》。如同前文所述，戴祥祐道長與熊道長在「陞神」法會中，有位這些要「陞神」的神祇們開光《太上三五都功經籙》與《太上正一盟威經籙》一樣。那麼，這促使「陞神」關鍵的《太上正一盟威修真陞神飛化祕訣》內容為何呢？《太上正一盟威修真陞神飛化祕訣》全宗有《太上正一盟威修真陞神飛化祕訣》籙卷、《陰憑》、《陽憑》與配件——「上帝勅賜旌神玉尺」、「上帝勅賜旌神金鞭」等。[466]就《太上正一盟威修真陞神飛化祕訣》籙卷內文而言，其內文架構分別為前部分——「授籙與證盟基本資料」與後部分——「符文祕訣」。

從結構而言，「授籙與證盟基本資料」的內容講述要即將受籙者

465 戴宣道，〈昊天金闕玉皇上帝聖旨敕封蘇大道〉（修水：普濟道院，2013），蘇清六提供。
466 蘇清六提供，蔡忠翰重製，《太上正一盟威修真陞神飛化祕訣》，臺南：中華法籙道派提供。

（神祇）在龍虎山正一元壇（即代表「萬法宗壇」）天師教主（正一真人）的證盟下，進入「道祖」太上老君面前，聽經聞道而飛陞入道，再按所配之經籙職位，圓滿陞神。然而在受籙者資料中，與《賢侯受籙圖卷》不同的地方在於，並未有寫出受籙者「成神」或亡故之時間。不過，《太上正一盟威修真陞神飛化祕訣》內有給進行「陞神」法儀的受籙者，如同在世者一般的受籙擔保證盟文：

> 《太上正一盟威修真陞神飛化祕訣》付神佩奉用，以代天宣化濟物利人，闡揚教法，接引後人，提攜末學保奏

> 三天，同賴善功，證無上道。[467]

從此保證中，基本確認受籙對一切眾生，不論在世或亡故者，都能起到「超凡入聖」的作用，如此「入聖」的情形，也使未有獲得神格的受籙亡靈於此脫離地府的轄管，而轉入三元考校體制——即由三官大帝直接考核管理。然而，「亡靈入聖」本身，更可意謂著其從鬼神一類轉為神，也就是封證神格，確定其已入道。之後，太上老君便會與其仙眾為領受《陞神籙》的受籙者，講述籙中《太上正一盟威修真陞神飛化祕訣》的內容——「太上正一盟威肘後祕訣：朝天大路」、「朝天大法真符」、「飛化朝天路」等祕訣。這些祕訣，則是經由陽間的籙師填寫師承祕訣，而使精神世界中互相呼應，而進一步的協助亡靈能夠順利「陞神」。（見表1）除了經籙內的祕訣填寫儀式外，陽間的籙師與高功道長更會配合祕訣與法科（如：《清微保奏陞神給憑設戒元科》），而真

---

[467] 蘇清六提供，蔡忠翰重製，《太上正一盟威修真陞神飛化祕訣》。

正圓滿「陞神」法儀。

表2：《太上正一盟威修真陞神飛化祕訣》文字部分結構略述

| 籙卷部分 | 結構細目 | 內容簡述 |
|---|---|---|
| 前部分：授籙與證盟基本資料 | 受籙者生辰資料與地址 | 「天師門下　今據<br>　　　　　　居靖奉<br>ㅇㅇ年ㅇㅇ月ㅇㅇ日ㅇㅇ時建生<br>上叨<br>北斗ㅇㅇ星君主照即日恭詣 |
| | 福地 | 龍虎山 |
| | 證盟法壇 | 正一元壇（即正一玄壇） |
| | 天師教主 | 度師天師大教主（通常是當今真人，中華法籙道派僅承認天師傳承至張源先而已。） |
| | 受籙證盟文 | 「《太上正一盟威修真陞神飛化祕訣》付神佩奉用，以代天宣化濟物利人，闡揚教法，接引後人，提攜末學保奏三天，同賴善功，證無上道。」 |
| | 印 | 「道經師」寶印 |
| 後部分：符文祕訣 | 太上老君會諸仙眾演社飛化祕訣真圖 | |

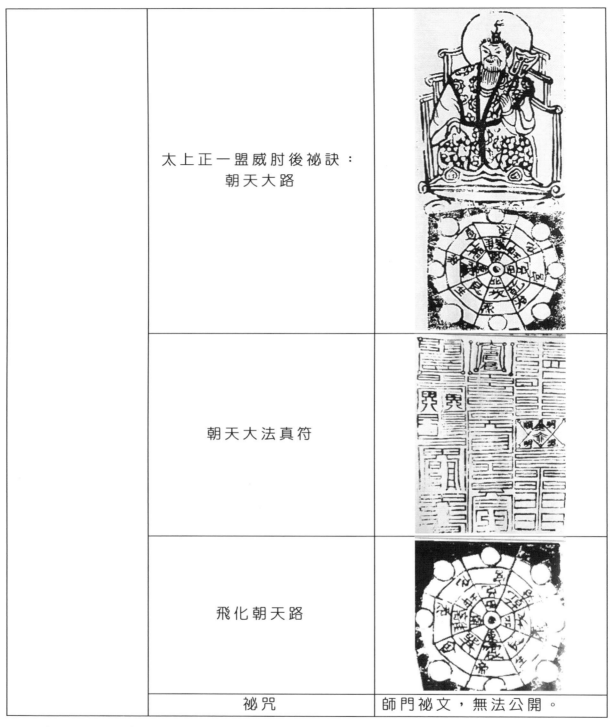

| | |
|---|---|
| 太上正一盟威肘後祕訣：<br>朝天大路 | |
| 朝天大法真符 | |
| 飛化朝天路 | |
| 祕咒 | 師門祕文，無法公開。 |

資料出處：蘇清六提供，蔡忠翰重製，《太上正一盟威修真陞神飛化祕訣》。

## 三、祕籙：《無上隱證勅救生天寶籙》

作為《陞神籙》的關鍵祕籙，此為天師清微派與修水縣民間道教都

會使用的《生天寶籙》，乃是亡靈飛陞成神之前的重要轉化依據。就《生天寶籙》的經題而言，有別於民間道教使用之「陞天」、「昇天」或「升天」之詞，其所謂之「生天」反而有種「重獲新生」的意涵，也就是秉棄塵世的「舊生命」，經由高功道長演法與諸天尊的無形互有下，搭配自東嶽、酆都「轉籍」天界，而獲得成仙的「新生命」。

亡靈飛陞「轉籍」成仙的過程中，有所謂的「無形度師」引度，根據《生天寶籙》，這些「度師」分別為度人不死之神、南星長生大君（南極大帝）、司馬大神、好生神君、南上司命司籙君、延壽君、璽君、度度厄曾尊神、迴骸起死君、無量度人君與太乙救苦天尊等。[468] 另外，在《生天寶籙》的證盟欄位為中，是以「祖天師」張道陵與太乙救苦天尊作為擔保者，以強化保障亡靈登真。經由這些「無形度師」的護持下，同時也領受來自太乙救苦天尊傳授之「生天祕文」，以協助亡靈在東極妙嚴宮重生塑型。然而，這些是所謂「無形世界」的精神意象演變，在實際操作上《生天寶籙》要配合「陞仙紫橋」操作，也就是在高功宣讀《生天寶籙》文疏與祕文後，並持龍符策杖引亡靈「魂身」登「紫橋」入南宮，完成登真得度之功。[469]

## 四、法器：九天龍符策杖

修水天師清微派的經籙傳授中，最為重要的媒介法器即龍符策杖，相傳此物來自九天生神上帝（又稱「九天王」）的信物，就現世而言則是江西省修水縣普濟道院特有的傳承，乃籙師戴祥柳（道名：宣道）傳承給其「臺灣首徒」蘇清六。在法壇上，手執該杖便具有九天生神上帝的權柄。然而，這所謂的「權柄」究竟為何呢？這還是得從九天生神上

---

468　《無上隱證勅赦生天寶籙》，頁1。

469　《無上隱證勅赦生天寶籙》，頁1。

帝之神開始說起。所謂九天生神上帝並非只單一神祇，而是在道教宇宙觀中的「九層天」（九重天）中每一層天的主宰，根據《高上太霄琅書瓊文帝章經》記載：

> 此九天是始氣之精，眾真帝皇所治。其天別置三天。三天者，皆是九天之別號，合三十六天也。宮室官司，悉有次第。其外有諸梵天名，皆以九天支幹，悉係屬於九天王也。九天又各有一天王，非帝王之號，皆處九天之上。修行上道，求仙度世，宜知天王諱字。知者九天列名，玄以紫氣覆廕其身，神兵衛己，令得九天祕書，位何九天之仙。得者寶密，妄宣非人，死入九幽地獄考掠，萬劫不原，慎之。[470]

　　從《高上太霄琅書瓊文帝章經》可知九天生神上帝本是先天始氣之精所化，分別執掌掌管著道教宇宙九天，然而只要知道九天生神上帝內每一位主宰（經文內尊為「天王」）的名諱就能夠晉升成為九天之仙，位列仙班。然而，這些主宰的聖號與所居宮闕，便以靈符形式詮釋在龍符策杖上。（見表3）這不僅與世人經由受籙儀式而能「超凡入聖」，同時也令受籙者之元命真人能夠領受仙爵，登仙成真。在授籙法會的實際操作上，龍符策杖是由籙師或高功在授籙、撥兵時會透過真言持誦，揮動策杖以完成相關法儀。

---

[470] 《高上太霄琅書瓊文帝章經》，諸子百家中國哲學書電子化計劃（https://ctext.org/wiki.pl?if=gb&chapter=112421#%E4%B9%9D%E5%A4%A9%E5%85%83%E5%A7%8B%E8%99%9F），最後瀏覽時間：2023年10月12日。

表3：九天生神上帝宮闕與聖號

| 宮　闕 | 主宰聖號 | 龍符策杖符文 |
|---|---|---|
| 鬱單無量宮 | 混杓均 | |
| 上上禪善宮 | 褉隨杓勒 | |
| 梵監須延宮 | 淬提頭維 | |

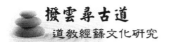
| | | |
|---|---|---|
| 寂然兜率宮 | 泮師慶 | |
| 波羅尼密宮 | 凝復住持 | |
| 洞元化應宮 | 輝穌越 | |
| 靈化梵輔宮 | 精霧雲梓 | |

| | | |
|---|---|---|
| 高虛清明宮 | 玄凝泓 |  |
| 無想結愛宮 | 王靈淵 | |

資料出處：《高上太霄琅書瓊文帝章經》、金允中，《上清靈寶大法》，
轉引：道教文化資料庫
（https://zh.daoinfo.org/index.php?title=%E4%B9%9D%E5%A4%A9%E7%94%9F%E7%A5%9E%E4%B8%8A%E5%B8%9D&variant=zh-hant）。

圖9：中華法籙道派修復重製後的《太上正一盟威修真陞神飛化祕訣》。
資料出處：中華道教經籙文化教育學會。

太上陞神頒赦金科
法士如常奏樂
玉字金書出玉堂。名列丹青翰墨香
今日信衆求赦宥。萬罪千愆一時消
道衆登壇讚揚如法　琳瑯
常清常靜天尊
修香啓聖通職入意獻茶酒畢

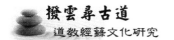

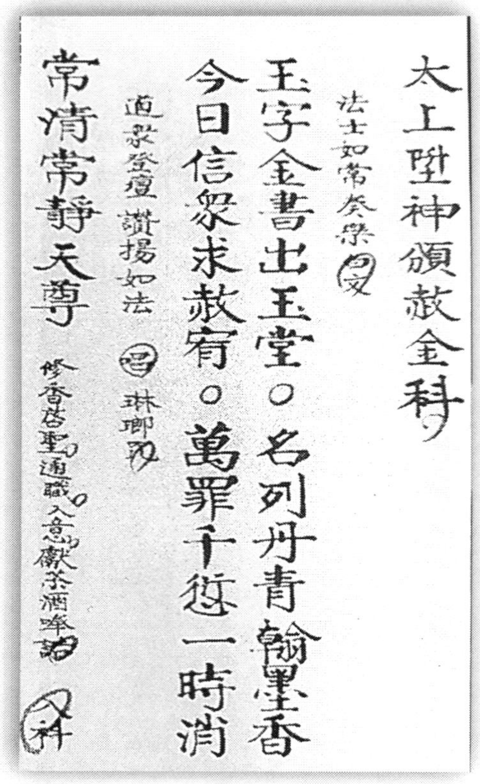

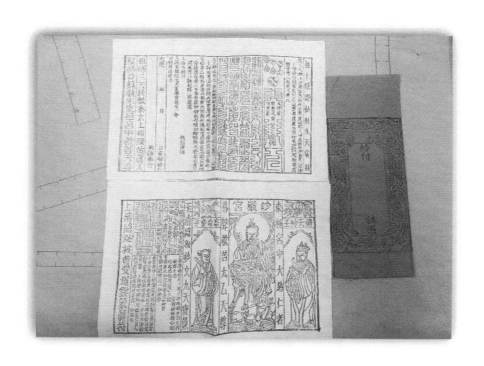

圖10：中華法籙道派內傳的《清微保奏陞神給憑設戒元科》部分內文。
資料出處：中華道教經籙文化教育學會。

圖11：《生天寶籙》局部。
資料出處：蘇清六提供。

圖12：修水普濟道院傳承之九天龍符策杖。
資料出處：林信宇拍攝。

## 參、臺灣首次「陞神」科儀：驪山老母總廟‧
## 花蓮慈雲宮「玉皇五殿下」

　　民國108年（2019）3月，蘇清六自修水縣松林村參觀完在地天師清微派完整經籙「陞神」法儀後，便積極希望在臺灣開啟這種透過經籙「陞神」的相關法儀。基於江西與臺灣兩地域差異，道教發展也會有所不同，因此蘇清六要讓臺灣本土倒是能夠執行修水天師清微派的道教法儀，勢必需要進行「本土化」調整。這主要如前文所言，蘇清六在第六十四代天師張源先身邊擔任侍者時，便有親見其家中的七星娘娘與蘇府王爺經由「道教代理人」天師教主「開光」與「封神」的儀式，故嘗試

將張源先的「封神詔書」與相關儀軌，再結合修水天師清微派傳承的
《清微保奏陞神給憑設戒元科》，並與花蓮縣玄微道壇的道長曾羅賢、
彰化縣神妙通玄雷壇的道長陳羅薇一同商議，建構出既保留原先修水天
師清微派的傳承密要，同時又屬於臺灣在地能微道長們操作的「陞神」
法儀。於此，筆者先說明修水天師清微派的經籙「陞神」祕本——《清
微保奏陞神給憑設戒元科》的內容，但因師承問題，而僅能酌量展現部
分而已；接著再說明由筆者觀察，玄微道壇曾羅賢道長為首的演法道士
團隊根據《清微保奏陞神給憑設戒元科》詮釋而有的法儀展現。

## 一、《清微保奏陞神給憑設戒元科》：經籙「陞神」儀式依據

就蘇清六給與筆者的修水天師清微派的《清微保奏陞神給憑設戒元
科》版本為「共和五十四年癸未歲」（2003）之原抄本。其中主要有關
「陞神」法儀的重點，除了需要配合《陞神籙》的驅動關鍵籙卷——
《太上正一盟威修真陞神飛化祕訣》與相關開光籙文科儀外，演法上著
重在將受籙者亡靈從冥籍（地府掌管）透過授籙遣世而「轉籍」並「陞
神」入仙籍。[471] 就《清微保奏陞神給憑設戒元科》法本科儀內容，主
要講述人死後成為亡靈的迷茫狀態，而隨著濁氣沉入冥府，而在陽間的
籙師（文本亦作「化士」或「籙士」）與演法高功道長則向上界萬神稟
明亡靈生前功德，以保其圓滿受籙「轉籍」並「陞神」。然而，這完整
程序為何呢？首先，《清微保奏陞神給憑設戒元科》法本便說明陽間道
長們的工作與強調亡靈受籙「轉籍」之首要階段：

大道志慕。善緣秉誠於○○年上元令旦仗化士○○○代叩宗壇門
下。請受○○經籙全宗帖封○○之職。〔簽名〕為任併受護卷帖印

---

[471] 不見著人，《清微保奏陞神給憑設戒元科》，無頁碼。

等。全仗士填明開光安供。旋於〇〇年〇月良利仗請〇〇雷壇於〇〇修建呈籙。挂勘傳度。分兵衛壇。闡道善因……。各籙呈化天宮各衙。呈進當壇。頒給勘合陽憑付身佩奉。永為至寶。茲則仁亡憑丹天送魂馬元帥。地祇太保溫元帥咸遵。元始符命。勅敕開度事理。應時起。鑰開關停刑。罷對煉證三魂。甄鈎七魄。指引霞靈。超生淨土……。神遊紫府。位列仙班。[472]

（本文筆者重新句讀）

從這個過程來看，籙師（化士）代表著欲受籙之亡靈向天師教主的宗壇（正一玄壇）前祈求能夠領受某個經籙，並依此飛陞「轉籍」為聖，最後受職「陞神」。要完成飛陞成神之前，籙師會先準備好用來「陞神」的相關經籙資料，其中便包含作為驅動「陞神」的《太上正一盟威修真陞神飛化祕訣》與某個經籙（若以本研究談及隻花蓮法會即使用《玉皇籙》），併安排相關神職（若以花蓮法會即「玉皇五殿下」）。開完光後，籙師再將作為受籙憑證的《陽憑》與《陰憑》分別，併完成「分環破券」（金門勘合）之儀式，便將相關文疏同《陰憑》焚化，便在馬元帥與溫元帥的守護下交到各宮衙府。在進行受籙儀式時，亡靈若在地府受刑，或是各個地方，都停止原先的報應，而直接高陞成聖，從地府冥籍正式「轉籍」入仙籍。

當亡靈從冥籍轉入仙籍時，除了陽間與上界在為亡靈進行上述稟報請籙與受籙之「轉籍」工作外，陽間籙師與高功對地府方面的工作狀態為何呢？對此《清微保奏陞神給憑設戒元科》內亦有詳細記載，可知陽間籙師所發出的表文、疏文送至地府各衙府，同時又要通報上界，如此「轉籍」的操作手續相當地龐雜，於此筆者將這些表疏發送流程依序列

---

472　不見著人，《清微保奏陞神給憑設戒元科》，無頁碼。

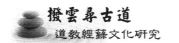

出：

> 「回復閻君申」（呈冥府十王，差酆都將）→「陞真表」（差八卦
> 將）→「判生表」（呈東岱嶽府，差嶽府李元帥）→「鉤魂鑄魄
> 表」（呈鉤魂鑄魄宮，差丹天送魂馬元帥）→「證度表」（呈泰微
> 玉清宮，差先天將）→「驗因表」（呈上清天樞院）→「參因表」
> （呈上清黃籙院，差雷府門下孫符使）→「繳憑表」（呈東極妙嚴
> 宮，差八卦將或趙金剛）→「陞羽表」（呈玉堂演教宮，差苟天
> 君）→「三元宥罪表」〔呈三元拷較府（三元考校府），差三元
> 將〕→「十王起案表」（呈冥府十王宮，差酆都將）→「請赦表」
> （呈泰微玉清宮，差先天將）→「拔羽表」（呈泰赤天宮，差畢天
> 君）。[473]

這些表疏分別代表著，籙師要逐一通告地府，這當中所謂的「地
府」包含著統御亡靈的酆都冥府以及掌管陰陽兩地事務東岱嶽府（東
嶽）。在與酆都與東嶽交代後，再稟告泰微玉清宮（玉皇赦罪大天
尊）、上清黃籙院、東極妙嚴宮（太乙救苦天尊）與三元考校府（三官
大帝）。經過上界諸天尊再次查考無誤後，籙師再發放疏文至酆都冥府
與十王（俗稱十殿閻羅）稟告後，最後再宮請玉皇赦罪大天尊為亡靈赦
免諸罪後，再上表至泰赤天宮請「道祖」太上老君正式讓已受籙之亡靈
真正羽化登真，完成「陞神」儀式。[474]

說完受籙「陞神」法儀中籙師上表奏疏的「無形」運作，在法儀的
操作中，根據《清微保奏陞神給憑設戒元科》記載，在儀式進行前須架
設法壇，在三川殿處設置「案神臺」放置預備「陞神」的亡靈「魂身」

---

473　不見著人，《清微保奏陞神給憑設戒元科》，無頁碼。
474　不見著人，《清微保奏陞神給憑設戒元科》，無頁碼。

（成神前使用的神像）與神位，並以「案神臺」向內設置兩大布橋，紅布橋[475] 自龍爿向內延伸並設置「戒臺」；青布橋[476] 自虎爿向內延伸至內堂並設置「天門」，用以「接神過橋」以讓神祇「進天門」完成「陞神」儀式。法壇內三川堂設置有代表道、經、師三寶的「三寶臺」，內堂則設置三清道祖聖位與萬歲斗，龍、虎兩爿設置馬元帥與王天君之護法神位。（見圖13）[477] 法壇設置後，演法高功上壇後，便要念誦真言「變神」（化身）為法主——即北極玄天上帝，並為亡靈受戒入道並領受經籙「超凡入聖」，最後再依照高功指示宣告「聖旨」，宣布亡靈自此封證成神，最後再將原亡靈之「魂身」或神位引至青布橋，進入天門完成「陞神」。[478] 然而，這些操作因為環境與地理關係，在臺灣操作勢必會有一定的挑戰性，因此《清微保奏陞神給憑設戒元科》在臺灣的首次呈現，便由花蓮玄微道壇操作，並於下文示之。

## 二、儀式操演流程：花蓮玄微道壇演法

臺灣首次以經籙作為「封神」、「陞神」渠道者，乃是民國112年（2023）10月6至7日由中華法籙道派與花蓮玄微道壇在花蓮驪山老母總廟‧花蓮慈雲宮舉辦的「太上元陽封神都功保奏祕籙：陞神醮會」。此次醮典的舉行起因，為宮主葉美玉與副宮主王秉誠為已故的創廟宮主林清國舉行「陞神」儀式，經廟方的神祕經驗得知，林清國之神靈已經蒙恩主提拔為「玉皇五殿下」，並需要透過道教「陞神」完成高陞封證。彼時，身為籙師的蘇清六認為，既然是屬於玉皇系統的「玉皇五殿下」，就此而言應當以《玉皇籙》作為給職之合理依據，由此便決議以

---

475　修水縣戴祥祐道長實際操作是以黃布橋。
476　修水縣戴祥祐道長實際操作是以黑布橋。
477　不見著人，《清微保奏陞神給憑設戒元科》，無頁碼。
478　不見著人，《清微保奏陞神給憑設戒元科》，無頁碼。

《玉皇籙》與《太上正一盟威修真陞神飛化祕訣》搭配作為《陞神籙》，並另外以《玉皇籙》作為新塑之「玉皇五殿下」金身（神像）之入寶「命書」，以圓滿「陞神」流程。同時，蘇清六將《清微保奏陞神給憑設戒元科》傳承予曾羅賢與陳羅薇，並點破其中要訣，以適應非出自修水天師清微派師門的臺灣道士運作。基於此，曾羅賢與陳羅薇以《清微保奏陞神給憑設戒元科》為根基，並結合驪山老母總廟・花蓮慈雲宮的現場情形將法會劃定為3日，分別是：首日以幫助欲受籙「陞神」亡靈化解一切業緣與超拔登真；次日經籙開光與薦祖陞仙，並實質進行亡靈授籙與「陞神」儀式；末日再結合陽間授籙法會——太上飛閱授籙晉品祈福法會並由地方父母官宣讀「封神詔書」與奉安「玉皇五殿下」金身於大殿。

　　實際操作上，玄微道壇基本都符合整場法會預定的進程，其中與修水戴祥祐的相異處在於玄微道壇在舉行「陞神」儀式之前，結合經籙與花蓮驪山老母總廟・花蓮慈雲宮的信仰立場詮釋之。為了圓滿法儀，玄微道壇再請臺南市毛琮詠道長製作預備「陞神」之已故林清國的「魂身」，以作為法會進行之重要媒介。在首日（10月6日）由高功（曾羅賢）與道士團引領亡靈，先諷誦《三官感應妙經》、《驪山老母玄妙真經》與《三官水懺》並進行正一天師道自東漢而有之「三官手書」儀式，接著再諷誦與實行《九天陞神玉章》、《五道妙經》、《拔度填庫玄科》、《薦羽陞真玄科》與《金橋登僊（仙）玄科》等科儀，以協助亡靈超拔，最後在「金光接引天尊」的諷唄聲中，高功以龍符策杖與《生天寶籙》引亡靈「魂身」經紫橋登上南宮，以完成超拔。然而，實際進行《清微保奏陞神給憑設戒元科》的法儀內容則是在第2日（10月7日）展開。舉行「陞神」儀式之上午法儀進程，先由高功進行「陞神保奏祕籙」科儀，先是將「陞神」相關的經籙——《太上正一盟威修真陞

神飛化祕訣》、《陞神保奏祕籙》、《玉皇籙》與相關祕籙文疏舉行開光儀式，接著再由宮主葉美玉與副宮主王秉誠代表林清國閱籙。同時，高功亦開光由廟方製作的「玉皇五殿下」金身，將林清國之神靈自「魂身」轉入金身，並將原「魂身」焚化。再由眾人展開《玉皇五殿下命書》陽式（小籙卷以入金身）、陰式（焚繳歸天），亦由宮主葉美玉與副宮主王秉誠執赤筆開光，最後在宮主葉美玉於《玉皇五殿下命書》陰式末尾代表驪山老母簽屬靈文，以完成閱籙開光儀式。

第2日（10月7日）下午法儀展開前，玄微道壇團隊架設陞神壇，並效法修水戴祥祐道長的實際操作，以黃布橋取代紅布橋作為連結案神臺與戒臺的連結通道，並以《清微保奏陞神給憑設戒元科》之青布橋用以連結案神臺與天門。斯時，「玉皇五殿下」金身安置於案神臺，並由副宮主王秉誠代表「玉皇五殿下」進行法儀。儀式開始時，高功登上戒臺化身法主（北極玄天上帝）宣讀道教誡文，副宮主王秉誠代為回覆以圓滿授誡，並手持《陞神籙》與《玉皇籙》跪聽高功宣讀《聖旨》，表明化身法主的高功代表泰微玉清宮之玉皇赦罪大天尊玄穹高上帝欽點受戒之道門弟子林清國領受經籙並由此正式「陞神」，證號「玉皇五殿下」。之後，在副宮主王秉誠與眾人的協助下將「玉皇五殿下」金身抬起，進行「接神過橋」法儀，經由青布橋通往天門。斯時天門處為莊三環道長（本名：莊秉憲）主法，其以龍符策杖引「玉皇五殿下」金身入天門，以完成經籙「陞神」法儀。

時至隔日（10月8日），花蓮縣縣長徐榛蔚與其夫婿花蓮縣立法委員傅崑萁一同蒞臨法壇，由於陽間授籙法會——太上飛閱授籙晉品祈福法會並非本次討論重點，故不冗言。高功主法下，「陞神」法儀進入最後階段——奉安大典，也就是將「玉皇五殿下」金身自陞神壇之天門移駕宮內，享受萬年香火。儘管前一日舉行完整經籙「陞神」法儀，但按

照華人傳統民俗，封證神位往往需由皇帝或朝廷命官來封證，也就是前文所謂的「朝封」。儘管中華民國成立後，除忠烈祠奉位外並無所謂的「朝封」儀式。然而，身為花蓮縣縣長的徐榛蔚此時以主祭官與父母官的身分，宣讀林清國的生前功績與「封神詔書」，正式向世人宣告花蓮縣內有修行人登真授證而神，封號為「玉皇五殿下」並晉陞金仙大位。儘管不是實際上的「朝封」，但在信仰意義上與「朝封」無有不同。隨後，在高功引領與立法委員傅崐萁的護送下，「玉皇五殿下」金身正式奉安大殿，圓滿全場經籙「陞神」儀式。

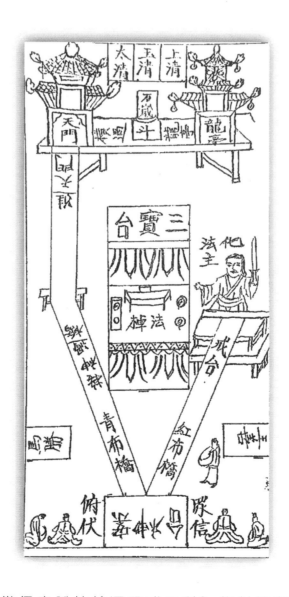

圖13：《清微保奏陞神給憑設戒元科》的封神與陞神壇圖。
資料出處：蘇清六提供。

圖14：《清微保奏陞神給憑設戒元科》的封神與陞神壇圖。
資料出處：曾羅賢提供。

圖15：創廟宮主林清國的「魂身」，由毛琮詠道長製作。
資料出處：蘇清六提供。

圖16：林清國之《陞神籙》全宗，職籙為《玉皇經籙》。
資料出處：蘇清六提供。

圖17：預備開光的創廟宮主林清國的「魂身」與神位。
資料出處：蘇清六提供。

圖18：「魂身」與神位登陞仙紫橋入南宮。
資料出處：蘇清六提供。

圖19：曾羅賢道長開光「玉皇五殿下」金身。
資料出處：陳羅薇提供。

圖20：林清國「魂身」焚陞，並塑入「玉皇五殿下」金身。
資料出處：陳羅薇提供。

圖21：「玉皇五殿下」之《陞神籙》、《玉皇籙》、《命書》開光。
資料出處：陳羅薇提供。

圖22：「玉皇五殿下」之《命書》微卷開光，並入金身。
資料出處：蘇清六提供。

圖23：「玉皇五殿下」之封神與陞神壇。
資料出處：蘇清六提供。

圖24：曾羅賢道長「化身法主」後代金闕宣讀《聖旨》宣戒、封神與陞神。
資料出處：李承俊拍攝。

圖25：經莊三璟道長以龍符策杖引領下，「玉皇五殿下」聖像經
青布橋進天門正式「陞神」。
資料出處：李承俊拍攝。

圖26：花蓮縣縣長徐榛蔚以父母官身分再次宣告「封神」與「陞
神」詔書，並褒揚林清國生前功績。
資料出處：李承俊拍攝。

圖27：花蓮縣立委傅崐萁為「玉皇五殿下」開路護駕，入殿陞座。
資料出處：蘇清六拍攝。

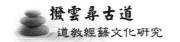
# 肆、結論

《陞神籙》是所有經籙中最為特別的存在，領授者並非陽世者，而是亡故者或所謂亡靈。就經籙性質而言《陞神籙》本身是以「輔籙」的定位存在的，即要搭配某樣經籙（如本研究談及之《玉皇籙》）給予某亡靈「陞神」晉位的效果。就過去有關經籙「陞神」的紀錄，目前僅可考明崇禎14年（1641）保安神李忠領授《陞神籙》——《玉清三洞含真體道昇仙經籙》、《上清三洞金真玉光護神經籙》、《太清三洞通真合道保神經籙》而晉陞為「三天金闕雷部尚書保安顯應靈濟真人」之事，以及修水縣天師清微派戴祥祐道長以《清微保奏陞神給憑設戒元科》科儀與《太上正一盟威修真陞神飛化祕訣》等祕籙進行「陞神」科儀。民國112年（2023）10月，由中華法籙道派與玄微道壇在花蓮驪山老母總廟・花蓮慈雲宮舉辦的「太上元陽封神都功保奏祕籙：陞神醮會」則具有劃時代的意義，乃是臺灣道教史上首場以經籙「陞神」的儀式，而有別於過去由民間封贈或是天師單純頒讀「封神詔書」。而且，整場「陞神」法會，除了嘗試還原《清微保奏陞神給憑設戒元科》內的法壇設置與演法經神，更重要的是將來自異地的經籙「陞神」法儀與在地實際情況結合，真正進行出一套屬於臺灣在地的經籙「陞神」法科。

就法會性質而言，經籙傳授往往是陽間習道之人的必備過程，並在學習階段中，由自己的師父或天師教主引領到宗壇前面見「道祖」，並演下經籙以維繫自身與上界之道統與道業傳承。然而，已故的亡者或亡靈的授籙儀式，甚至是「陞神」，先不談精神層面的靈學論述，在務實面而言，其實是在世生者對亡者的思念與對其信仰上的修證認同，而透過具有「超凡入聖」意義的授籙儀式與由此而衍生的「陞神」法儀，作為對該亡故者的最高肯定。因此，若以前文所述3種「封贈」，此次法

會均有圓滿，不僅有身為「朝廷命官」的地方首長——花蓮縣縣長徐榛蔚之「朝封」；中華法籙道派與玄微道壇之「道封」；以及花蓮驪山老母總廟・花蓮慈雲宮宮主與信士之「民封」。至於，中華法籙道派與玄微道壇根據《清微保奏陞神給憑設戒元科》而在地化的法儀是否能夠為目前臺灣道教界普遍，也只能看此二道派的行銷操作與推廣實踐了。

# 徵引書目

Reich, Aaron K. *Seeing the Sacred: Daoist Ritual, Painted Icons, and the Canonization of a Local God in Ming China*. Madison: University of Wisconsin–Madison, 2018.

二階堂善弘（日）著，劉雄峰譯，《元帥神研究》，濟南：齊魯書社，2014。

孔子（周），《禮記・郊特牲》，諸子百家中國哲學書電子化計劃（https://ctext.org/liji/jiao-te-sheng/zh?searchu=%E7%89%A2&searchmode=showall#result），最後瀏覽時間：2023年10月7日。

孔子（周），《禮記・祭法》，諸子百家中國哲學書電子化計劃（https://ctext.org/liji/ji-fa/zh?filter=455261），最後瀏覽時間：2023年10月7日。

毛帝勝，〈蘇清六與兩位「六十四代張天師」考察訪談〉（未出刊稿件），訪談時間：2022年10月26日。

高振宏，〈朝封、道封與民封：從三個例子談敕封對神祇信仰的形塑與影響〉，《華人宗教研究》，第9期（臺北，2017），頁45~77。

脫脫（元），《宋史》，列傳第132，諸子百家中國哲學書電子化計劃（https://ctext.org/wiki.pl?if=gb&chapter=332055#p39），最後瀏覽時間：2023年10月7日。

脫脫（元），《金史》，列傳第67，諸子百家中國哲學書電子化計劃

第十一章

（https://ctext.org/wiki.pl?if=gb&chapter=628131），最後瀏覽時間：2023年10月7日。

徐氏（南北朝），《三天解經》，卷上，《正統道藏》，諸子百家中國哲學書電子化計劃（https://ctext.org/wiki.pl?if=gb&chapter=375510），最後瀏覽時間：2023年10月7日。

戴宣道，〈昊天金闕玉皇上帝聖旨敕封蘇大道〉，修水：普濟道院，2013，蘇清六提供。

謝聰輝，〈道教「化士」的意涵、來源及其在明清授籙中的職能研究——兼論佛教的相關問題〉，《道教研究學報：宗教、歷史與社會》（香港，20220），頁37~82。

蘇清六，「法籙道派－經籙」Facebook粉絲專頁（https://www.facebook.com/a062686677/posts/pfbid02R6uJV4GT91cu26QdtxVygTmM7vdLu9JnAdv94TnP1MER8j5Sc31QZeh8jos8wz7cl），最後瀏覽時間：2023年9月9日。

蘇清六提供，蔡忠翰重製，《太上正一盟威修真陞神飛化祕訣》，臺南：中華法籙道派提供。

# 附錄：道教「命終法被」略考

## 壹、前言

自從正一道「祖庭」江西省龍虎山嗣漢天師府「恢復」授籙儀式，其中在所授之《太上三五都功籙》與《太上正一盟威籙》的籙盒內，都有收納傳承自修水縣普濟道院的大量的經籙文獻，以及該道院傳承的「命終法被」，又稱為「經被」或「經幡」。從名相而言，此聖物乃是道教修行者在命終歸真時，覆蓋在遺體上的特殊被蓋，通常這種被蓋上都會富有大量的經文密語。多數人看到這個被蓋物件，都會直接將此與佛教密宗發展出來的「陀羅尼經被」做比較，甚至直接地認為此乃是道教模仿佛教密宗而有的產物。但這種斷定，本經籙研究團隊不予完全苟同。就目前有關道教的學術指向，常常會將佛教與道教共有的儀式或是聖物，認知為「道教受佛教影響」而有的產物。

但事實上，道教影響佛教的信仰思想與聖物也不在少數。比較有名的，像是佛教的「超度」儀軌或相關「亡靈引度佛事」，其實是將佛教的經咒結合道教儀式而有的。然而，目前佛教的陀羅尼經被，其發源主要是從經典與金剛上師傳承中，在印度與西藏一帶密教發展出來的行法聖物；以及中國明代佛教密宗發揚光大，而且不一定用於死後，而是生前即可運用。這看似與專用於死後的道教「法被」有著功能上的落差，但在明代此類佛教聖物多被改良成「往生被」使用，也就是用於幫助亡魂往生到西方極樂佛土，這方面應是受到道教「法被」觀念的影像。[479]

---

[479] 啤嗎哈尊金剛上師，《生與死的奧秘～瀕死體驗的意義 2：臨終要訣與西藏度亡經的精華啟示》，頁187。

至清季，「陀羅尼經被」被以禮儀規範框架之，作為清帝國皇帝、貴族與功臣勳貴的隨葬品。《欽定大清會典則例》第163卷規範，依照貴妃、皇子與王侯等級，分別由大清皇帝給予符合之「陀羅尼經被」，如三梵字陀羅尼衾、五色梵字陀羅尼叚、三梵字陀羅尼衾、三色梵字陀羅尼叚、三織金梵字陀羅尼衾、內襯梵字陀羅尼叚與織金梵字陀羅尼衾等等。[480] 時至今日，作為「往生被」功能的「陀羅尼被」，在今天華人世界與佛教徒之間，仍受廣泛使用。

是故，回歸本研究探究之「法被」，主要探討道教「法被」運用之起源，以及目前龍虎山流行之版本意象介紹。尤其龍虎山，作為道教重要的洞天福地（修仙場域）與目前多數道教徒視為「正一道發源地」，在「法被」內也被定位為如同佛教淨土宗之極樂世界，是覆蓋「法被」之信仰者「仙蛻」後飛昇成就的地方。然而，在龍虎山「法被」內，有一「路引」憑證，是由道教東方長樂世界主宰——太乙救苦天尊作為「接引」至洞天福地的重要媒介神祇。然而，按照《太一（乙）救苦護身妙經》記載：

（元始）天尊曰：萬物吾生，萬靈吾化。遭苦遭厄，當須救之。不須汝威力化身救度。此東方長樂世界有大慈仁者，太一（乙）救苦天尊，化身如恒沙數，物隨聲應，或住天宮，或降人間，或居地獄，或攝羣邪，或為仙童玉女，或為帝君聖人，或為天尊真人，或為金剛神王，或為魔王力士，或為天師道士，或為皇人老君，或為天醫功曹，或為男子女子，或為文武官宰，或為都大元帥，或為教師禪師，或為風師雨師，神通無量，功行無窮，尋聲救苦，應物隨

---

[480] 《欽定大清會典則例》，卷163
（https://ctext.org/wiki.pl?if=gb&res=703462&searchu=%E9%99%80%E7%BE%85%E5%B0%BC%E8%A1%BE），最後瀏覽時間：2023年1月18日。

機，今告汝知。[481]

從道教的宇宙觀內，太乙救苦天尊是元始天尊的化身慈尊，為東方長樂世界——也就是並非物質世界的東方淨土的慈悲主宰。道教修行者生前死後，祂都會眷顧，尤其在修行者離世後，太乙救苦天尊會接引其「往生」到東方長樂世界，永成大道。然而，在龍虎山「法被」內的繪製，太乙救苦天尊是要引領已經受籙的道官或修行者，到龍虎山福地報到，何以故？以上幾則問題，都是本研究團隊近期探討之主題，並於此與眾分享。

## 貳、馬王堆帛畫：「法被」與太乙救苦天尊

從前言部分便有說明，道教使用的「法被」傳統應非起源自佛教密宗的「陀羅尼經被」，反之，「陀羅尼經被」應是起源自道教文化。然而，道教「法被」文化的起源具體可知起源於何時，就目前本研究團隊爬梳的相關資料與前人研究，並無查詢到一個具體年代或是朝代。但就古代中國類似的陪葬習俗，就目前能力得以找尋到最初的法被雛形，應該是上個世紀中葉——民國62年（1973）之時，中國湖南省長沙市發掘出的重要漢代墓葬——馬王堆考古群。馬王堆對多數人的印象，除了有墓主人之一的西漢楚地長沙國丞相利蒼之妻——辛追夫人（213 BCE~163 BCE）的不腐遺體與漢代《道德經》的文本（學界稱為《帛書老子》或《德道經》）之外，還有馬王堆內隨葬品中最著名者乃是覆蓋

---

[481] 《太一救苦護身妙經》，諸子百家中國哲學書電子化計劃（https://ctext.org/wiki.pl?if=gb&chapter=183361），最後瀏覽時間：2023年3月11日。

在棺槨內外的帛畫，在學界多稱此出土物為〈馬王堆帛畫〉。[482] 〈馬王堆帛畫〉的出土意義，就專攻經籙相關事物的本研究團隊看來，可以作為道教「法被」起源自古代中國文化的重要依據之一。中國道教，除了起源自周代（東周）山東地區之齊、魯仙道外，還大量吸收楚地信仰，也就是當年楚國三閭大夫屈原（339 BCE~278 BCE）曾蒐集的巫事祝禱祭文——《九歌》內的神話與神祇。其中，同在「楚地」的馬王堆墓葬，在民俗方面正好符合《九歌》影響的楚國神話之信仰文化圈內。

這半世紀來，考古學者與歷史學者的解讀下，除了有漢代流行的主要至高神祇——東王公與西王母之外，還有楚地民間至高神——東皇太一（又稱「太一神」或「太乙」）。[483] 按輔仁大學歷史學系鄭素春副教授集合各大學者的研究，整理出東皇太一之神的性質可能有5種：「一者，楚國人的上帝；二者，楚懷王為了擊潰秦國國君而奉祀的戰神；三者，齊國人的上帝；四者，可能是紀念商朝開國國君——商湯（名號：大乙／太乙）；五者，馬王堆漢墓的東皇太一圖像有『社字』，很可能成為楚地社神（土地神）。」[484] 然而，這些神祇在東漢末年，道教形成之時，便漸漸地融入道教神系內，而就目前學界的研究，東皇太一，這位民間曾經的至高神，甚至是土地神也在漢末至魏、晉時代，之後在唐代以後又與佛教的觀世音菩薩與淨土法門信仰結合，逐漸建構成聞聲救苦的「東方大慈父」，即太乙救苦天尊。[485]

漢代墓葬馬王堆出土的幾卷〈馬王堆帛畫〉中，東皇太一的定位是

---

[482] 侯良，《馬王堆傳奇》（臺北：東大圖書公司，1994），頁5。

[483] 蕭登福，《扶桑太帝東王公信仰研究》（臺北：新文豐，2009），頁55。

[484] 鄭素春，《道教信仰：神仙與儀式》，頁88。

[485] 蕭登福，《扶桑太帝東王公信仰研究》，頁358、745。蕭登福，《道教地獄教主：太乙救苦天尊》（臺北：新文豐，2006），頁278、331。

否如鄭素月副教授與諸多學界前人之定位——東皇太一為楚地社神，但在中國復旦大學中國文學系徐志嘯教授的著作《日本楚辭研究論綱》內，提及日本諸多學者論點認為，〈馬王堆帛畫〉本身與楚國屈原寫作的《九歌》有著絕對性的關聯，東皇太一依舊是那位至高的上皇，若回歸道《九歌・東皇太一》的禱詞可知，東皇太一是協助亡者升天的重要神祇，這也反映在〈馬王堆帛畫〉內，辛追夫人從人間死亡後，「自冥界飛升到天界」的過程。[486] 若回歸到〈馬王堆帛畫〉有關辛追夫人「升天」的畫面，即中共國家文物局公布的〈馬王堆一號墓T型帛畫〉。這幅帛畫覆蓋在辛追夫人的內棺上，此乃漢代喪葬禮俗重要的經幡，是作為引領死者的靈魂在死亡世界中獲得引領升天的輔助工具，大多數以帛畫形式覆蓋在死者的棺木上，另外在民國64年（1975）出土的〈西漢金雀山帛畫〉也是一樣的形制。[487] 〈馬王堆一號墓T型帛畫〉繪製著剛死去的辛追夫人在侍者們的陪伴下，透過東皇太一的大能飛升的過程。有的學者主張，〈馬王堆一號墓T型帛畫〉最上部分日、月之間的「人蛇圖紋」即是至高神，若按前引推論應即東皇太一之神。如此，以〈馬王堆一號墓T型帛畫〉覆蓋在辛追夫人的內棺上，東皇太一正好對向頭部，可能也方便讓亡靈在生死意識轉換時，直接抵達東皇太一的神聖國度。

---

[486] 《日本楚辭研究論綱》：「作者明確認為，自己是學界中最先註意馬王堆帛畫與《九歌》有著重要而又緊密關係的人……。他認為一《東皇太一》篇所言之『上皇——東皇太一』，與帛畫中居畫面上部中央表現君臨天際的人面蛇身女神可視為同一者……。《東皇太一》是一首祝願死者之魂升天，合祀陰陽諸神之詩，《雲中君》、《湘君》、《湘夫人》等篇均為啓示引導死者靈魂上天的靈威之詩；而馬王堆出土的帛畫，乃子彈庫出土帛畫的發展，兩者都表現了死者靈魂上天的主題。」與本文引用同，轉引自：徐，《日本楚辭研究論綱》（北京：學苑出版社，2004），頁157~159。

[487] 李如森，《漢代喪葬制度》（長春：吉林大學出版社，1995），頁8、32。

從〈馬王堆一號墓T型帛畫〉來看，可以反映出辛追夫人或是當時漢代楚地仍信仰著透過東皇太一的救度，已經死去的人們可以透過該神的力量升上天界，或是與神共同生存的境界。有趣的是，這些概念並沒有因為時代而消失，再按前引敘述，東皇太一這位神祇隨著道教的出現演變成為具備強烈濟生度死使命的「東方大慈父」太乙救苦天尊，更甚至在近世道教修行者死亡後的隨葬品——「法被」，這當中東皇太一，或是說太乙救苦天尊仍舊扮演著引領亡者神靈的重要角色，但這又與過去東皇太一枝獨一至高神救度有著些微差別。這麼說呢？於下逐一細說。

## 參、「法被」介紹與其死亡宇宙觀

就目前龍虎山目前受籙版本的「法被」來看，基本上與修水普濟道院同，主要有3樣物件——面蓋、經被與路引執照等構成。嚴格說，路引執照是屬於「法被」的輔助工具，故在此主要仙談及面蓋與經被的部分。面蓋部分，如同〈馬王堆一號墓T型帛畫〉的上部分，也就是對應覆蓋在辛追夫人頭部的區域，也就是死者靈魂出體後隨即能夠超升至東皇太一之國度；然而，今日法被所謂面蓋部分，並未有道教對應東皇太一而有的神祇——太乙救苦天尊的圖像，而是書寫〈太乙救苦天尊寶誥〉作為該神代表。該面蓋誥文記載：

志心皈命禮　青華長樂界　東極妙嚴宮　七寶芳騫林　九色蓮花座　萬真環拱內　百億瑞光中　玉清靈寶尊　應化玄元始　浩劫垂慈濟　大千甘露門　妙道真身　紫金瑞相　隨機赴感　誓願無邊　大聖大慈　大悲大願　十方化號　普度眾生　億億劫中　度人無量　尋聲赴感　太乙救苦

天尊青玄九昜上帝　護身面蓋天尊[488]

　　其中，這則〈寶誥〉內多了「護身面蓋天尊」的尊號，就本研究團隊而言，這不僅是將此面蓋本身作為神聖化表現，也就是讓道教徒對此物升起莊嚴與尊敬的心理狀態，同時也意謂著此面蓋本身為太乙救苦天尊的「化身」之一。何以故？首先，從太乙救苦天尊的相關《經典》與〈寶誥〉記載，該天尊為了拯救生、死二狀態之一切眾生群靈，具有千變萬化、隨機赴感的特性，所以會「化身」或是「變化」各種狀態解救眾生脫離一切苦厄，生者安生於是，死者則引度亡靈到幸福長樂國度。[489]

---

[488]「道教法被——面蓋」，資料提供：中華道教經籙文化教育推廣學會。

[489] 有關太乙救苦天尊濟生度死之大能，除了〈太乙救苦天尊寶誥〉之外，還可詳見《太一（乙）救苦護身妙經》內言：「天尊曰：『萬物吾生，萬靈吾化。遭苦遭厄，當須救之。不須汝威力化身救度。此東方長樂世界有大慈仁者，太一救苦天尊，化身如恒沙數，物隨聲應，或住天宮，或降人間，或居地獄，或攝群邪，或為仙童玉女，或為帝君聖人，或為天尊真人，或為金剛神王，或為魔王力士，或為天師道士，或為皇人老君，或為天醫功曹，或為男子女子，或為文武官宰，或為都大元帥，或為教師禪師，或為風師雨師，神通無量，功行無窮，尋聲救苦，應物隨機，今告汝知。』……爾時，天尊重告老君及諸仙曰：『若有眾生，時遭疾疫，病痛纏綿，可以焚香念誦聖號，看轉此經，疾患退散，克獲安寧。若有眾生求官覓職，姦佞妄生，但當念誦聖號，看轉此經，自然嫉妬不生，高遷祿秩。若有眾生泛涉江海，波浪所驚，魚龍欲傷，可以存思念誦聖號，便得達岸，無有害傷。若有眾生值雷霹靂，風雨驚怖，但當存思念誦聖號，神氣爽清，魂魄不動。若有眾生父母師資，六親不和，兄弟乖疏，但當存思念誦聖號，看轉此經，自感六親和睦，父慈子孝，兄友弟恭。若有帝王國主，朝生叛臣，兵火作亂，風雨不調，萬民塗炭，怨地尤天，但當持齋念，看轉此經，風雨便得順時，叛臣敗露，國泰民安。若有眾生為邪精鬼賊，妄來所傷，但當存思念誦聖號，妖魅自止，鬼賊滅亡。若有眾生山林往來，被蟲蛇禽獸奔奪所傷，但當存思念誦聖號，禽蟲自退，不敢來害。若有女人懷受胎孕，臨產艱難，但當存思念誦聖號，自感真氣佑護，無痛無傷，便生智慧之男，有相之女，六根具足，母子團圓。若有男子女子慕道求仙，在家出家，養性養命，但當存思念誦聖號，看轉此經，便得功行圓滿，白日昇天。若有眾生頻遭枷鎖牢獄之中，呻吟難訴，但當存思念誦聖號，便得解脫，出離囹圄。若有

「法被」之經被部分則是書寫著經題——「福地龍虎山法被」,意謂著此部分為「法被」之主體。然而,作為「法被」主體的太乙救苦天尊在此雖位居主位,但在其上方卻有太上老君的聖像。就《太一(乙)救苦護身妙經》的記載,太乙救苦天尊是元始天尊的化身,而非同為道教至尊神之一的太上老君。[490] 那麼,為何會在經被部分繪製太上老君呢?就本研究團隊推測,這應該有兩種可能:

一者,在道教形成初期,還未有「三清」的概念,反而都是以歷史上的道家祖師——老聃(老子)之人神格化後,衍伸出去的神靈信仰,太上老君便是早期「老聃神格化」的典型神祇,之後老聃之神又延伸演化出元始天尊等神祇,故在一段時間,老子對應的太上老君乃為道教至高神。[491] 二者,太上老君是正一天師道與龍虎山的祖師神祇,不僅是東漢末年道教將老聃神化的原因,還有作為五斗米道道首——「祖天師」張道陵以來的張天師家族領受「太上老君傳授《太上三五正一盟威籙》」的傳承,以及在唐代以後逐漸被尊為張天師後裔主流的龍虎山,也逐漸承襲高度尊崇太上老君的奉祀傳統。[492] 因此,作為龍虎山與張

---

眾生為七祖九先、門人同學、夫妻男女身歿之後,流滯寒庭,未得託生,但當存思念誦聖號,自然出離陰境,便得生天。若有眾生為冤家牽引,復連相纏,但當存思念誦聖號,冤家解釋,後連斷除。』」轉引自:《太一救苦護身妙經》,諸子百家中國哲學書電子化計劃(https://ctext.org/wiki.pl?if=gb&chapter=183361),最後瀏覽時間:2023年3月11日。

[490] 《太一救苦護身妙經》,諸子百家中國哲學書電子化計劃(https://ctext.org/wiki.pl?if=gb&chapter=183361),最後瀏覽時間:2023年3月11日。

[491] 鄭素春,《道教信仰:神仙與儀式》,頁27。

[492] 自張道陵的孫子——張魯以後,張天師家族的傳承相當混亂,最初有雲錦山的傳承,之後更逐漸開展出各方的張天師後裔道團。按王見川教授的研究,時至宋代以後,龍虎山的張天師家族才逐漸成為道教與中國朝廷認定的張天師家族。可另參考:王見川,〈龍虎山張天師的興起與其在宋代的發展〉,《光武通識學報》,創刊號(2004),頁243~283。

天師家族的重要神祇，在龍虎山嗣漢天師府與曾擔任帝制中國時期造籙工作的修水戴家普濟道院發行的「法被」，在經被部分會繪製太上老君，也不足為奇。

再者，經被下半部分為引領亡靈的主尊——太乙救苦天尊以及星斗圖，這當中有兩層特殊意涵，也就是身為「東方大慈父」拯救死亡眾生的太乙救苦天尊，理所當然地會接引亡者往生到祂所主宰的精神境界，也就是永恆的東方長樂世界。然而，在太乙救苦天尊坐下的星斗圖，除了表示太乙救苦天尊掌握群星萬斗，通曉眾生生死劫運之外，同時也能反映出中國人從上古時期以來，對星斗與生命之間的連結。其中在道教最具代表者，乃是北方星斗與眾生命運的連結。根據《太上玄靈北斗本命延生真經》記載，太上老君教導：

> 北辰垂象。而眾星拱之。為造化之樞機。作人神之主宰。宣威三界。統御萬靈。判人間善惡之期。司陰府是非之目。五行共稟。七政同科。有迴死注生之功。有消災度厄之力。上至帝王。下及庶人。尊卑雖則殊途。命分俱無差別。凡夫在世迷謬者多。不知身屬北斗。命由天府。[493]

《太上玄靈北斗本命延生真經》之中強調著眾生不論貴賤，命運接掌握在「天府」，而生命運勢則牽絆著北斗諸星宿，因此這種看似「宿命論」的命運束縛的觀點，便是道教對人生命運的核心認識。能夠改變宿命的方法，除了透過《太上玄靈北斗本命延生真經》的次第修行之外，最快的方法就是呼求太乙救苦天尊的名號，或是透過其經文、圖像等媒介，使亡靈意識到太乙救苦天尊的存在，從而得有引領，直接超凡

---

[493] 《太上玄靈北斗本命延生真經》，維基文庫（https://reurl.cc/MR8E53），最後瀏覽時間：2023年3月11日。

*附錄*

入聖，不受星斗轄管。是故方能推斷出，道教修行者往生後，透過籙師開光後的「法被」覆蓋，透過「法被」上的經文、圖像以及籙師書寫之祕密諱字，直接驅動靈界能量，接通太乙救苦天尊，讓亡者之神靈，超脫三界控制，往生到清華長樂界，也就是東方長樂世界。但這裡又有個問題，就是覆蓋「法被」的眾生靈魂，是往生至龍虎山福地，抑或是長樂世界呢？這我們留著下部分討論。

圖1：道教法被——面蓋。
圖像出處：中華道教經籙文化教育學會。

圖2：道教法被——經被，主尊是太上老君與太乙救苦天尊。
圖像出處：中華道教經籙文化教育學會。

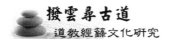
# 肆、路引憑證：為何選擇龍虎山福地？

雖在「法被」內作為輔助工具，路引憑證卻是扮演著修行者亡靈超升的「點綴」角色，這主要在於引領亡靈與太乙救苦天尊「相應」的媒介，也將太乙救苦天尊引度亡靈的過程，用明清時期官方規範道士與僧人的「通關度牒」相似。是故，從文化層面來看，由於以龍虎山為核心的正一道自明太祖以後，正式確立為道教各山頭統合之首，更有名為《萬法宗壇》之職牒頒發。[494]

因此，設計類似當年官方文書的路引憑證，是將太乙救苦天尊引度的本懷具象化，讓人間信士與修行人對信仰堅定與瞭解神祇功能性的表現而已。不過問題來了，就道教經典教義而言，太乙救苦天尊是要引度生死眾生到其國度——東方長樂世界，但就路引憑證的核心而言，如同其經題「福地龍虎山冥途路引」，乃是要引度至龍虎山福地，何以故？就本研究團隊而言，宗教的發展脫離不了現世的演進，如同路引憑證可能是從度牒文書演變而來一樣。因此，不僅要留意宗教教義與原則，同時更要留意宗教發展之「現實」。就龍虎山福地而言，在人間也就是帝制中國時期在道教具有共主地位的「萬法宗壇」——龍虎山嗣漢張天師府。雖然嗣漢張天師府本身具有宗教共主的地位，但其地位的背後支撐

---

[494] 目前講述張天師家族掌控全中國道教事務，主要是強調該家族在元代一統三山道派，創立「萬法宗壇」之論述。就目前道教界主流的說法，乃基於《元史》中記載，即元大德8年（1304），元成宗加授當時負責統領「江南道教」的第41代天師張正言為「正一教主，主領三山符籙」，這很可能是「萬法宗壇」的雛型。但實際上，「萬法宗壇」的實踐則是在明太祖建立明朝以後才逐漸確立的。詳見：宋濂等，《元史》，卷202，中國哲學書電子化計劃（https://ctext.org/library.pl?if=gb&file=138506&page=215#box(534,612.800003051757 8,2,4)，最後瀏覽時間：2022年7月8日。不見著人，〈萬法宗壇〉，道教文化資料庫（https://zh.daoinfo.org/wiki/%E8%90%AC%E6%B3%95%E5%AE%97%E5%A3%87），最後瀏覽時間：2022年7月8日。

仍是帝制中國的皇帝與朝廷有所作為。故，政治現實對宗教的影響乃是極至的，甚至可以影響到該宗教的儀式文化。

回歸到路引憑證，就其圖像規劃，中間繪製有太乙救苦天尊的聖像，並寫有三則天尊聖號——「太乙尋聲救苦天尊」、「九幽拔罪天尊」與「朱陵度命天尊」，分別反映太乙救苦天尊對就度眾生的「主動性」，想盡辦法實踐超拔眾生離苦得樂的大願力。然而，在路引憑證的文字中，需要書寫亡靈生前的俗名、道名、生前居住地址以及生辰八字等。並在路引內強調，遵奉太乙救苦天尊的法旨，九幽酆都轄下的地府各司與牛頭馬面之類的鬼差官吏都不能夠捉拿這位亡靈。亡靈覆蓋此被，與太乙救苦天尊簽約，要受到《女青天律》的懲處規範，之後往生福地。然而，這憑證內太乙救苦天尊卻無引度此亡靈到東方長樂世界，而是毫無目的地，唯一的引度方向只有經題的「龍虎山福地」。至於原因，其實並不難理解。首先，此「法被」在帝制中國時期，並非普遍道教徒皆有的神聖物件，乃是受過朝廷委託的道教代表——龍虎山與當代張天師認證的道官，其死後才能配用此隨葬品。然而，所謂的道官，便是經過嗣漢張天師府法籙局與朝廷禮部認證的具品級道教神職人員，除了是宗教人士，更是官僚體制內的公務員。

此外，龍虎山正一天師道規範下的《萬法宗壇》道官職牒，其核心與傳說中「祖天師」將道教洞天福地（尤其是蜀地）劃分後的行政區——「二十四治」，給予生前擔任道官的亡靈在死後，經由三官大帝考校之後，分配到道官生前被法籙局發配的「治所」就任，負責管轄該洞天福地的相關權柄。換言之，太乙救苦天尊在這裡的角色，是超脫三界的引路人，由於亡靈生前乃是有領受經籙的道官，理所當然在天上便是具有品級「仙官」，死後理所當然地要與自己的元命真人「合一」，並到達所轄治所就任之，即道教正一天師道所謂的「繳籙返治」。實質操作

上，就是有受籙的道官歸真後，尤其他道官或道士進行「法被」入諱開
光，之後依序放置面蓋與經被要負蓋在內棺或遺體上，同時將歸真道官
生前所受經籙依序封函並焚燒繳籙。最後，在已故道官封棺下葬時，將
路引憑證富蓋在棺蓋上，隨之下葬。如此凡儀完善，陰陽佐同之下，便
圓滿得道「返治」，開啟「仙官」的嶄新旅程。

圖3：道教法被——路引執照。
圖像出處：中華道教經籙文化教育學會。

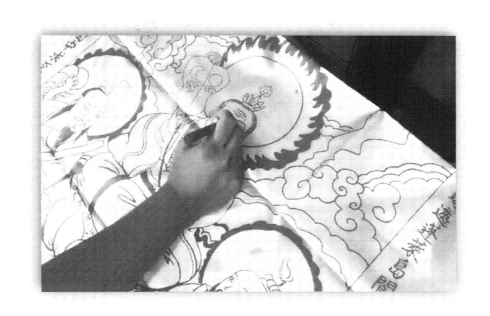

圖4：法被神尊開光儀程。
圖像出處：中華道教經籙文化教育學會。

# 伍、結論

生死，乃人之大事。儘管皈依道、經、師，成為道士，若修道有成，看破俗世百態以致生死，得道超然境界。但在從凡上，儘管是位解脫者仍要回歸俗世生死病苦之景。是故，道教祖師先賢，透過現世因緣與中國古老文化的智慧結晶，而逐漸建構出「法被」傳統。從現存龍虎山與修水傳承的經籙文化，「法被」是每位道官的必須品。因為在人間陽世受籙後，元命真人在屬靈世界提升仙官爵位，並由籙師按照受籙者的生辰八治分配至「祖天師」設置的洞天福地——「二十四治」之轄區內。然而，道官壽終歸真，便要進行「返治」儀式。即要將「法被」開光，路引憑證填寫，最後依序焚燒經籙，圓滿「繳籙」儀程。同時，已故道官在靈界，則是先見到太乙救苦天尊，並在其引領下到三官考校府，受三官大帝以《女青天律》審判生前罪事，與規範未來就任仙官之準則，最後正式到所屬治域就任仙官。

　　從歷史文化來看，「法被」的核心可以追溯到上古三代以來的祀神傳統，尤其東皇太一的影響最大。由於東皇太一是楚、齊二地的至高神，亦是與土地最親之社神。而這位東皇太一之神，目前道教徒雖不熟悉，但實際上是隨著道教的建構，逐漸從宇宙最高神轉型成救苦救難的「東方大慈父」，即太乙救苦天尊。儘管太上老君是道教最具代表的神祇，但從民族文化傳統的見證角度，太乙救苦天尊可以說是宇宙主宰變現，同時也是祖先神的轉換（商湯與太乙救苦天尊的關係）。可以說，這位「慈父」為何與我們眾生這麼親切，其中便可從「法被」內見證之。

國家圖書館出版品預行編目資料

撥雲尋古道:道教經籙文化研究／毛帝勝 著.
–初版.–臺中市:白象文化事業有限公司,
2024.2
面; 公分.
ISBN 978-626-364-225-6(平裝)
1.CST: 道教儀注  2.CST: 文化研究
234                      112021573

# 撥雲尋古道:道教經籙文化研究

作　　者　毛帝勝
校　　對　毛帝勝
發 行 人　張輝潭
出版發行　白象文化事業有限公司
　　　　　412台中市大里區科技路1號8樓之2(台中軟體園區)
　　　　　出版專線:(04)2496-5995　　傳眞:(04)2496-9901
　　　　　401台中市東區和平街228巷44號(經銷部)
　　　　　購書專線:(04)2220-8589　　傳眞:(04)2220-8505
專案主編　陳逸儒
出版編印　林榮威、陳逸儒、黃麗穎、陳婷婷、李婕、林金郎
設計創意　張禮南、何佳諠
經紀企劃　張輝潭、徐錦淳、林尉儒
經銷推廣　李莉吟、莊博亞、劉育姍、林政泓
行銷宣傳　黃姿虹、沈若瑜
營運管理　曾千熏、羅禎琳
印　　刷　百通科技股份有限公司
初版一刷　2024 年 2 月
定　　價　1200 元